나는 지금
점프한다

좋아하는 일,
꿈꾸던 일,
돈 되는 일로
JUMPING!

움직이는 서재
과거와 현재와
미래를 연결시키는
지식 창고

책과 함께 있다면 그곳이 어디이든 서재입니다.
집에서든, 지하철에서든, 카페에서든 좋은 책 한 권이 있다면 독자는 자신만의 서재를 꾸려서 지식의 탐험을 떠날 수 있습니다. 좋은 책이란, 시대와 세대를 초월해 지식과 감동을 대물림하고, 다양한 연령들의 소통을 가능케 하는 힘이 있습니다. 움직이는 서재는 공간의 한계, 시간의 장벽을 넘어선 독서 탐험의 동반자가 되겠습니다.

WHEN TO JUMP

나는 지금 점프한다

좋아하는 일, 꿈꾸던 일, 돈 되는 일로 JUMPING!

마이크 루이스 지음 | 김보미·송민교 옮김

움직이는 서재

JUMPING!

인생에는 '직선 인생'과 '곡선 인생'이 있다.
최단 거리 직선 코스로 가는 경우가 있고,
멀리 돌아서 가는 경우가 있다.
몇 과정을 '점프'할 수도 있고
일일이 한 과정씩 거쳐야 할 수도 있다.

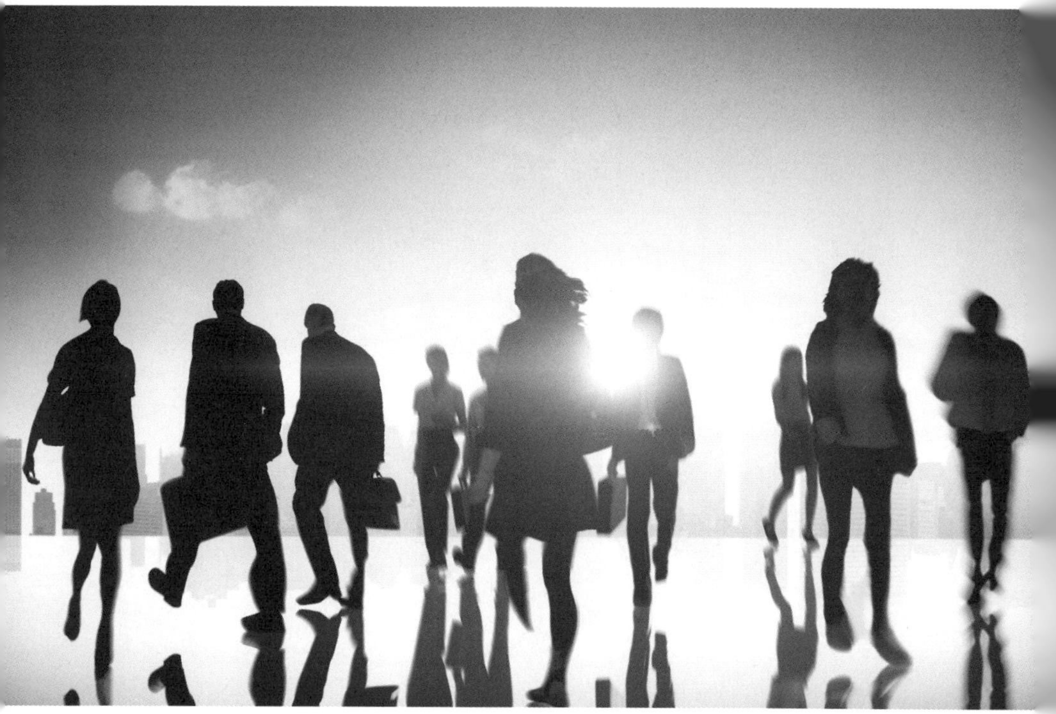

'계속 이렇게 살고 싶진 않아!'
이전 시대 사람들은 그냥 견디던 일들이
요즘 사람들에겐 의문이 되었다.
'그냥 견딘다고 행복해지나?'
그래서 우리에겐 또 한 번의 선택이 필요해졌다.
행복 없이 그냥 견디며 살 것인가,
아니면 다른 출구를 찾을 것인가?

이러한 고민은 전 세계 사람들의 공통된 것이었다.
그들은 지금 자신이 서 있는 곳이 아닌
다른 길을 가고 싶어 했다.
그렇다면 지금 무엇을 해야 할까?

점프! JUMP!

'점프'는
앞으로 내가 해야 할 일을 찾는 것은 맞지만,
그동안 쌓아온 경력을 바탕으로 하지 않기에
이직과는 그 개념이 확실히 다르다.

저자 마이크 루이스Mike Lewis는
10대 시절 스쿼시에 매료되어 있었다.
그가 살았던 캘리포니아에는
지역 스쿼시 체육관이 있었는데,
학교 가기 전 새벽 시간에 체육관에 늘 들렀으며,
학교 수업이 끝나면 다시 체육관에 가서 살았다.
식사는 주로 샌드위치로 해결했으며
숙제는 체육관 카페에서 했다.
얼마나 몰입했던지,
14세 때 프로 대회에 참가할 수 있을 정도였다.
그 무렵 소년 마이크는 캐나다의 프로 스쿼시 선수
숀 델리에르를 만났고,
그로부터 전 세계를 돌아다니는
'프로 스쿼시 대회'에 대해 알게 되었다.
브라질, 일본, 스위스…….
마이크는 세계 여러 나라에서 주최하는
스쿼시 대회에 참가하며 살아가는
자신의 삶을 상상하며 행복했다.

그러나 학년이 올라가면서
마이크의 꿈은 어디론가 사라져버리고
그 자리에는 보통 '정석'이라고 하는
삶의 프로그램으로 대체되었다.
명문 대학 졸업, 인턴십, 대기업 입사.
마이크는 미국 동부 아이비리그에 속하는
다트머스 대학을 졸업한 후
골드만삭스에서 잠시 일하다가
고액 연봉을 받는 베인 캐피털에 들어갔다.
베인 캐피털에 입사한 지 채 얼마 안 되어
마이크는 자신이 길을 잘못 들었다는 생각을 하게 되었다.
세상이 좋다고 하는 것이 곧 내가 좋은 것이라고
착각한 경우에 해당했다.

그는 자신이 원하는 인생이
10대 소년 시절 꿈꾸던
'프로 스쿼시 선수'로 살고 싶은 것임을 알게 되었다.
그러나 주변 사람들의 생각은 변함이 없었다.
'스쿼시 같은 건 취미로 즐기면 되잖아.
그 좋은 직장을 그만두고 프로 선수가 된다고? 미친 짓 아냐?'
하지만 이제 마이크의 귀에는
그런 이야기가 들리지 않았다.
내 인생은 내 인생일 뿐,
그들이 내 인생을 대신 살아주지 않는다는 것을
이미 알았기 때문이다.
그러나 프로 스쿼시 선수로 사는 일은,
지금 그가 서 있는 금융업계와는 너무 멀었다.

그에게는 '점프'가 필요했다!

마이크가 꿈꾸던 것은
취미로 하는 스쿼시가 아니라
운동복에 후원사의 로고를 붙이고
세계 투어 경기를 다니는
프로 선수로 사는 일이기 때문이었다.

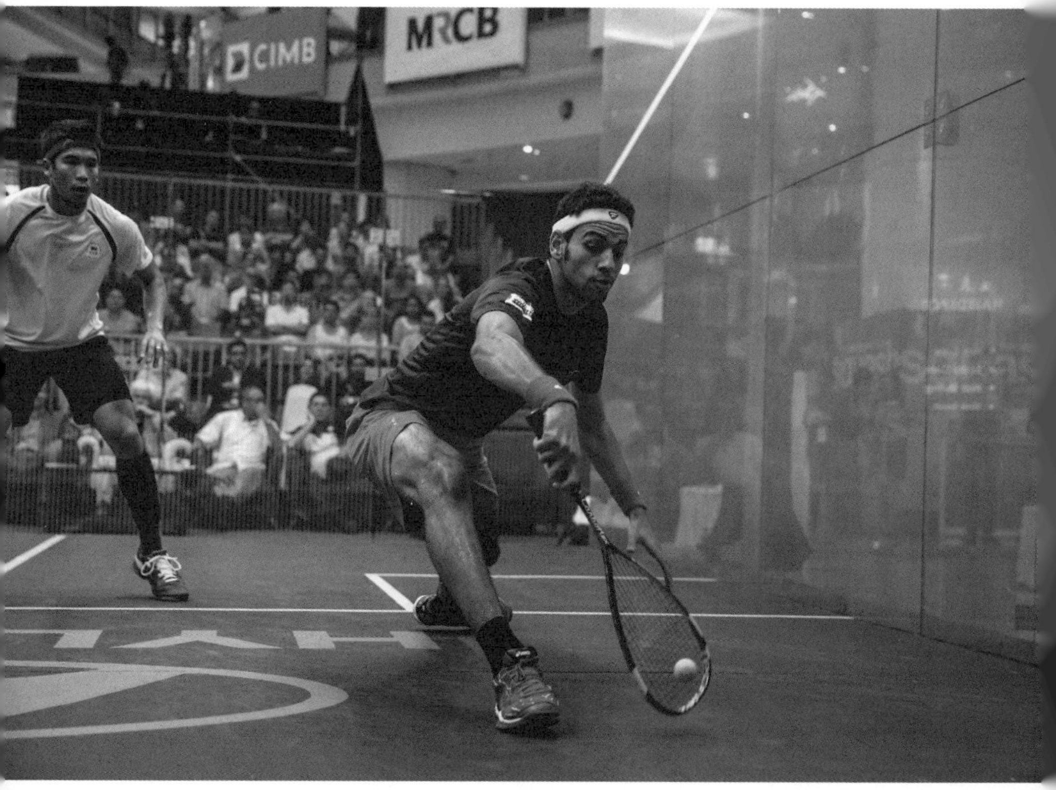

'When to jump?
언제 점프할래?'

마이크는 스스로에게 물었다.

'After three years!
3년 후!'

그는 아직 싱글이었고, 빚도 없었기에
점프할 시기를 3년 후로 잡았다.

그는 3년 동안 프로 선수가 되는 훈련을
꾸준히 하는 것 이외에 다음과 같은 준비를 했다.
먼저 '스쿼시'라고 이름 붙인 계좌를 하나 만들어
급여의 일부를 그 계좌로 이체하고,
절대로 건드리지 않았다.
그다음 그동안 직장생활을 하며 쌓은 인맥으로
'잠재적 후원사'를 찾아 나섰으며
자신을 마케팅하는 방법을 연구했다.
스쿼시 운동복에 그들 회사의 상표를 새기는 조건으로
현금 후원사를 모집했다.
경험을 쌓기 위해 시간제 프로 선수로도 뛰어보았다.
첫 번째 점프를 하기 바로 직전,
마이크는 마케팅용 운동복을 만들었다.
후원사들의 상표가 사방에 새겨져 있고,
'루이스LEWIS'라는 자신의 성을 미국 국기 밑에 새긴
운동복이었다.

마이크는 '점프'를 준비한 3년이 끝나갈 무렵
직장을 그만두었고,
직장을 그만두던 날
세계 투어를 가는 데 필요한
특대형 던롭Dunlop 스쿼시 가방과
23킬로그램짜리 용량의 대형 여행 가방을 샀다.

마이크는 점프를 준비하는 3년 동안,
자신보다 먼저 점프한 사람들을 만나 조언을 들었다.
전직 은행원이었다가 사이클 선수가 된 여성을 만났을 때
점프를 하기 위해 돈은 어떻게 모았으며,
일이 잘 풀리지 않을 때의 마음가짐과
직장 상사에게 퇴사하겠다는 말을
어느 시점에 어떻게 했는지에 대해
아주 꼼꼼한 조언을 들을 수 있었다.
기자에서 정치가로, 브랜드 마케터에서 장난감 제작자로
점프한 사람도 만났다.
그들에게서 받은 조언은 매우 유용한 것이었다.

첫 번째 점프를 통해
프로 스쿼시 선수로 사는 동안
마이크는 두 번째 점프를 시도했다.
점프를 시도하고 싶은 사람들을 서로 연결해주고
체계적으로 돕는 일을 하고 싶었다.
그는 〈WHEN TO JUMP〉라는
글로벌 커뮤니티를 만들었다.
거기 모인 사람들은 성공적인 점프를 위한
'4단계 점프 곡선'을 발견하여
충실히 점프를 준비했다.

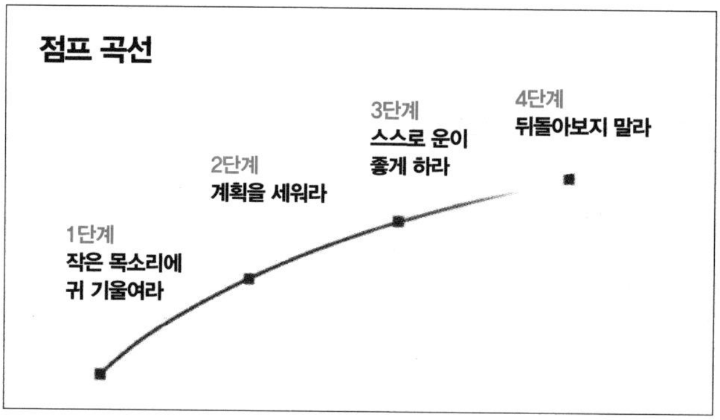
점프 곡선
1단계
작은 목소리에
귀 기울여라
2단계
계획을 세워라
3단계
스스로 운이
좋게 하라
4단계
뒤돌아보지 말라

좋아하는 일,
꿈꾸던 일로
점핑하라!
좋아하는 일이 직업이 되고,
꿈꾸던 일이 비즈니스 모델이 되는 것은
세계적 트렌드다!

차례

3단계

스스로 운이 좋게 하라 | 204

4단계

뒤돌아보지 말라 | 286

FOREWORD by Sheryl Sandberg
셰릴 샌드버그의 서문

점프를 시도하는 순간 행복해지는 방법을 찾게 됩니다

저는 이 책의 저자인 마이크 루이스가 창립한 글로벌 커뮤니티 〈WHEN TO JUMP〉의 자문위원을 맡고 있습니다. 또한 저 자신도 전 세계적으로 여성의 사회 진출을 지원하는 활동을 펼치고 있는 비영리단체 린인(leanin.org)을 창립했습니다. 새로운 인생에 도전하는 방법을 고민하고 찾아가려는 목적으로 만든 이 두 가지 커뮤니티는 그 활동이 서로 잘 연결되어 있습니다.

〈WHEN TO JUMP〉를 창립한 마이크 루이스는 사실 저와는 육촌 관계입니다. 지난 2005년, 우리는 처음 만났어요. 그는 그때 11학년(한국으로 치면 고2)이었고 당시 저는 구글에서 일할 때였어요. 처음 만난 마이크는 사랑스러운 육촌 동생이었습니다. 그는 재밌고 영리했으며, 나이보다 사려 깊었어요. 우리는 마주 앉아서 우리가 어떤 이유로 육촌이 되었는지를 먼저 따져보았습니다. 그의 할머니 프리다가 나의 할아버지 엠마누엘의 여동생이었어요. 그들은 1900년대 초 우크라이나 남부 지방에서 살다가 유대인이 박해받지 않는 미국 뉴욕으로 이주한 증조부 밑에서 태어난 분들이에요.

우리는 그러한 도전의 역사를 공유하고 있었기에 묘한 동질감을 느꼈어요. 저도 마이크도 도전자의 DNA가 있는 사람이었어요. 마이크가 대학을 졸업하고 금융업계에 취업해 경력을 쌓고 있다는 이야기를 들은 지 3년쯤 지났을 때 그에게서 연락이 왔어요.

"셰릴 누나, 나 직업을 바꿨어요. 드디어 프로 스쿼시 선수가 되었어요!"

놀라웠어요. 아니, 얼마 전까지 금융업계에서 경력을 쌓던 사람이 프로 스쿼시 선수라니! 그래서 저는 마이크에게 물었지요.

"어떻게 그게 가능하지?"

마이크의 대답은 간단했어요.

"적절한 시기에 점프했거든요!"

그 이후 마이크는 저를 또 한 번 놀라게 했어요. 자신의 '점프'에서 끝나는 것이 아니라 다른 사람의 '점프'를 돕는 일을 하고 있었어요. 그는 이렇게 말했어요.

"금융계에서 일하면서 하루하루 내 직업과 내 인생이 따로 가는 것을 알게 되었고, 그래서 행복하지 않았어요. 어떻게 해야 내 행복을 찾을 수 있을까 고민하다 내 직업과 내 인생이 같이 가는 방향을 찾아야 한다는 결론을 얻게 되었어요. 하지만 내가 원하는 것과 내 직업은 거리가 너무 멀어서 '점프'하지 않고는 그 넓은 공간을 건널 수 없었어요. 점프는 일반적인 이직과는 그 개념이 달라요. 이직은 자신의 경력을 바탕으로 좀 더 발전하고 성장하기 위해서 하는 것이에요. 그러나 점프는 지금 내 경력과는 상관없이 내가 좋아하는 일, 꿈꾸던 일을 찾아가는 방법이에요."

마이크는 이 책에서 성공적으로 점프한 많은 사람들이 따른 '4단계 구조'에 대해 안내합니다. 이는 그저 몇몇 개인의 경험에서 나온 것이 아니었어요. 모든 종류의 꿈을 가진 여러 연령층과 다양한 배경을 가진 사람들의 도전과 실험을 통해 얻은 통찰이었습니다. 그들의 점프 중에 어떤 것은 작지만 의미 있는 변화를 가져왔고, 또 다른 어떤 것은 그들의 미래를 거대하게 바꾸어놓기도 했어요. 그러나 가장 중요한 것은 그 누구도 자신의 점프를 후회하는 사람은 없었어요.

어느 날 마이크는 제게 이런 말을 했습니다.

"셰릴 누나야말로 점프가 필요한 사람들에게 아주 좋은 사례라고 생각해요. 두 번의 점프가 셰릴 누나의 오늘을 만들었으니까요!"

맞습니다. 저는 정부에 관련된 일을 하다가 '구글'이라는 새로운 세계의 기술 관련 업무로 점프했으며, 다시 모든 세상을 연결하겠다는 거대한 비전을 가진 23세의 창업자가 운영하는 페이스북이라는 회사로 점프했거든요. 세상은 언제나 저의 점프에 어리둥절해했으며 주변 사람들은 제 결정을 지지하지 않았어요. 물론 그들의 말은 언제나 일리가 있었으며, 논리적으로는 늘 옳았지요. 하지만 저의 결정은 가슴이 시키는 쪽으로 먼저 가 있곤 했습니다. 그러고는 절대 뒤를 돌아보지 않았습니다!

이런 과정을 잘 알고 있는 마이크는 기회를 놓치지 않았어요. 기어코 자신의 책 서문을 제게 맡기고야 말았어요.

시대는 계속 변하고, 우리는 뭔가 결정을 해야만 하는 순간을 맞게 됩니다. 익숙했던 분야를 떠나 모든 에너지와 열정을 쏟아야 하는 새로운 프로젝트 앞에 놓여 있거나, 새로운 인간관계를 시작하거나 관계의 끝에 도달한 누군가에게 안녕을 고하는 일 앞에 놓여 있을 때 우리는 점프에 대한 결정을 해야만 합니다. 때론 새로운 취미를 가지는 것처럼 작은 일에도 점프가 필요할 수 있고, 다른 나라로 이민을 가는 것처럼 큰 일 앞에선 더더욱 간절히 점프의 힘이 필요할 수 있겠지요.

저는 거의 매년 다보스 포럼에 참석하는데, 기술의 변화에 따라 없어지거나 새로 생겨나는 일자리에 관심이 많습니다. 하지만 가장 중요한 것은 내가 좋아하는 일을 만날 기회를 어떻게 만들어갈 수 있느냐의 문제입니다. 그런데 '점프를 시도하는 사람들'이 모이게 되면서 새로운 출구를 마련하고 있습니다.

물론 우리가 시도하는 점프의 순간들이, 정작 우리 자신을 어디로 이끌지 알 수 없다는 인생의 딜레마가 있긴 합니다. 그러나 분명한 것은, 점프를 시도하는 순간 내가 이전보다 훨씬 더 행복해지는 방법을 찾게 된다는 사실입니다.

내가 좋아하거나 꿈꾸던 일을 찾아 점프를 시도하는 사람들은, 자신이 시도하는 점프의 결과가 사막이거나 낭떠러지일지도 모른다는 두려움과 우선 싸워야 합니다.

하지만 우리가 내면의 목소리를 따라, 점프를 시도하고 경험할 때 분명히 깨닫게 되는 것이 있습니다. 우리 인생은 견고한 프레임에 갇혀 있는 닫힌 공간이 아니라, 문이 있고 길이 있는 열린 공간이라는 사실 말입니다.

좋아하는 일, 꿈꾸던 일,
돈 되는 일로 이끄는

점프 곡선

성공적인 점프를 위한 비밀스러운 각본은 없다. 일들이 어떻게 끝날지도 확신할 수 없다. 하지만 서로 관련 없는 배경과 성격을 지닌 사람들에게서 내가 들은 점프 스토리들을 자세히 살펴보니, 가치 있는 모든 점프들에 적용할 수 있는 4종류의 주요 개념을 확인할 수 있었다. 이야기들에 걸쳐 있는 공통점들을 따라가보면, 좋은 점프를 만드는 과정에서 수반되는 단계들을 이어주는 점프 곡선이 형성된다. 점프를 결정하는 것은 과학적인 것이 아니고 점프 곡선 또한 그런 종류는 아니다. 대신에 그것은 점프하기 위한 여정을 떠나는 중에 고려해야 하는 주요 통찰에 대한 윤곽을 그려주는 인도적 체계다.

이 책은 우리가 4가지 주요 단계로 구성된 점프 곡선을 익힐 수 있도록 해줄 것이다.

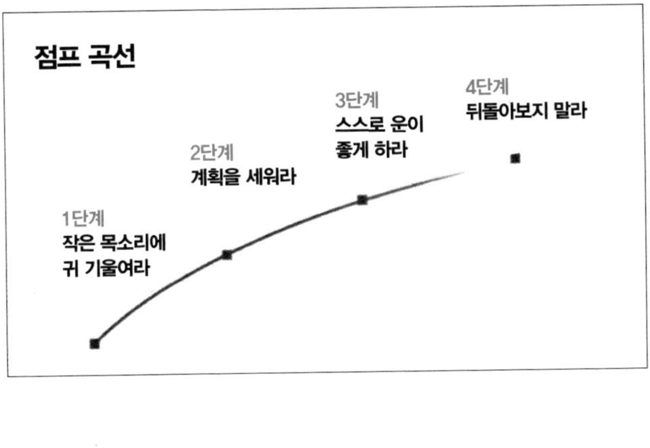

1단계 : 작은 목소리에 귀 기울여라

당신은 점프하려는 생각을 하며 책상 앞에 앉아 있다. 당신은 그 생각을 잊으려는 것 말고는 그다지 한 것이 없다. 당신은 점점 더 그 생각과 관련한 무언가를 하는 것을 고려하게 된다.

2단계 : 계획을 세워라

당신은 자신의 아이디어를 행동으로 옮겨보기로 결심한다. 빈 종이에 스케치를 해보는 것부터 시작하여 포괄적인 예산을 준비하는 것까지 핵심 사안들과 씨름하기 시작한다.

3단계 : 스스로 운이 좋게 하라

당신은 점프를 하려고 한다. 당신은 계획을 세워왔고 꿈꿔왔으며 당신이 할 수 있는 온갖 걱정을 해왔다. 어떠한 점프도 실제로 실행되지 않고서는 완벽하게 예측되거나 계획될 수 없다. 따라서 모든 것을 미리 해결하려고 하지 말라. 그렇게 할 수도 없다. 이제 당신은 당신이 할 수 있는 모든 것을 해냈다. 점프를 한다는 것은 알려지지 않은 결과물들이 기다린다는 것을 의미한다. 만약 당신이 지금까지 당신의 점프에 대해 알고 있는 모든 것에 대한 준비를 마쳤고 지금부터 당신이 가는 길에 어떠한 것들이 기다리든 나아갈 준비가 되어 있다면, 앞으로 나아갈 수 있을 것이다. 당신은 당신만의 행운을 찾을 것이다.

4단계 : 뒤돌아보지 말라

당신은 이 점프가 당신이 지금까지 한 일 중에 최고라는 것을 명백히 알고 있다. 또는 계획한 대로 될지 불안해한다. 어쩌면 이번 점프가 잘되지 않는다는 것을 명백히 알아가는 중일지 모른다. 하지만 모든 경우에 당신은 이번 점프 혹은 다음의 점프를 향해 계속해서 나아간다. 당신은 뒤를 돌아보지 않는다.

지난 5년 동안, 나는 점프를 한 수백 명의 사람들과 인터뷰를 해왔고 그들의 이야기를 수집했다. 이제부터 이어지는 이야기들은 단지 그것들 중 몇 개에 불과하다. 이 모든 이야기가 기분 좋은 결말로 이어지지는 않는다. 그리고 이 체계와 점프를 하는 행위 자체는 어떤 특정한 결과를 약속하지 않는다는 사실을 알아야 한다.

하지만 내가 인터뷰한 사람들 중에 점프 곡선 체계를 그대로 따른 사람들은 아무도 자신들의 점프를 후회하지 않았다. 당신이 작은 목소리에 귀 기울이고, 열심히 계획을 세우며, 운이 올 수 있는 위치에 가서 점프에 전력을 다하면서 이 체계를 따른다면 후회하지 않을 거라고 확신한다.

이 책의 각 장에서 점프 곡선의 특정 단계에 해당하는 이야기들을 소개하기 전에, 나 역시 해당 단계에 걸맞은 나 자신의 점프 일부를 설명하며 이야기를 시작한다. 그리고 각 장은 당신 자신의 점프가 그 단계라는 것을 알게 되었을 때, 되새겨볼 수 있는 말로 마무리한다.

점프 곡선을 설명서처럼 생각하지 말고 지속적인 지원의 손길이라고 생각하자. 지금부터 이어지는 30개의 각기 다른 목소리들의 주인공을 강사가 아닌 친구나 동료로 생각하라. 이 책을 읽고 나면, 당신은 우리의 커뮤니티 〈언제 점프할 것인가WHEN TO JUMP〉의 일원이 된다. 당신이 점프를 하는 시점이 지금인지 나중인지와 상관없이, 이 책은 여기 있을 것이기 때문에 당신은 홀로 점프하지 않아도 된다. 당신의 여정은 미친 짓일 수도 있다. 하지만 바보 같은 짓은 아닐 것이다.

LISTEN TO THE LITTLE VOICE

1단계

작은 목소리에 귀 기울여라

"그 작은 목소리가 당신의 진정한 목소리다."

- 제프 아치Jeff Arch

부쿠레슈티 지하 체육관에서 들려오는 작은 목소리

오스트리아 빈 유스호스텔 로비에 있던 두 명의 뉴질랜드 여행객이 자신들의 여정에 함께하자고 권했을 때, 나는 막 테라스에서 슈퍼사이즈의 송아지 커틀릿을 먹어 치운 후였다. 그들은 루마니아에 사는 친구를 만나기 위해 동쪽으로 향하는 길이라고 했다. 나는 스물한 살이었고, 대학에서 인턴십과 졸업 그리고 직장으로 이어지는 변동 없이 꽉 짜인 계획적인 궤도에서 벗어나 일주일간의 휴가 중이었다. 내가 여행 계획을 던져버리고 그 기회를 덥석 잡아버린 것은 당연했다. 그들의 제안에 그보다 더 빨리 좋다고 말할 수 없었으리라.

뉴질랜드에서 온 두 명의 선생과 그들의 조수 격인 미국인 대학생은 슬로바키아를 거쳐 체코공화국과 헝가리 주변을 지나 루마니아에 들어섰다. 야간열차가 부쿠레슈티에 도착하던 순간, 나는 그동안 조용히 갈망해오던 것과 불현듯 마주했다. 스쿼시 코트였다.

낡은 콘크리트 판으로 만든 먼지 쌓인 부쿠레슈티 지하 체육관에는 부식된 스쿼시 코트가 세 개 있었다. 맨 오른쪽 코트에서 중년 남성 둘이 기합을 넣고 뛰어다니면서 웃고 소리 지르고 있었다. 나는 외국어로 게임 스코어를 외치는 소리를 어렴풋이 들으며 그들이 루마니아인이라고 생각했다. 그들을 살며시 지나쳐 왼쪽 끝으로 걸어 들어간 나는 벽에 대고 연습 샷을 치면서 45분을 보냈다. 공은 익숙한 울림 속에서 다시 날아왔다. 반대쪽 코트에서 들리는 기합소리가 휑한 콘크리트 코트에 울려 퍼졌고, 나는 홀로 연습을 마치고 라커룸으로 향하다가 땀으로 흠뻑 젖은 두 명의 루마니아인이 대결을 끝내는 것을 멈춰 서서 지켜봤다. 잠시 후, 시합이 끝나자 그들의 눈이 갑자기 나를 향했다. 그중 한 사람이 집게손가락으로 내 쪽을 가리켰다. 내 차례였다.

두 루마니아인 중 더 잘하는 사람이 내게 자기 파트너를 넘겨주고, 우리의 시합을 조용히 지켜봤다. 그러다가 내가 한 게임에서 파트너를 제압하고 다음 게임도 이겨버리자 그 잘하는 사람이 코트로 들어왔다. 두 시간 동안 몸이 쿵하고 부딪히고 연이어 공이 날아다닌 끝에 나는 두 사람을 모두 이겼다. 클럽 매니저는 내가 코트를 떠날 때 제안을 하나 하기 위해 참을성 있게 기다리며 우리의 시합을 지켜보았다. 부쿠레슈티에 남아달라, 우리 선수들 중 하나와 대결해달라, 당신은 우리 팀의 코치가 될 수 있다, 우리가 동유럽에서 당신에게 새로운 인생을 선사해주겠다 등이었다.

처음에는 충격이었다. 나는 그저 믿을 수 없었다. 이건 내가 원하던 것이다. 기이하고 완전한 미지의 모험이자 사회적으로 인정받는 성취의 삶을 향한 '길'을 벗어난 놀라운 우회로였다.

이는 내가 어렸을 때, 프로 스쿼시 선수 숀 델리에르Shawn Delierre가 산타 바바라의 우리 집에 머무는 동안 들려준 이야기 같았다. 나는 그런 이야기들을 아주 좋아했지만, 내가 그런 사람들 중 하나가 될 거라고는 한 번도 생각하지 않았다. 그리고 여기 내가 있는 곳, 지상에서 한참 아래 먼지 쌓인 깊숙한 부쿠레슈티 지하 체육관에서 친절한 루마니아 스쿼시 클럽 매니저가 내게 기회를 주고 있었다.

그러나 곧바로 현실로 돌아왔다. 내 심장은 본능 깊은 곳으로 파고들었다. 이성이 진상을 파악하기 시작했다. 나는 뛰어들 준비가 되지 않았다. 나는 더 큰 점프를 위한 토대를 준비하는 중이었고, 그 토대는 인턴십을 마치고 학위를 마무리짓고 전문적인 직업을 찾은 후에야 비로소 놓일 것이다. 그때부터 저축을 하고 운동을 더 잘하게 되면 충분했다. 해야 할 일이 많이 있었다.

나는 루마니아 클럽 매니저를 돌아보고 가능한 한 자제력을 모두 끌어 모아 그 제안을 정중하게 거절했다.

그다음 날, 나는 취리히로 날아가 한 시간 동안 열차를 타고 취리히 호수를 지나 한 기업의 기숙사로 이동했다. 양 떼로 둘러싸인 조용한 스위스 마을의 한 언덕 아래에 있는 민간 원자재 무역회사의 본사가 있는 곳이었다. 다음 날에는 양복을 입고 한 달간의 파견업무를 시작했다. 낮에 마을로 조용히 통근했다가, 밤에는 바펜플라츠스트라세의 조용한 거리로 혼자 돌아왔다. 나중에 누군가가 이 지역은 가족과 은퇴자들에게 음식을 제공한다는 이야기를 해주고 나서야 내 나이대의 사람을 전혀 마주치지 않은 이유가 이해되었다. 직장에서는 원자재 거래업자를 그림자처럼 따라다녔다. 그는 암모늄, 질산염 같은 화학약품의 수요와 공급에 정통한 세계적인 전문가였다. 나는 루마니아 지하 코트의 사람들을 궁금해하면서 그의 일상 업무를 따라다녔다. 한 달 후에는 미국으로 돌아가 뉴욕에서 상자 하나를 풀어 아버지가 물려주신 1970년대 후반 줄무늬 나팔바지 스타일의 모직 양복을 입고 진짜 첫 기업 인턴십을 시작했다. 골드만삭스의 여름 연수 프로그램으로, 나와 내 부모님의 광활한 꿈을 뛰어넘는 드문 기회였다. 그렇게 봄부터 여름에 걸쳐 1년이 조금 안 되는 기간 동안 명문 인턴십을 옮겨 다녔고 대학을 졸업했다.

3학년 때 봄, 루마니아에 머무는 동안 점프를 했다면 충동적이고 근시안적인 행동이었을 것이다. 점프를 연기한 것은 잘한 일이다. 하지만 그 만남에서 내면의 목소리가 나타났다. 알맞은 모험과 적당하지 않은 시기라고. 하지만 좋은 모험이라고. 부쿠레슈티에서 스쿼시를 한 지 1년 반이 흐른 후, 나는 오전 7시 20분에 〈아이 띵크 유알 어 콘트라 I Think Ur a Contra〉를 휴대폰 알람으로 들으며 깨어났다. 옷을 차려입고 베인 캐피털의 우뚝 솟은 성으로 향하기 전 일단 스누즈 기능을 한 번 누르면서 말이다.

북향으로 난 사무실 창문 밖으로 저 멀리 보이는 보스턴 커먼즈 공원의 풀밭에서 사람들은 바삐 걷고 개들은 뛰어 놀며, 학생들은 낮잠을 즐겼다.

대본대로 순서가 착실히 진행되었지만, 작은 목소리는 사라지지 않았다.

루마니아의 지하 코트를 떠난 지 몇 년이 흘렀을 때, 나는 책상 너머로 사무실 벽에 붙여놓은 세계지도를 바라봤다. 첫째, 나는 여전히 전 세계를 돌아다니며 전업 프로 스쿼시 선수로 뛰는 꿈을 좇기를 원한다. 둘째, 내 사무실로 와서 언제 내 꿈을 시작해야 하는지 말해주는 사람이 아무도 없다. 부모님도 형제자매도, 하물며 동료들도. 그 대신 작은 목소리가 이야기를 하고 있었다.

나는 이 목소리를 어떻게 다뤄야 할지 알지 못했다. 어쩌면 그 목소리는 잘못된 것이어야만 한다. 부모님은 나를 대학에 보내서 지금 내가 하고 있는 일, 곧 안정적이고 명망 있고 수익성 좋은 직업을 갖게 하려고 희생하셨다. 나는 이 일을 즐기며 도전의식을 느꼈다. 이것이 목표가 아니라고? 어떤 이유든 복잡한 생각은 부모님에 대한 무례일 뿐 아니라 논리적으로도 불합리하며 재정적으로도 불가능해 보였다. 한 발 더 나아가, 낯선 사람들과 함께 자면서 잘 알려지지 않은 스포츠를 하고 돈은 벌지 않겠다는 원대한 내 비전은 고사하고 말이다.

하지만 목소리는 더 커졌다. 나는 들리지 않는 척했다. 하지만 나는 듣고 있었고, 들은 것을 잊어버리려고 했으며, 그 생각을 마음 깊숙이 밀어내려고 했다.

내가 다니는 보스턴 스쿼시 클럽은 베인 사무실 건너편에 있는데(아주 편리하게도!) 시간이 날 때면 언제나 그 클럽으로 향했다. 어느 날 점심시간에 찾아간 그곳의 프런트 데스크 근처에서 들리는 어떤 대화에 발걸음을 멈췄다. 20대 후반의 댄은 팔다리가 가늘고 곱슬머리인 아일랜드 청년으로 상냥했지만 사악한 미소를 짓고 있었다. 전 아일랜드 주니어 챔피언으로 현재는 보조 강사인 댄은 통화 중이었는데, 상대방에게 몇 년 전 오스트레일리아와 뉴질랜드에서 순방 연맹전을 뛴 경험을 이야기하고 있었다. 나는 엘리베이터에서 막 나와 출입구에 어색하게 서서 댄이 상대방에게 말하는 조언을 듣고 있었다. 언제 떠나야 하며 어디서 경기를 해야 하는지를 말이다. 댄은 심지어 그 과정에서 머무를 장소를 찾도록 도와줄 몇몇 전 트레이닝 파트너들도 알고 있었다. 댄이 통화를 마쳤을 때, 나는 천천히 데스크를 지나 코트로 들어갔다. 내 뒤로 문이 닫히는 잠시 동안 내가 댄과 통화하는 상대방인 듯한 생각을 하면서 말이다. 그날 그 통화의 상대편이 언제쯤 진짜 내가 될지 생각하며 딱딱한 고무공을 계속해서 벽에 때리면서 혼자서 스쿼시를 했다. 그리고 체육관에서 나와 돌아가는 길에 댄의 데스크에 멈춰 섰다.

"댄, 언젠가 말이지. 그러니까 지금 당장은 아닌데, 머지않아 내가 토너먼트를 나가게 될 거 같아. 그렇게 되면 자네가 통화하던 사람에게 알려준 그 이름과 팁들을 내게도 알려주겠나?"

댄은 주저 없이 대답했다.

"그럼요. 언제든지요. 당신이 원할 때 꼭 알려주세요."

나는 라커룸에서 옷을 갈아입고 다시 일하러 돌아갔다.

베인 캐피털 런던 사무소의 창문을 통해 보이는 버킹엄 궁전은 영화처럼 웅장하고 격조 높으며 역사적으로 보였다. 베인에서 근무한 지 6개월 만에 나는 높은 자리에 올랐다. 그래서 우리 벤처 캐피털 부서의 어느 누구도 런던 사무소와는 상관없었지만 그곳에서 며칠을 보내는 아이디어를 성사시켰다. 회사의 다른 부서에서 자리를 빌렸으며 생산성이 떨어지는 일은 없을 거라고 상사에게 약속했다. 무엇보다 국제적인 비즈니스 환경이 새로운 투자 기회를 발견하는 데 도움이 될 수 있다고 설득했다. 상사는 내 말을 긍정적으로 받아들였으며 더 중요한 것들을 얻을 가능성이 보였으므로 승인을 해주었다.

3월이 되었고, 나는 처음으로 영국을 방문했다. 나는 외국으로의 모험을 조금씩 시작해보기로 결심했다. 비록 동쪽으로 여섯 시간 떨어져 있을 뿐, 병원 벽장으로 착각할 것 같은 텅 빈 하얀 벽의 사무실에서 임시 책상과 의자에 앉아 똑같은 일을 하고 있지만 말이다. 나는 회사의 규칙을 변칙 적용했고, 런던에서 일할 수 있게 되었다. 내가 이 일을 성사시킬 수 있었다는 건, 어쩌면 더 많은 것을 변칙 적용할 수 있다는 뜻인지도 모른다.

나는 베인 캐피털 사모펀드 사무실 구석에 앉아 있었다. 이 사무소를 이끄는 사람은 회사 내는 물론 광범위한 금융계에서도 널리 존경받는 사려 깊고 뛰어난 투자자인 드와이트 폴러Dwight Poler였다. 공교롭게도 드와이트는 내가 학부를 졸업한 대학의 대학원을 나왔으며 우리는 이 인연을 바탕으로 선배들에게 서로를 소개받았다. 런던을 떠나기 전, 드와이트는 시간을 내어 자기 사무실로 나를 초대했다.

나는 멋들어진 복도를 한 발 한 발 신중하게 걸어갔다. 그처럼 존경받는 사업가가 사용하는 공간으로 걸어가는 동안 그의 재능 중 일부가 내게 옮겨질 것처럼. 난 베인의 운영과 훌륭한 평판 그리고 베인을 만들어내는 데 일조한 드와이트 같은 리더들에게 경외심을 품고 있었다. 머릿속 그 작은 목소리가 말을 하기 시작했지만, 드와이트를 만나는 동안 그 목소리가 나오지 않게 할 생각이었다.

그런데 드와이트가 경영대학원에 관한 기억을 되짚던 중, 무언가 색다른 이야기를 들려주었다. 그는 자신의 꿈을 위해 한 번 점프를 했다.

"나에게는 친구가 몇 명 있었고, 우리는 항상 서로에게 1년 동안 여행을 하자고 약속했었네. 그래서 나는 대학원 진학을 연기했고 우리는 여행을 떠났지. 우리는 아주 빠듯한 경비로 여행을 했다네."

나는 참을 수 없어서 결국 토너먼트를 향한 나의 꿈을 고백했다. 드와이트에게 나의 작은 목소리가 프로 스쿼시 경기에 대해 어떻게 말하는지 짧게 설명했을 때, 그는 간단하게 대답했다.

"그렇게 하게. 모든 사람은 자네가 하지 말아야 할 이유를 말할 거네. 그들은 말하겠지. 자네가 미쳤다거나 이성을 잃었다거나 돈을 더 벌 수 있을 거라고 말이야. 하지만 그 목소리대로 하게."

나의 작은 목소리가 밖으로 나왔고, 롤 모델인 사람에게서 내 점프 아이디어에 대해 조언받는 것은 전혀 예상하지 못한 아주 신나는 일이었다.

드와이트는 이렇게 덧붙였다.

"하지만 몇 년 후에 점프하게. 자네는 그 아이디어를 조금 더 가치 있게 만들어야 하네. 경비도 더 많이 마련해야 하고."

나는 그 부분을 명심하겠다고 했고, 우리는 몇 분 후 이야기를 마무리했다. 밖으로 나오면서 내 열정에 투자하고 점프할 기회에 대한 드와이트의 솔직한 생각과 조언에 고마움을 표했다. 그는 웃으면서 말했다.

"인생은 길다네."

나는 드와이트의 사무실을 나와 힘차게 복도를 걸어가 궁전 같은 그곳을 뒤로하고 곧장 앞으로 갔다. 그리고 병원 벽장 같은 사무실로 돌아가기 전 댄에게 메시지를 보냈다.

"프로 스쿼시 선수로 뛰지 못한다면, 영원히 후회하게 될 것 같아."

두려움을 걷어내는 법

직장생활을 하며 2년을 보낸 어느 날, 그러니까 베인에서의 세 번째 해가 되던 겨울에 나는 코네티컷에서 사업을 하는 경영자에게서 전화를 한 통 받았다. 우리는 전에 한 번도 이야기를 나눈 적이 없으며 앞으로도 다시 이야기할 일이 없는 사이지만, 어쩐 일인지 비즈니스에 관한 대화를 마무리하면서 수화기 너머 그 낯선 사람은 내 이야기를 물었다. "하고 싶은 일이 무엇이었나요? 이 직업을 원했나요?"

그는 마치 알고 있는 것 같았다.

나는 긴장해서 웃으며, 지금의 직업을 갖게 되어 얼마나 운이 좋은지 그리고 여기서 변화가 있다면 얼마나 힘들지, 또 얼마나 진정으로 행복한지 설명했다. 그는 잠시 말이 없더니 이렇게 말하며 전화를 끊었다.

"잘 들어보게, 젊은이. 자네는 좋은 남자 같아. 자네에게 내가 해주고 싶은 충고는 심장이 뛰는 곳으로 가라는 거네."

전화를 끊었지만 노트를 정리하고 이메일을 보내는 자동적인 업무 일상이 끊겨버렸다. 그리고 그 순간적인 어긋남 속에 나는 그대로 멈췄다. 작은 목소리를 무시하던 것을 멈췄고, 목소리가 들리지 않는 척하는 것도 멈췄다. 그때부터 나는 볼륨을 높이기로 했다.

1단계('작은 목소리에 귀 기울여라')의 부제가 있다면, '그러고 나서 그 목소리가 말하는 것을 사람들에게 말하라.'가 될 것이다. 나는 아주 오랫동안 책상 앞에 홀로 앉아 그 목소리를 말하는 것을 당혹해하면서도, 내 생각의 타당성에 대해 곰곰이 생각했다. 내가 나이를 먹고 늙어버린 언젠가 적어도 시도는 해봤다고 말할 수 있도록 그 생각을 시험해봐야 했다. 그러면서 이 사실을 부모님이 절대 이해하지 못할까 봐 걱정했다.

더 현실적으로 보면, 어느 누구도 다시는 나를 고용하지 않을까 봐 걱정되었다. 앞으로 영원히? 나는 경력이 몇 년 남짓 되었으며, 일자리에 굶주린 채 기다리는 갓 졸업한 신입들은 물론 망설임 없이 내 자리를 차지할 능력 있는 수천 명의 동료들이 있었다. 원하던 점프를 하려면 회사를 떠나야 해서 점프를 하지 않았다고 이야기한 나이 든 동료 직원을 떠올렸다.

"나는 이 회사에서 상무이사가 될 겁니다. 그 선을 벗어나 내 차례를 놓치고 싶지 않았죠. 그렇게 되면 다시 시작해야만 하니까요."

내가 잠시 프로 스쿼시 선수로 뛴다면 아마 베인 일선에서 밀려나게 될 것이다. 또한 그보다 두려운 것은 어쩌면 나중에 다시 시작할 수도 없게 되리라는 생각이었다.

스쿼시를 잘하지 못한다면? 어떤 경기에서도 이기지 못한다면? 잘한다고 하더라도 생활이 비참하다면? 투자업계에서 커리어를 다시 시작할 수 있으리라는 보장이 없었으며, 내 머릿속에는 이미 그럴 수 없을 거라는 가능성이 자리 잡고 있었다. 나는 동료들과 동창생들 사이에서 휴식시간이나 동창회에서 회자되는 남자가 될 것이다.

"이름이 뭐였더라, 마이크였나 마크였나? 꿈에 사로잡힌 그 불쌍한 남자 말이야. 결국 현실로 돌아오지 못했지."

그래도 시기를 잘 탄다면 어쩌면 인턴 정도로 시작할 수 있을 것이며, 그때쯤 선임사원이나 부사장이 된 친구들이 동료들과 함께 힘써주면 다시 일할 수 있게 될지도 모른다.

나는 베인을 떠나면서 포기해야 하는 것이 무엇인지 정확하게 알았다. 돈과 혜택, 안정성, 사회적 지위였다. 프로 스쿼시 선수로 점프한다면, 그 보상으로 무엇을 얻게 될지 정확하게 알 수 없었다. 그것이 베인에서 내가 누리던 것보다 훨씬 낮은 수

준일까 봐 두려웠다. 이런 어두운 두려움의 수렁 때문에 대부분의 점프가 태어나기도 전에 소멸한다. 점프가 살아 있게 하려면 그것을 누군가에게 말하는 것이 도움이 된다.

베인에서 일한 9개월 동안, 그러니까 부쿠레슈티에서의 만남 후 3년이 흐르고 숀 델리에르가 프로 토너먼트에 대한 내 꿈에 불꽃을 일으킨 지 10년이 흐른 끝에 처음으로 나는 타인에게 내 작은 목소리가 들려주는 솔직한 꿈을 모두 털어놨다. 내 마음을 말하기 전 누가 적당할지 곰곰이 생각해본 뒤, 내 삶의 중립적이고 객관적인 관찰자이자 가족적인 유대감과 깊은 우정으로 방해받지 않으며 내 생각을 솔직하게 평가해줄 사람으로 친구 아버지를 정했다.

우리는 사무실 빌딩 로비 구석에 있는 그랩앤고 스타일의 블루 글래스 카페Blue Glass Café에서 만나 모닝커피를 마셨다. 블루 글래스는 사람이 많아서 정신없이 붐볐으며, 많은 사람이 자리를 못 잡고 있었고, 앉아 있는 사람들 중 어느 누구도 지금 자리에 만족한 듯 보이지 않았다. 흐릿한 노트북과 서류가방 사이에서 테이블에 끼인 나는 의자를 바싹 잡아당겼다. 커피 컵과 신문 사이로 주변을 둘러보았다. 내가 아는 얼굴이 있나? 누가 엿들으면 어쩌지? 내가 아는 누군가가 이 사실을 알아차리게 된다는 것이 두려웠다. 나는 의자를 더 가까이 당겨 앉다가 가슴이 테이블 윗면 딱딱한 흰색 모서리에 눌렸다. 친구 아버지는 내가 이야기를 시작할 때까지 참을성 있게 기다려주셨다. 몇 번이나 망설인 끝에 나는 비밀을 털어놓았다.

이야기가 모두 끝났을 때, 그가 말했다.

"그대로 하게. 내가 자식들에게 하는 말이 있지. 인생은 다시 시작할 수 없다네."

그 후 내 꿈을 더 많은 사람과 공유하기로 했다. 며칠이 지나 늦은 오후 휴식시간에 텅 빈 사무실 카페테리아 구석 테이블에서 동료 노아에게 비밀을 털어놓았다. 오렌지 껍질을 벗기며 피드백을 기다리는 내게 노아는 다른 방식으로 문제를 표현했다.

"이봐. 어떤 게 더 흥미로운 거야? 네가 방법을 알고 있는 일을 하면서 보내는 1년이야, 아니면 네가 사랑하는 일을 시도하면서 보내는 1년이야?"

새로운 대화를 할 때마다 나의 목소리는 자신감을 얻었다. 또 다른 직장 선배는 직설적으로 말했다.

"너 자신을 믿나?"

나는 그렇다고 대답했다.

"이 점프를 실행하면 누가 책임을 지지?"

그 말에는 나 자신이라고 답했다.

"그렇다면 시도하는 데 어떤 위험 부담도 없어. 너는 여기에 네 자신을 걸고 있어. 그리고 너는 그걸 믿지. 그렇다면 너에게는 위험이 없는 거야."

나는 실제로 내 꿈을 시도해볼 수도 있다는 사실을 천천히 깨닫기 시작했다. 내 자리 근처에 있는 복사실에서 페이지를 만났을 때였다. 그녀는 우리 사무실의 중심 인물로 은퇴기에 접어든 비서였다. 나이 차이가 꽤 났지만 나와 페이지는 종종 우리가 언젠가 만들 점프에 대한 생각을 나누었다. 그녀에게 내 비밀 계획을 이야기했을 때, 페이지는 진지한 목소리와 웃음기 사라진 얼굴로 가까이 다가왔다. 프린터 옆에 선 채 페이지는 강하고 현실적인 보스턴 억양으로 직설적으로 말했다.

"친구, 나처럼 되지 말아요. 때나 기회를 기다리지 말고 그냥 날개를 펼치고 행동해요. 두려움은 실패하게 만들 거예요. 용기는 그렇지 않고요."

친구의 아버지에게 내 꿈을 완전히 공유하고 4개월이 흐른 후, 나는 마음속에 있는 이야기를 또 다른 사람 여섯 명에게 말했다. 내 머릿속에서 들려오던 목소리가 공개되었으며 나는 그 말에 따라 행동하려고 했다. 이제 그때가 언제인지 알아내기만 하면 되었다.

〈시애틀의 잠 못 이루는 밤〉의 탄생

가라테 도장 운영자에서 할리우드 시나리오 작가로

모두가 가는 길을 가지 않고
나의 길을 간다는 것

나는 어린 시절 영화에 미쳐 있었다. 하지만 고등학교 때까지도 보통의 사람들이 실제로 영화 시나리오를 쓴다는 것은 생각하지 못했는데, 그 이유는 영화 시나리오란 특별한 사람들이 특별한 장소에서 쓰는 종류의 글이라고 생각했기 때문이다. 내가 자란 공동체와 문화에서 예술은 절대적으로 존중받았다. 집안의 누군가가 실제로 예술가가 되려고 하지 않는 한 말이다. 우리 집안에서는 전문가가 되어 가업을 잇거나 변호사가 되어야 했다. '존경할 만한' 무언가가 되어야 하는 것이다. 나이 든 친지들에게 그 말은 친구들에게 말하기에 부끄럽지 않은 직업을 뜻했다. 그 후 나는 이런 상황이 비단 내가 자란 공동체와 문화에만 국한되지 않는다는 사실을 깨달았다. '창의력'을 타고났다는 이야기를 들어본 사람이라면 아마도 내 말 뜻을 이해할 것이다. 그 용어가 칭찬으로 쓰일 경우에도 걱정이 따라온다. 설사 그들이 당신을 자랑스러워한다 해도 그 일을 하지 않기를 바라는 건 마찬가지다.

나는 세 형제 중 막내고 일곱 명의 사촌들 중에도 가장 어렸으므로, 어린아이였을 때 모든 것이 그저 나를 스쳐지나갔다. 나는 내 생각을 아주 오래 말할 수 있었지만 아무도 들어주지 않았다. 하지만 이상하게도 내가 무언가를 글로 적으면 가족들이 멈춰서서 읽어준다는 사실을 깨달았다. 재미있는 글이면 가족들이 웃어주었으며 다음 주에 다른 사람에게 다시 읽어주면 그 사람도 웃었다. 이를 통해 한번 무언가를 글로 쓰면 며칠 후, 몇 주 후에도 계속해서 반응을 얻을 수 있다는 사실을 알게 되었다. 글은 재미있을 때도 있었고, 진지할 때도 있었다. 글이 좋기만 하다면 보상은 반드시 돌아왔다. 그 당시에는 돈은 전혀 고려하지 않았지만, 그건 저작권료가 발생하는 것과 정확히 같은 방식이었다. 아주 위대한 발견이었다.

고등학교에 진학하고서 나는 수학시간에도 자유롭게 글을 쓸 수 있게 되었다. 대수학 선생님이 고등학교 매거진에 실린 내 시를 마음에 들어 해서 사정을 봐준 덕분이었다. 대학에 가서는 영화 수업 외에는 아무것도 수강하지 않아서 천국 같은 나날을 보냈다. 당시 나는 영화 제작의 모든 면을 배웠는데, 시나리오 작법만은 예외였다. 그에 관한 수업이 없었기 때문이다. 3학년이 되어서는 카메라를 들고 보스턴과 그 주변에서 제작 편집 일을 시작했다. 여기저기서 다큐멘터리와 교육용 필름, 산업 및 상업 광고 제작을 했다. 당시 내게는 훌륭한 멘토가 있어서 영화 조명을 배웠고 그 덕분에 작업에 매우 능숙해졌다.

졸업 후, 나는 가장 흠모하는 카메라맨인 콘래드 홀Conrad Hall에게 즉흥적으로 전화를 걸었다. 정말 놀랍게도 그는 직접 전화를 받아주었다. 그는 나에게 LA로 올 수 있다면 찾아와도 좋다고 했고 나는 그렇게 했다. 내 작업물을 본 그는 나를 도와주겠다고 하면서 당시 영화계가 어떻게 돌아가는지 냉정한 조언도 덧붙였다. 그는 이렇게 말했다.

"글을 쓸 줄 아나? 할 줄 안다면 글쓰기야말로 지금 자네가 해야 할 일이야."

실제로 당시에는 글쓰기가 급부상하고 있었으며 실제로 시나리오 시대가 빠르게 열리고 있었다. 바야흐로 카메라맨의 시대가 끝나고 작가의 시대가 시작되고 있었던 것이다. 나는 캘리포니아로 넘어와서 일을 시작했다. 그곳에는 내가 글쓰기로 영화계에 진출할 기회가 있었다.

당시 그렇게 과감한 결정을 내릴 수 있었던 것은 내가 열다섯 살 때 아버지가 돌아가셔서 어머니만 설득하면 되었기 때문이다. LA에 온 지 몇 달이 지났을 때, 어머니는 삼촌에게 전화해서 내가 정신을 차리도록 따끔하게 말해달라고 부탁했다. 어떤 방면에서든 내가 영화계에서 성공하기란 불가능하며 분명 상처받을 테니 그만 포기하라고 설득해달라는 것이었다.

하지만 삼촌은 그런 말 대신에 한 번도 만나본 적 없는 내 할아버지 이야기를 들려주었다. 할아버지는 1900년대 초반 러시아를 떠나 미국으로 갔는데, 당시 사람들이 한 것처럼 서쪽으로 갈 때 유럽을 거쳐 보트를 타고 뉴욕 엘리스 아일랜드로 가지 않았다. 할아버지가 동쪽으로 가기로 결정한 이유를 우리는 절대로 알 수 없다. 다만 할아버지는 러시아를 가로질러 중국으로 간 다음 알래스카와 캐나다를 거쳐 아는 사람이 있는 펜실베이니아주의 해리스버그Harrisburg로 갔다. 그런 길로 가기 위해서는 보트에 간신히 탄 이민자들조차도 상상할 수 없는 어려움이 분명 있었을 것이다. 할아버지는 모든 면에서 사람에게 호의적이지 않은 대륙을 통과해 홀로 여행한 랍비의 아들이었다.

삼촌은 내게 집으로 돌아오라고 말하는 대신 한 사람에게 줄 수 있는 가장 가치 있는 것, 곧 정체성을 주었다. 그는 모두가 가는 길을 가지 않고 나의 길을 가는 것이 내 피에 흐르는 본성이라고 말했다. 그리고 본성에서 도망치지 말고 나 자신을 믿으라고 했다.

"다른 모든 사람이 그것이 미친 일이라 해도 네 피가 시키는 일을 해라. 그리고 그 일을 정말로 잘해야만 한다."

그날 삼촌에게 아무리 수백 번 감사하다고 말했더라도 충분하지 않았으리라.

내 마음이 향하는 곳과 내가 해야만 하는 것

나는 이후 몇 년 동안 시나리오를 쓰며 보냈다. 작가로서는 성장하고 있었지만, 업계에서 갈 곳이 어디에도 없었으므로 점점 더 좌절하고 있었다. 그러다가 스물여덟 살이 되었을 때 무대 연극을 위한 어떤 아이디어가 떠올랐다. 하나의 세트에서 벌어지는 코미디로, 많은 문이 열리고 닫히며 사람들이 들어오고 나가다가 결국에는 모두 큰 혼란이 일어나는 이야기였다. 나는 이 아이디어에 관심을 보이는 사람들을 모아서 작업을 시작했다. 연극을 올리기까지 2년이 걸렸지만 결과적으로 연극 역사상 개막한 주에 바로 폐막한 작품들 중 하나가 되었을 뿐이다. 우리는 최악의 리뷰를 받았다. 오늘날의 기준으로 보아도 리뷰들은 몹시 가혹했다. 하지만 시사회와 비판적인 리뷰와는 상관없이 표가 매진되고 모두가 웃고 즐기는 정말로 이상한 일이 일어났다. 그때 나는 이 연극을 하면서 관객들과 하나로 연결되는 경험을 했으며 그것이야말로 내가 발견해야 하는 것이었다. 하지만 혹평까지 마음을 열고 받아들일 수는 없었다.

나는 서른 살이었고 결혼해서 갓 태어난 딸아이가 있었다. 전철을 타고 뉴욕에서 빠져나올 때, "집으로 가. 그리고 다시 돌아오지 마. 이건 너의 일이 아니야."라는 말이 그 도시 어디쯤 간판에 적혀 있는 듯했다. 그때의 기분을 결코 잊지 못할 것이다.

하지만 쇼가 실패한 것보다 더 최악이 무엇인지 아는가? 나 자신이 지금 내가 되려고 하는 부류의 사람을 좋아하지 않는다는 사실이었다. 대학 시절 나는 스스로에게 이런 식으로 하지 않겠다고 약속했다. 자기 일을 혐오하는 사람이 되지 않으려고 했다. 하지만 나 자신을 좀 더 객관적으로 바라보게 되었을 때, 두 가지가 명백해졌다. 하나는 작가로서 나는 여전히 꽤 괜찮은 길을 가고 있다는 사실이다. 비평가들과는 별개로, 청중에게 무엇이 효과적이며 그 이유도 알게 되었다. 하지만 내 쇼가 그저 그랬다는 사실을 인정해야만 했다. 훌륭하지는 않았다. 좋았을 뿐이며 그저 그런 정도였다. 그리고 그저 그런 정도의 평가로는 어디에도 갈 수 없다. 나는 이 영역에서 커리어를 쌓지 못했다. 그때의 경험으로 정말 많은 것을 배웠다.

또 다른 하나는 나란 사람은 그런 부류의 사람이 되기에 적절하지 않다는 사실이었다. 연극은 현실적인 작업이 진행되는 곳이었다. 주목받을 만한 캐릭터가 있어야 하며, 스토리는 나중 문제였다.

처음으로 내가 향하는 곳과 내가 해야만 하는 것에 관해 혼란을 느꼈다. 매우 낙심한 나날이었다. 그리고 아무리 좋은 의도라고 할지라도 모두의 조언이 엇나갔다.

그리고 다시 한 번, 영화가 내게 왔고 나를 구했다. 〈베스트 키드The Karate Kid〉(1985년 작)가 1년 전에 개봉했는데, 그 영화는 내가 늘 관심 있었지만 한 번도 가보지 않은 길을 밝혀주었다. 난 그냥 강습만 원한 게 아니었다. 내겐 선생이 필요했고, 꼭 그에게서 배우고 싶었다. 내가 사는 지역을 일일이 확인해보았는데, 모두 태권도 도장뿐 가라테를 가르치는 곳은 없었다. 그래서 마스터 박Master Park을 만나자마자 곧바로 유대감이 생겼다. 마치 우리 둘 다 같은 영화를 본 듯했고, 같은 것이 필요해 보였다. 나는 그와 같은 선생이 필요했고, 그는 나와 같은 학생이 필요했다. 그는 내게 이렇게 말했다.

"내가 당신에게 검은 띠를 매주는 날이 온다면, 당신은 무엇이든 할 수 있습니다."

나는 그를 믿기로 했고, 다음 날부터 훈련을 시작해서 검은 띠를 따기 위해 매진했다. 한편 고등학교에서 영어를 가르치는 일도 하게 되어서 훈련과 균형을 맞춰야 했다. 그리고 얼마 지나지 않아 검은 띠를 딴 나는 버지니아주 북부 외곽에 가라테 도장을 열게 되었다. 딸은 유치원에 다니고 있었고 둘째 아이가 태어날 예정이었으며, 내 인생은 꽤나 좋아 보였다. 어쩌면 나는 전혀 작가가 될 운명이 아니었을 거라고 생각했다. 내가 일생 동안 무술 강사가 되려는 꿈을 꾸지 않았다고 해서, 그것이 내가 되어야 할 사람이 아니라는 것을 의미하지는 않는다.

그래도 문제가 있었다. 당신은 평생 동안 우리 모두가 가지고 있다는 '내부의 작은 목소리'에 대한 이야기를 들어왔을 것이다. 사람들이 말하길, 그 작은 목소리는 절대로 틀린 것이 아니다. 그것이야말로 당신의 진정한 목소리다. 그 목소리가 말하는 것이 제대로 작동하지 않는다고 해서 그 목소리가 틀렸다는 의미는 아니다. 그리고 새로운 커리어를 쌓으며 글쓰기가 결국 뒤로 밀린 시점에서, 내게 그 목소리가 다시 찾아왔다.

"이건 네가 의도한 게 아니야. 넌 이 일에 능숙하고 아주 잘할 수 있어. 하지만 이건 너의 운명이 아니야."

그런 말을 듣는 것은 정말로 힘들었다. 내가 이미 어떤 일을 겪었는지 이 목소리는 알지 못하는 걸까? 한 사람의 작가로서 너무나 큰 실망만이 있었을 뿐이다. 이번에는 그 목소리에 관심이 없었다. 그것으로 충분했다.

그래서 나는 목소리가 들리지 않는 척했다. 내가 속한 세계에만 전념했다. 나는 실제적인 변화를 만드는 중이었고, 가족을 부양하고 있었으며, 우리 마을을 발전시키고 있었다. 나는 그것이 자랑스러웠다. 매일매일 결과를 눈으로 확인했고 간접적인 것은 아무것도 없었다. 사람들이 가라테를 배우도록 등록하게 하고 강습을 지도했으며, 변화하는 것을 보았다. 그러면 소문이 퍼지고 더 많은 사람이 등록해서 그들 역시 변화를 목격하며 모든 것이 순조로웠다. 그런데도 목소리는 계속해서 나타났다.

"이건 네가 의도한 게 아니야. 너는 진정한 너 자신을 외면한 채 살고 있어. 멈춰야만 해."

그 무렵 아들이 태어났다. 어느 늦은 밤, 토니 로빈스Tony Robbins의 광고가 나왔을 때 나는 아기를 품에 안아 재우고 있었다. 그는 개인의 힘에 관해 말하면서 어떻게 30일 만에 인생을 바꿀 수 있는지 설명했다. 엉성하고 터무니없는 광고였지만 계속해서 지켜보았다. 모든 답을 가지고 있다면 새벽 4시에 일어나 아이를 재우며 내 인생에서 무엇을 하고 있는지 궁금해하지 않을 거라고 생각했다.

그날은 그저 평소 같은 어느 한 밤에 지나지 않았다. 나는 강습을 했다. 가라테 도장을 운영했고, 모든 것이 안정되었다. 가족들은 내가 쇼 비즈니스를 하기로 결심했다는 사실에 적응했다. 나는 작은 도시에서 중산층 유대인 아이들에게 가라테를 가르쳤다. 중산층 유대인 아이들에게 일반적인 교육은 아니었지만, 결국 괜찮아졌다. 그리고 내 딸은 네 살이 되었고, 나의 직업이 무엇이든 상관없이 나를 사랑하는 것처럼 보였다. 그런데 아들을 내려다본 순가 언젠가 이 아이에게서 이런 말을 듣게 될 거라고 느꼈다. 내 아들은 완벽한 순간을 기다릴 것이며 미래의 어느 날 이렇게 말할 것이다.

"아빠는 작가가 될 거예요. 작가가 될 거예요."

그리고 나는 그 전에 아이와 함께 쌓은 신뢰를 모두 잃을 것이다. 아이의 말이 옳을 것이다. 내가 꿈을 좇지 않는다면 내 아이들이 꿈을 좇는 것에 대해 뭐라고 말해줄 수 있을까? 그 밤에 나는 결정했다. 내 작은 목소리의 볼륨을 높이고 다른 모든 소리의 볼륨을 낮출 때가 되었다고 말이다. 나는 토니 로빈스의 테이프를 주문했다. 우스꽝스럽게 느껴졌지만, 그렇게 했다.

다음 날, 나는 마스터 박을 만나 결론을 내렸다고 말했다. 가라테 도장을 그에게 넘기고, 마을에 사무실을 임대해 그곳에서 글쓰기를 다시 시작했다. 일주일에 여섯 번은 아이들과 저녁을 먹기 위해 집으로 갔다. 마무리하지 못한 몇 년 전의 시나리오를 가지고 기록적인 시간에 끝마쳤다. 그 테이프와 내가 새로운 일을 하겠다고 말한 남자에게서 받은 2단 검은 띠, 그리고 아들에게 진실되고자 하는 결심의 조합이었다. 나는 얼마나 빨리 시나리오를 완성할 수 있는지, 그리고 그것이 얼마나 좋을 수 있는지에 관해 개인적인 모든 기록을 깨버렸다.

하지만 실수를 딱 하나 했다. 내가 쓴 시나리오는 냉전시대를 주제로 한 버디코미디인데, 내가 글을 쓰는 동안 냉전이 종결된 것이다. 그래서 시나리오가 얼마나 좋은지는 상관없게 되었다. 사람들은 시나리오를 좋아했다. 그것도 아주 많이. 하지만 아무도 판권을 사려고 하지 않았으며 난 그들을 비난할 수 없었다. 그 주제에 관한 모든 흥미가 사라져버렸으니 말이다.

시나리오는 달라야 했다. 나에게 더 큰 시련이 필요했던 것일까? 이 시나리오에 나 자신을 완전히 던졌지만, 아무것도 바뀌지 않았다. 하지만 그 테이프들에서 배운 것이 한 가지 있다. 더 나은 질문을 하는 것이 우리가 해야 하는 일의 전부일 때가 있다는 것이다. 그래서 "왜 나는 잘 팔리는 무언가를 쓸 수 없을까?"라고 묻는 대신, "잘 팔리려면 무엇을 써야 할까? 어떤 스토리가 현재는 물론이고 세월이 흘러도 변함없이 잘 통할까?" 하고 물었다. 대답은 러브스토리였다.

내 에이전트도 이 생각을 지지해주었다.

"당신이 좋은 러브스토리를 쓴다면, 제가 팔 수 있습니다."

나는 이렇게 대답했다.

"그러면 됐습니다. 그게 제가 해야 할 일이네요."

그 대화를 나눈 지 1주일 후에 〈시애틀의 잠 못 이루는 밤 Sleepless in Seattle〉의 아이디어가 떠올랐다. 나는 바로 알았다. 느낄 수 있었다. 이 아이디어를 가지고 시나리오를 잘 쓸 수 있으며, 그 스토리가 괴물이 될 거라고 말이다.

내 안의 목소리와 한 몸이 되다

그때부터 모든 길이 순탄하고 평탄하지는 않았다. 어느 누구도 두 캐릭터가 한 나라의 반대쪽에 살면서 완전히 다른 삶을 살아가는 러브스토리를 생각해본 적이 없었다. 사람들은 나에게 정신이 나간 게 분명하다고 말했다. 이제 막 약혼한 젊은 여성이 늦은 밤 라디오 쇼에서 아내를 잃은 남성과 그의 아이에 관한 사연을 듣는다. 그리고 그가 운명의 남자인지 알아보기 위해 자신의 인생을 건다면? 그들은 사랑에 빠지기로 되어 있지만, 서로 전혀 모른다면? 당신은 두 사람이 만나지 않는 러브스토리를 쓰지 못할 것이다. 당신은 그럴 수가 없다. 어느 누구도 이 작품에 돈을 투자하기를 원치 않을 것이고, 그 일에 엮이려고 하지 않을 것이며, 보려고 하지도 않을 것이다. 모든 사람이 쓰는 그런 종류의 러브스토리를 쓰면 왜 안 되는 걸까? 당신이 하는 모든 만남은 웃음을 살 것이며, 그건 당신이 원하는 사랑이 아니다. 왜 이런 일을 하려고 하는가?

그때 나는 모두가 서쪽으로 향할 때 동쪽으로 간 할아버지를 이해했다. 그에게는 다른 선택지가 없었다. 그래서 나는 외부의 다른 모든 것은 던져버리고 내 안의 목소리와 한 몸이 되기로 했다. 내 안의 그 목소리가 할아버지에게서 비롯되었다고 확신했기 때문이다. 삼촌이 몇 년 전에 할아버지가 한 일을 말해주려고 내게 전화한 이유가 이것 말고 또 무엇이 있겠는가?

당신이 도약에 관해 이야기할 때, 모든 것은 그날 밤으로 모여든다. 새벽 4시에 아들을 재우며 광고를 본 그날 밤, 내 삶을 지그시 들여다보던 서른네 살의 내 모습. 나는 성공을 원한다면 내 방식대로 그것을 정의해야만 한다는 사실을 알았다. 다른 누군가가 내게 원하는 성공은 진짜 성공이 아니다. 나는 다른 누군가가 내게 원하는 모습으로 성공했을 때보다, 내가 하고자 하는 일에서 실패하더라도 내가 해야만 하는 일을 했을 때 더 성공이라고 느꼈다. 결국 하려고 한 일이라고 스스로 동의했다면 말이다. 나는 성공했으면서도 비참한 사람을 많이 알고 있다. 또한 사람들이 실패에서 배울 수 있는 가능한 모든 것을 배웠다는 것을 알았으며, 성공에도 교훈이 있고 그 교훈들을 배워야 한다는 것을 알았다.

그래서 내 인생에서 전혀 경험한 적 없는 매우 달콤하고 감수성 풍부한 시나리오를 썼다. 하지만 모든 서브텍스트가 딱 들어맞았다. 한 캐릭터는 아주 괜찮은 삶을 살고 있지만 만족하지 않으며, 다른 한 캐릭터는 아들을 실망시키지 않으려 최선을 다해 살고 있다. 그리고 어린아이는 아주 열심히 믿는다면 무언가가 실현될 수 있다고 주장한다. 스토리 도입부에서 그들은 세 개의 분리된 세계에 살고 있다. 비록 두 사람이 같은 지붕 아래 살지만 말이다. 스토리 후반부에서 마침내 기분 좋게 서로를 느끼는 세 사람 앞에서 엘리베이터 문이 닫힌다.

그건 나였다. 처음에는 깨닫지 못했지만, 그건 나의 자서전이었다. 거기에는 무언가가 있었고 나는 그것을 찾아내야만 했다. 내부에는 더 큰 무언가가 존재하며 나는 그것을 발견하고 존중해야만 했다. 내 아이들은 지금은 모두 자랐으며, 나는 여전히 그들과 어떤 논쟁을 하더라도 이기지 못한다. 하지만 그들은 거짓된 사람을 상대하고 있지 않다는 사실을 안다. 그들은 이 나이 든 남자가 진짜라는 사실을 안다.

세상에는 단계가 있으며, 점프와 도약이 있다. 모든 경우에 저항이 있을 것이며, 당신은 전적으로 그것을 듣고 존중해야만 한다. 우리는 바보가 되어 어리석고 값비싼 실수를 하려고 이곳에 있는 것이 아니다. 하지만 당신이 이 모든 것을 소중히 여기고 어떻게 귀 기울이는지 알며, 당신이 밟고 서 있는 땅이 충분하지 않다고 말하는 것을 심장이 진정으로 알아차릴 때, 남은 것은 오직 점프하는 것뿐이다.

제프 아치 Jeff Arch

전직 가라테 도장 운영자에서 시나리오 작가로 점프했다. 대표작으로는 1993년에 제작한 흥행작 〈시애틀의 잠 못 이루는 밤〉이 있다. 1994년 미국 아카데미 시상식에서 베스트 오리지널 시나리오상 후보에 올랐으나 수상은 하지 못했다.

WHEN TO JUMP

목표가 있다면 최악의 상황도 점프 조건

기계 엔지니어에서 피트니스 사업가로

뒷주머니 속 아이디어

나는 트레이너가 아니다. 당신의 점프 횟수를 세지도 않을 것이며, 당신이 인생을 바꾸도록 강요할 수도 없다. 하지만 자동차에서 소파로 그리고 최종적으로 체육관으로 향하는 정신 나간 아이디어를 추구하는 것이 어떤 느낌인지는 말해줄 수 있다. 그리고 어쩌면 더 중요할 수 있는 이야기, 이성의 큰 목소리를 듣는 대신 내 안에 깊이 묻혀 있는 작은 목소리를 듣는 것에서 배운 점을 말해줄 수 있다. 나는 당신의 점프 횟수를 세지는 않을 테지만, 나의 점프가 언제 일어났는지는 들려줄 수 있다.

나는 북부 캘리포니아를 넘어 뻗어 있는 와인의 고장 중심부에 자리 잡은 인구 1만 명 정도의 도시에서 자랐다. 어머니는 재택근무를 하는 회계사였고, 아버지는 기계 엔지니어였다. 나는 어린 두 동생과 함께 중학교 과정을 홈스쿨로 이수했다. 홈스쿨링은 이루고 싶은 일을 위해 사람들이 덜 다니는 길을 택하는 것도 괜찮다는 사실을 보여주었다. 또한 자신만의 스케줄에서 열심히만 한다면 그 일에서 오는 자유를 누릴 수 있다는 사실도 알려주었다. 우리의 홈스쿨 커리큘럼은 창의적이고 자발적이었다. 지역 역사 수업에서 근처의 어떤 장소가 관련이 있으면 우리는 차를 몰고 확인하러 갔다. 그건 배움을 위한 멋진 방법이었고, 성장을 위해서도 멋진 길이었다.

나는 축구를 비롯해 농구와 야구까지 단체 스포츠를 하면서 피트니스와 사랑에 빠졌다. 스포츠는 열심히 일하는 것과 진실성을 가르쳐주었으며, 홈스쿨링을 하는 동안에도 사회적 상호작용을 할 수 있게 해주었다. 나는 하나의 팀이 되어 팀원들 곁에서 활동하는 기분을 소중히 여겼다.

대학에서는 아버지를 따라 기계 공학을 전공했다. 사실 좋은 직업을 얻기 위해 대학에 들어가는 것 외에는 달리 계획이 없었다. 우리는 모두 꿈을 갖지만 어떤 시점에서 다른 사람이 하는 방식을 따라 그 꿈을 팽개쳐버리기 쉽다. 대학 졸업 후 나는 하이테크 유리 및 디스플레이 회사의 말단 엔지니어 자리를 구했다. 그리고 몇 년 동안 프로그램 관리자가 되기 위해 일했고, 그 다음에는 부서에서 엔지니어 판매 관리자가 되었다.

승진을 하는 동안 내 머릿속 한편 어딘가에서 인생을 이렇게 안정적으로 살아가는 것에 대한 의문이 생겼다. 엔지니어라는 직업은 급여가 좋았다. 나는 많은 것을 배웠고 좋은 사람들과 일했지만, 내가 하는 일에 열정적이지는 못했다. 더 많이 일하고 매일매일 더 많은 사람과 교류할수록, 이 일이 장기적으로 나와 맞지 않는다는 걸 깨달을 뿐이었다.

일 외적으로 운동이 나의 탈출구였다. 나는 운동을 열심히 하며 얻게 되는 것들을 사랑했다. 운동은 나를 긍정적이게 해주었고 건강하게 해주었다. 팀 트레이닝은 리더십과 성실성을 요구했다. 그리고 그에 대한 보답으로 나에게 더 큰 목적의식을 주었다. 마음 맞는 운동선수들도 알게 되었고, 우리는 하이킹과 서핑, 발리볼을 함께 했다. 그들이 내 사람들이었고, 우리가 하는 운동은 다른 모든 것의 출구였다.

그때가 처음으로 비록 작은 소리였지만 나의 속마음이 하는 이야기를 들은 때다. 나는 여가시간에 피트니스 배낭을 디자인하기 시작했다. 효율적인 올인원 제품을 이용해 회사에서 체육관까지 장비를 가지고 다닐 수 있는 디자인이었다. 배낭을 디자인하는 것은 피트니스를 향한 내 열정과 물건을 만드는 내 재주를 결합해줄 수단이었다. 나는 디자인 모형을 만들었지만 여가 시간에 제품 생산까지 하느라 애를 먹고 있었다. 한 친구가 아웃도어 의류 및 장비 브랜드인 파타고니아Patagonia의 전 수석 재봉사를 소개해주었다. 그녀를 만나 이야기를 나누었는데, 그녀는 은퇴했지만 내가 디자인한 배낭의 생산라인을 구축하기 위해 적당한 사람들을 구하도록 도와줄 수 있으며, 자신에게도 즐거운 일이 될 거라고 말했다.

이런 식으로 내 뒷주머니에 있던 배낭에 관한 아이디어를 생산 공정까지 이어갔다. 그리고 이 제품과 함께 사람들이 피트니스를 통해 삶을 향상시키도록 도울 수 있다는 생각을 하게 되었다.

그런데 문제가 하나 있었다. 배낭을 생산하기 위해서는 더 많은 자본이 필요했다. 바로 그 시기에 나는 첫 집을 계약하기로 되어 있었다. 여러모로 볼 때 주택 구입은 훌륭한 이정표이며 장래를 위한 좋은 투자이자 장기적인 성공을 보장해준다. 하지만 주택을 구입하면 여유자금이 없어질 것이며 안정적인 미래를 위해 엔지니어링 일을 지속해야 할 것이다.

주택 구입 비용은 배낭 생산라인을 착수하는 데 필요한 비용과 비슷한 금액이었다. 이제 질문할 시간이다. 집에 투자할 것인가, 아니면 내 프로젝트 자금으로 그 돈을 사용할 것인가?

나는 감정적인 데 비해 논리적 허점이 있는 결정이 될 첫 번째 문제에 직면했다. 이성의 큰 목소리와 감정의 작은 목소리 중 어떤 것을 선택할 것인가.

그 무렵 나는 조나 레러Jonah Lehrer의 《탁월한 결정의 비밀How We Decide》을 읽었다. 그는 책에서 사람들이 감정보다 논리를 더 많이 생각하고 더 가치 있게 여기지만, 연구 결과들은 감정에 따라 결정을 내리는 사람들이 논리에 근거해 결정하는 사람들보다 실제로 훨씬 더 행복하다는 사실을 보여준다고 설명한다. 예를 들어 그가 쓴 글에 따르면, 자동차를 구매할 때 수많은 옵션 질문이 따른다. 가죽시트, 4륜구동, 블루투스? 이런 일련의 질문들은 어떤 선택이 당신에게 가장 적절할지에 초점을 맞춘다. 단순히 "당신에게 이 자동차는 어떤 느낌인가요? 운전할 때 이 자동차가 당신을 행복하게 만들어주나요?"라는 질문이 아니라 말이다. 나는 주택 구입과 배낭 회사 스타트업에 자금을 대는 것 사이에서 고민하던 중, 이 질문을 마음에 새겼다.

가족과 친구들 그리고 평소 신뢰하던 사람들에게 말하자, 그들은 이구동성으로 주택 구매에 더 호의를 보였다. 대화들은 논리에 근거하고 있었다. 하지만 이 문제는 결국 가장 중요한 감정에 호소했다. 나는 나에게 더 의미 있는 무언가를 추구할 수 있다면 주택을 소유하는 것보다 더 행복하리라 믿었다. 비록 그 결과가 이후 5년 동안 나의 재정 상태를 어렵게 할지라도 말이다. 나는 조건부 날인 증서를 철회하고, 주택 구입 자금을 배낭 회사 '핏 팩토리 기어Fit Factory Gear' 창업에 쏟아부었다.

나는 이 배낭을 통해 사람들이 쉽게 운동할 수 있는 방법을 선사하고 싶었다. 근무시간 전이든 점심시간이든 혹은 주말 여행이든 관계없이 말이다. 기능, 가격 그리고 스타일이 건강한 라이프스타일을 뒷받침한다. 그것이 내가 포장하고 판매하기 원하는 것, 곧 피트니스가 기본이 되는 라이프스타일이었다.

다음 6개월 동안은 유리 회사에서 계속 일하면서 상품 원형을 구상했다. 그러자 또 다른 장애물에 부딪혔다. 이번에도 자금이 문제였다. 주택을 구입하지 않았지만 그 자금의 대부분은 이미 상품 개발에 쓰고 난 후였으며, 내게는 이제 상품을 런칭할 돈이 없었다. 세 가지 선택이 있었다. 첫째는 외부 자금을 구하는 것, 둘째는 스스로 자금을 조달하는 것, 아니면 셋째 프로젝트를 완전히 포기하는 것이다.

외부 투자자를 영입하는 것은 내가 벗어나고자 한 문화와 직장으로 돌아가는 것을 의미하므로 제외했다. 나는 스스로 자금을 조달할 가능성에 걸어보기로 했다.

어디에서 자금을 조달할 비용을 절약할 수 있을지 알아보기 위해 내 모든 경비의 예산을 살펴보았다. 그중에서 매달 아파트 임대료가 가장 큰 단일 비용이었다. 타이밍이 재밌는데, 그 시기에 나는 의대를 졸업한 여성과 데이트를 하고 있었다. 그리고 그 무렵 그녀는 디트로이트로 레지던트 발령이 났다. 그녀가 이사 가는 것과 내가 하려는 일 때문에 우리는 장거리 연애를 시도하지 않고 좋은 사이로 헤어지는 편이 나을 거라고 결정했다.

나는 이 헤어짐을 인생의 실패나 방해물이 아니라 기회로 보았다. 새롭게 혼자가 된 나는 자동차에 살면서 매달 임대료를 배낭 사업 자금으로 쓰는 게 어떨지 고민했다.

가족과 친구들에게 조언을 구하자 이번에는 주택 구입에 관해 이야기할 때보다 더 강한 피드백이 돌아왔다. 주택을 구입하지 않겠다고 결정했을 때는 그래도 가족과 친구들이 여전히 나를 지지해주었다. 하지만 자동차에서 거주하면서 낮에는 일을 하는 한편 회사 창업을 준비할 거라고 이야기하자, 부모님과 대부분의 친구들은 단호한 반응을 보였다. "정신이 나갔구나, 네이트. 왜 그런 일을 하려고 하니? 가치 없는 일이야. 안전하지도 않고 말이야. 샤워는 어디서 할 거니? 요리와 식사는 또 어디서 하고?"

하지만 무언가를 하지 말아야 하는 데에는 언제나 수만 가지 이유가 있다. 당신이 무언가를 강하게 믿는다면, 그 하나의 사실이 바로 당신이 그것을 추구해야 할 이유다. 나는 또다시 논리를 전달하는 큰 목소리보다 감정의 작은 목소리 편에 서기로 했다. 가족과 친구들이 말하는 더 나은 판단과 정보에 맞서 아파트에서 나와 짐들을 창고에 넣고 자동차로 이사하기로 결정했다. 나는 나 자신에게 걸기로 했다. 내가 나 자신을 믿지 못한다면 누가 나를 믿겠는가?

나의 새 보금자리는 소형 세단 모델인 2014년형 폭스바겐 제

타Volkswagen Jetta였다. 회사에서 입을 옷과 작업복, 노트북, 화장실 용품, 그 외 몇 가지 물건들을 가지고 이사했다.

딱 하룻밤, 한 번에 한 걸음씩

바로 첫날 밤, 나는 잠들려고 애쓰면서 앞좌석을 폈는데 한 무더기의 물건들이 머리 위로 쏟아졌다. '내가 무슨 짓을 하고 있는 거지? 부모님이 옳았어. 이건 정신 나간 짓이야.' 나는 차가 돌진해올 때마다 신경을 곤두세웠고, 헤드라이트를 보았다. 그들이 나를 볼 수 있을까? 나는 제대로 해보고 싶었고, 잠들려고 해보았다. 그래서 조금이라도 휴식을 취한 후 다음 날 아침 아버지 집으로 갈 수 있도록 말이다. 몇 번 뒤척인 끝에 결국 포기해버렸다. 혼잣말로 "안 되겠어. 호텔로 가야겠어. 이건 말이 안 되는 짓이야." 하고 나서 생각했다.

'난 점프를 하면서 겨우 지금의 자리에 오려고 그 모든 노력을 기울여왔다. 아직도 이 일이 가치 있는 걸까?'

나는 곧 이 일이 가치 있으며 적어도 단 하룻밤은 시도해보기로 결정했다. 단 하룻밤이다. 최악의 경우, 내일 밤에는 호텔에 갈 수 있다. 하룻밤은 지새워보기로 하자.

나는 이렇게 생각하면서 자동차에서 사는 엄청난 일을 단 하룻밤만 하는 일로 바꾸었다. 이 하룻밤만 성공해보자. 이렇게 생각을 바꾸자 실제로 조금 잘 수 있었다. 숙면은 아니지만 휴식을 취할 수는 있었다.

그리고 아침에 깨어났다. 나는 살아남았다. "좋아, 이제 원래대로 일을 하러 갈 시간이야." 어떤 일이 벌어졌는지 알겠는가? 어느 누구도 나를 전과 다르게 생각하지 않았다. 내가 차에서 잠을 잤다는 사실을 아무도 알지 못했다. 당신이 세상의 중심이며 우주의 중심이라고 생각하기 쉽다. 하지만 실상은 자기 일을 하느라 바쁜 수많은 사람들이 있으며, 당신은 그저 수많은 사람 중 한 사람에 불과할 뿐이다. 다시 말해 제각기 다른 사람들이 동시에 자신만의 인생을 살아간다. 내 점프는 나에게만 두려운 것이며, 다른 모든 사람들도 어떤 식으로든 그들만의 두려움에 맞닥뜨리거나 그 두려움으로부터 숨어 있다.

나는 그날 업무가 끝날 무렵에는 차에서 잠을 잔 것을 거의 잊은 채 체육관에 갔고, 샤워는 해변에서 했다. 바닷물은 차가웠다. 하지만 이렇게 생각했다. '알아둬. 너는 살아남을 수 있어.' 차에서 사는 건, 마치 운동 후에 하는 얼음 목욕처럼 기분 좋은 재충전일지 모른다.

나는 이 과정을 반복했다. 두 번째 날에는 좀 더 편하게 잘 수 있는 자세를 찾았다. 차의 뒷좌석을 펴고 트렁크 쪽을 향해 잠을 잤다. 한번 해본 일이라서 불편함을 덜 느꼈으며, 제법 효과가 있었다. 잠을 약간 더 잘 잔 후, 다음 날 일하러 가면서 말했다. "좋아. 이제 나는 차에서 살 수 있어." 한 번에 하룻밤, 다시 말해 당신이 다룰 수 없는 것에 겁먹지 않고 당신이 할 수 있는 것에 집중하며 한 번에 한 걸음씩 나아가는 것이다. 걸음마를 떼고 시간이 흐르면, 차츰 작은 것들을 더해가면서 말이다.

이것이 성공할 수 있는 비결이다. 나는 친구 에디가 소유하고 운영하는 작은 체육관에서 일주일에 5~6일을 훈련했다. 운동은 무엇이든 헤쳐 나갈 수 있게 도와준다고 믿었고, 실제로 나를 구원해주었다. 차에서 생활하는 동안 운동은 건강한 육체와 건강한 정신을 갖게 해주었다. 차가운 물로 해변에서 샤워하고, 트렁크에서 양치질을 하며 스타벅스 화장실을 사용하는 동안에도 말이다.

7개월 후, 나는 점프의 가장 큰 부분을 위한 자금을 충분히 모았다. 소득 없이 거의 1년을 보내면서 전적으로 창업에만 몰두할 수 있게 되었다. 샌프란시스코에 사는 친구 피터가 내게 소파 하나를 내주었다. 그래서 회사를 그만두고 내 머릿속의 열정적인 목소리인 논리의 삶을 뒤로한 채, 자동차에서의 생활을 접고 소파 생활을 위해 샌프란시스코로 차를 몰았다.

마침내 고정 수입이라는 안전망을 없애버린 것은 아주 신나는 일이었지만 두려운 것이기도 했다. 이제 내겐 선택할 여지가 없다. 이 점프는 성공해야만 한다. 시작은 흥분되지만 흥분은 희미해지며, 모든 것이 제대로 굴러가게 하려면 매일 하나하나를 이뤄나가야만 한다. 이는 점프 과정에서 가장 매력적이지 않은 부분이다. 자동차에서 생활하는 것은 확실히 편하지는 않지만, 나름의 소득은 있었다. 어떠한 시점에서든 나는 아파트로 다시 들어가 지금보다 나아질 수 있었다.

소파 잠자리를 위해 떠나기 직전, 내가 다니던 체육관은 짐 존스Gym Jones라는 그룹을 통해 공인 트레이너 과정에 관한 세미나를 주최했다. 나는 세미나에 참여해야만 했다. 나는 엔지니어로서는 구조와 기술을 가치 있게 여기며, 개인으로서는 운동을 갈망한다. 그리고 배우는 걸 사랑한다. 사람들이 더 건강하고 활동적이게 되며 스스로를 더 나은 사람으로 느끼게 도와주는 배낭에 대한 내 아이디어를 실현하기 위해서는 운동을 더 많이 공부해야 했다. 그래서 레벨 1의 기본 세미나를 들었고, 그것이 아주 마음에 들어서 레벨 2의 중급 트레이닝에도 등록했다. 배낭과 트레이닝 사이에는 다른 점들이 아주 많지만, 결국에는 사람들이 운동을 통해 더 나아지게 보조하는 목적으로 합쳐졌다.

인생 최고의 것은 두려움의 반대편에 있다

나는 피터의 소파로 이사했다. 실제로는 거실 소파 뒤에 있는 에어 매트리스인데, 그곳에선 사생활이 보장되었다. 내가 자리를 잡을 무렵, 배낭 사업이 몇 가지 장애물에 부딪혔다. 나는 외부자금을 조달하지 않으면 마케팅 활동과 홍보물 발송 등 일부 사업 영역들이 손해를 본다는 사실을 알게 되었다. 이는 원하는 만큼 빨리 사업을 성장시킬 수 없다는 것을 의미했다.

그즈음 나는 좋은 친구인자 비즈니스 파트너가 된 제임스를 소개받았다. 그는 남아프리카에서 체육관을 운영하는 사업가로 짐 존스 그룹을 통해 트레이너 자격증을 받고, 미국에서 체육관을 여는 데 관심이 있었다. 우리는 정말로 잘 맞았는데, 내게 체육관을 개장한다는 건 운동을 통해 더 나은 사람이 되도록 돕는 일과 매우 일치하는 일이었다. 우리는 많은 이야기를 나눴다. 그리고 같은 철학과 열정을 공유했다. 나는 그가 체육관을 개장하도록 돕겠다고 결심했다. 내 점프는 운동 영역 안에 머물되, 다른 형태가 될 뿐이었다. 게다가 배낭을 포기하지 않아도 되었다. 체육관을 내가 사랑하고 믿는 배낭을 판매하는 매장으로 활용할 계획이었기 때문이다.

수입 없이는 많은 시간이 허용되지 않았기 때문에, 몇 달 간 필요한 현금을 확보하기 위해 전직 엔지니어로서 1주일간 컨설팅을 하기로 했다. 나는 자리를 잡고 1주일 동안 매우 좋은 사람들과 일을 하며, 상당히 괜찮은 임금을 받았다. 아마도 대부분의 사람들에게 좋은 경험이었을 테지만, 내가 그 일을 증오했다는 점에서 내게 최고의 경험이었다. 그 한 주를 이런 생각으로 마무리했기 때문이다. '나는 좋아하지 않는 일을 하러 그 직장에 돌아갈 수 없어.' 그건 마치 내 열정과 불꽃을 짓밟는 것처럼 느껴졌다.

여기가 터닝포인트였다. 나는 현금이 떨어지고 거의 1년 가까이 직업이 없는 최악의 상황에서 아주 이상한 방식으로 다시 활기를 찾았다. 거의 직장으로 돌아갈 뻔한 상황에서 내가 왜 점프를 원했는지 아주 분명하게 상기하게 된 것이다.

제임스와 나는 여러 곳을 돌아다닌 끝에 적당한 장소를 찾았고, 그로부터 10개월 후 2016년 4월에 '로아크 짐 샌프란시스코 Roark Gyms San Francisco'를 열었다. 우리는 벽면에 페인트칠도 안 된 그곳에 몇 개 안 되는 운동기구를 놓고 시작했으며, 강습에는 말 그대로 아무도 나타나지 않았다. 오늘날 우리는 초기에 세운 회원 목표를 채웠으며 일부 강습은 마감되었고 직원을 더 모집했다. 체육관의 한쪽 벽면에는 판매용 배낭을 전시했다. 체육관의 모토는 '더 나은 인간 만들기 Building better humans'다. 우리는 마음이 맞는 사람들이 열심히 운동하고 자신감을 쌓아 정신적 장애물을 넘어 자기 자신을 믿을 수 있게 되기를 원했다. 그리고 체육관 밖에서도 그 자신감으로 그들만의 열정과 점프에 힘을 불어넣을 수 있는 장소가 되기 위해 할 수 있는 모든 일을 했다.

난 회원들에게 이렇게 질문한다.

"당신은 체육관의 안과 밖에서 어떤 것에 열정적입니까? 어떤 활동을 더 폭넓게 하고 싶습니까? 당신의 직업과 삶에서 어떤 일을 하고 싶습니까?"

그러고 나서 운동을 통해 그들이 다른 분야에서도 활용할 수 있는 자신감을 키울 수 있도록 돕는다. 긍정적인 사고방식은 일상의 만족에 아주 결정적이며, 특히 점프에 중요하다. 곧 당신의 일과 친구, 대인관계에 영향을 미친다. 또한 책임감을 불러일으키며, 아무도 보지 않을 때도 열심히 일하는 것에 타당성을 부여한다. 그리고 아무도 보지 않는 바로 그때가 당신이 점프하기 위한 발돋움을 더 강화할 때다.

당신이 작은 목소리를 어떻게 찾는지 모르겠다면, 무언가를 믿어보는 것으로 시작해보라. 나와 같은 극단적인 상황을 겪으라고 설득하는 것이 아니다. 다만 더 큰 무언가를 믿고 당신의 열정을 따라도 괜찮다는 사실을 알기를 바랄 뿐이다.

당신을 행복하게 만드는 것을 추구하는 일이 괜찮다는 것을 알고 당신이 믿고 있는 것이 무엇인지 찾아냈다면, 당신은 점프할 가치가 있는 무언가를 가진 것이다. 비록 그것이 논리적이지 않더라도 말이다.

당신은 그 작은 목소리와 일치하는 직업윤리를 가져야만 하며, 자기 자신을 믿어야 한다. 당신이 스스로를 믿지 못한다면, 어느 누구도 당신을 믿지 못할 것이다. 그것이 내가 자동차에서 생활한 이유다. 스스로 100퍼센트 전념하지 않는다면, 누가 그럴 수 있겠는가? 나는 이렇게 말하는 것을 좋아한다.

"당신이 시간을 어떻게 보내는지 보여주면, 당신 삶의 우선순위가 무엇인지 말해주겠다."

우리가 가치 있게 여기는 것과 향해 가는 목표가 우리에게 중요한 것이라면 그것이 우선순위이며, 그렇지 않다면 그것은 우선순위가 아니다. 무언가가 당신의 우선순위 목록 하단에 있다면, 그것 역시 우선순위가 아니다.

간단하게 시작해보자. 당신의 점프와 관계되는 이루고 싶은 목표들의 목록을 작성하라. 그러고 나서 당신이 시간을 할애하지 않는 것들을 지워나가라. 두세 개의 목표를 제외하고 나머지가 모두 지워져도 괜찮다. 그리고 궁극적으로 그 상위 목표들이 당신을 이끌 곳에 대해서 적어보자. 당신이 그 목표들을 채우면 인생이 어떻게 될 것 같은가? 이제 매일 당신이 할 수 있는 일과 큰 그림의 비전을 그려보고 스스로에게 물어보자.

"오늘 내가 하고 있는 일이 나를 이 비전으로 이끌어주는가, 아니면 멀어지게 하는가?"

그 일이 당신을 그 비전에 더 가깝게 해준다면, 훌륭하다. 그 일을 계속하고 에너지를 100퍼센트 투자해 추구하자. 하지만 당신을 그 비전에서 멀어지게 한다면, 당신이 시간을 쓰는 방법을 되짚어보자.

당신이 작은 목소리를 찾고 있다면, 체육관에서부터 찾으라고 말하고 싶다. 이곳은 세상에서 인생이 꽤 공평한 몇 안 되는 장소 중 하나다. 체육관에서 나타나는 결과들은 당신의 노력과 직접적으로 비례한다. 열심히 노력하면 원하는 결과를 얻게 된다. 당신은 절제력과 힘 그리고 자신감을 쌓게 될 것이다.

체육관은 당신이 할 수 있는 것을 발견하기 좋은 장소다. 그리고 시간이 흐르면 그곳에서 운동과는 전혀 관계없지만 당신의 열정을 쏟아부을 분야를 발견하게 될 것이다. 하지만 나는 체육관 안에서든 밖에서든 인생 최고의 것은 두려움의 반대편에 있다고 믿는다. 그것에 도달하기 위해 당신 자신을 믿어야만 한다.

네이트 체임버 Nate Chambers

전직 기계 엔지니어로 '핏 팩토리 기어Fit Factory Gear' 창립자다. 현재는 샌프란시스코에 있는 '로아크 짐Roark Gyms'의 공동 운영자다.

WHEN TO JUMP

안정감은 허울일 뿐, 허울을 벗으면 점프

마케팅 임원에서 작가로

두려움은 점프의 길목에서 반드시 찾아온다

나는 진정으로 나 자신이 하고 싶은 일이 무엇인지 알지 못했다. 그래서 내가 잘한다고 생각하는 것, 그리고 사람들이 내가 잘한다고 말해주는 것을 했다. 솔직히 말하면, 실제 업무와는 관련 없는 이유들 때문이기도 했다. 사무실과 그 직업을 가진 사람들이 멋져 보였으며, 음주 문화도 마음에 들었다. 15년간 마케팅 분야에서 경력을 쌓았지만 현실적인 이유보다는 다른 의도가 훨씬 많았다. 난 10년 만에 임원이 되었고 고위직에 올랐다. 그때쯤 내 음주습관은 정말 나빠졌고, 그중 많은 부분이 업무 문화와 관련 있었다. '열심히 일하고, 열심히 즐기자'는 이상적인 문화 때문에 마케팅 분야에 빠져든 것이다. 그곳에는 어디든 술이 있었고, 나는 그런 문화를 사랑했다.

하지만 약 2년 반 전, 나는 술에서 깨어나야만 했다. 그동안 이 업계의 분위기를 따라왔고 그 모든 것을 믿었지만, 실제적인 음주 문제가 생기고 말았다. 그건 분명히 마케팅업계의 잘못은 아니었지만, 도움이 되지 않는 것은 틀림없었다. 갑자기 내 직업과 커리어, 그리고 진로 중 그 어느 것도 더 이상 내게 어울리지 않게 되었다.

나는 직장생활을 하면서 술에 취하지 않으려 굉장히 노력했으며, 그 과정은 내가 가진 모든 것을 앗아갔다. 절망에 빠진 내게는 출구가 필요했고, 그중 하나가 바로 글쓰기였다. 글쓰기는 가장 도움이 되었으며 진정으로 내 삶을 구원했다. 마침내 내 실제적인 상황과 오랫동안 침묵해온 것들을 말할 수 있게 되었기 때문이다.

사실 나는 직장생활을 하면서도 차분히 술에 취해 있지 않던 시간에는 스스로 이 직업을 사랑하지 않는다는 사실을 알았다. 하지만 20대 풋내기의 나는 그런 사실을 외면했다. 이제는 내 글에서 진실이 드러났다. 작은 온라인 커뮤니티에서 낯선 이들과 내 비밀을 공유했다. 그들은 내 직장생활과 관련이 없었으며, 개인생활과도 연관이 없었다. 그건 어떤 면에서는 내게 필요한 부분이었다. 내가 겪는 힘든 일을 포스팅하기 시작했고, 그 이야기들을 어떤 식으로도 미화하지 않았다. 내가 전혀 알지 못하는 사람들이 독자였기 때문이다.

그동안 난 늘 글쓰기를 원했으며, 언제나 글쓰기에 관해 이야기했고, 항상 글쓰기를 꿈꿔왔다. 그리고 줄곧 글을 읽어왔다. 아니, 난 그랬었다. 술이 그 자리를 대체하기 전까지는 말이다. 내가 쌓아온 커리어 전체가 생활 전반에 엮여 있어서 나는 결코 글을 쓸 수가 없었다. 그러다 서른일곱 살의 싱글맘이 되어 마침내 술에서 깨어났을 때, 글쓰기가 나를 구했다. 글쓰기야말로 내가 해야만 하는 일이라는 점이 분명해졌다. 글쓰기로는 절대 생계를 이어갈 수 없다고 해도 말이다.

그렇지만 자신의 꿈이 실제로 무엇인지 선언하는 것은 어려운 일이다. 나는 작가가 되기를 원했지만, 그 꿈은 너무 멀어 보였고 마치 공상처럼 느껴졌으므로 차마 입 밖으로 말하기가 두려웠다. 마케팅 분야에서는 15년을 일했지만, 책은 어떤 것도 출판해본 적이 없지 않은가. 나는 스스로를 의심했다. '난 그저 블로그를 하는 한 명의 여자에 불과해. 나 같은 사람이 수천 명은 있는걸.'이라고 생각했다. 친구들은 계속 해보라며 나를 독려했고, 정말로 힘이 되었다. 하지만 근본적으로 나를 앞으로 나아가게 해준 건 글을 쓸 수밖에 없다는 사실이었다. 글은 분명히 나를 구원해줬으며 많은 사람들과 기회들에 연결해주었다. 사회생활과 직장생활 등 다른 모든 것이 끝나갈 무렵, 글은 내 세계를 넓혀주었다. 점점 다른 것들에는 시간을 덜 할애하고 심적으로도 덜 연결되는 한편, 혼자서 글 쓰는 삶이 열리고 확장되었다.

그래서 나는 계속해서 글을 썼다. 직장에서 글쓰기나 글쓰기를 지원할 시간을 벌기 위해 가능한 한 모든 시간을 허비하지 않았다. 매일 정오에는 알코올중독자 모임에 참여하기 위해 한 시간이 걸리는 시내로 갔다. 일반적인 회사에서는 있을 수 없는 일이며, 적어도 마케팅업계에서는 점심시간에 한 시간이나 어딘가에 갈 수 없었다. 그리고 방해받지 않고 글을 쓰기 위해 규칙적으로 새벽 4시에 일어났다. 그렇게 하면서 점점 그 시간을 사랑하게 되었다. 이른 아침에 결코 깨어 있은 적이 없던 나에게 이런 일이 일어난 것이다.

온라인상의 여러 매체에 기고하면서 더 많은 글을 공개했다. 그리고 친구 홀리와 함께 글쓰기에 관한 팟캐스트를 시작하기로 결정했다. 상황이 여의치 않았지만 최대한 시간을 냈다. 우리가 원해온 일이었기 때문이다.(현재까지 100개가 넘는 에피소드를 제공했으며, 정말로 많은 인기를 얻었다.) 사람들은 늘 말한다. 당신이 사랑하는 일을 한다면 결코 힘들다는 기분이 들지 않는다고 말이다. 정말로 글쓰기와 팟캐스트는 일이라는 느낌이 들지 않았다. 그중 무엇으로도 돈을 벌지 못했지만 계속해서 하고 싶었다.

한편 매번 회의를 하고 출장을 갈 때마다 이 직업이 나에게 더 이상 맞지 않는다는 사실이 더 분명해졌다. 그 후 2년이 지나자 글이 쉽고 자연스럽게 써졌다. 내 안에서 다시 한 번 심장이 뛰는 것을 느꼈다.

'정말로 나를 위한 다른 길이 있을 수 있다. 이 열정을 가지고 내가 할 수 있는 일이 있다. 나도 점프할 수 있다.'

점프할 때, 가장 크나큰 문제는 돈이었다. 수년간 무책임하게 마셔온 음주 습관이 남긴 부작용 중 하나로 엄청난 빚이 생겼다. 나는 술에서 깨어난 동시에 나 자신과 딸을 부양해야 한다는 사실을 깨달았다. 딸의 친부가 많이 도와주었지만, 하루 업무가 끝나고 집에 온 이후부터는 모두 내 몫이었다. 나는 금융 안전망도 없었다.

하지만 글을 더 많이 쓸수록 나는 더 많은 지지를 받았다. 친구 하나가 정말로 나를 가로막는 것이 무엇인지 물었다. 나는 그녀에게 진실을 말했다. 생활비는 계속 나가는데 저축은 거의 없으며, 점프는 엄청난 재정적 위험이라고 말이다. 그러자 친구는 도와주겠다면서 잠시 동안 내게 필요한 자금을 빌려주겠다고 제안했다. 난 깜짝 놀랐고 굉장히 불편한 기분이 들었지만, "넌 가치 있는 사람이야. 난 정말로 너를 믿어."라고 말해주는 친구가 진심으로 고마웠다. 그 말이 뇌리를 떠나지 않았다. 난 직장을 그만둬도 계속 일하면서 임금을 벌 수 있는 계약직 자리를 확보했다.

점프에서 중요한 장애물은 주변 사람들에게 허락을 받아야 한다는 인식이다. 그때 나는 마흔 살 가까이 되었는데 친구와 그 이야기를 나누자마자 바로 어머니와 아버지 그리고 전남편에게 전화를 걸었다. 하지만 이내 점프를 하기 위해 누군가에게 허락받지 않아도 된다는 사실을 깨달았다. 점프는 내게 아주 특별하며 내 심장이 하는 일이므로, 허락을 구하는 즉시 그것을 삼켜버릴 수 있는 의심의 맹공격으로부터 보호해야 했다. 결국 나는 격려와 지지를 받았지만, 모두 그런 것은 아니었다. 하지만 더 이상 허락이 필요하지 않았으므로 상관없었다. 이는 아주 커다란 한걸음이었다. 난 스스로에게 말했다.

"이게 나야. 나는 할 수 있어."

점프는 아주 어렵다. 우리가 자라면서 배워온 많은 것과 반대로 가기 때문이다. 겉으로 보기에 나는 매우 성공적이었다. 훌륭한 직업, 예쁜 딸, 그리고 알코올중독에서도 벗어났다. 이 모든 것이 멋져 보였지만, 무언가 맞지 않는다는 느낌이었다. 내면의 작은 속삭임이 커졌으며, 정신이 맑은 순간에는 귀가 먹먹할 정도로 점점 더 커졌다. 내 안의 중심은 알고 있었다. 내가 점프하지 않으면 후회하게 되리라는 걸 말이다. 나는 그런 후회를 하며 살 수 없는 사람이었다.

점프는 두려웠다. 사직서를 내기 전 나흘 동안 잠을 설쳤다. 내 자리에서 쫓겨나거나 다시 술을 마시는 악몽을 꿨다. 나도 모르게 두려움을 키웠다. '은행이 업무를 중단하면 어쩌지? 전화가 끊기고 아무에게도 연락할 수 없게 되면 어쩌지?' 모두 완전히 비이성적이었으나 당시에는 큰 두려움이었다.

나는 감정에서 한걸음 물러나 이성적으로 상황을 확인해보면서 그 장벽을 극복했다.

'내가 두려워하는 것들은 언제든 일어날 수 있는 일이야. 점프를 하든 안 하든.'

다시 말해 내가 직업이 있다 해도 일어날 수 있는 일이다. 하지만 잠재의식이 우리가 위험을 무릅쓰지 못하도록 막는 범위는 참으로 놀라울 정도다. 난 알코올중독에서 벗어나고 이혼을 하는 경험을 통해 두려움을 극복하는 훈련을 조금씩 해왔다. 두 경우에서 모두 상황은 나아졌다. 나는 지지받고 응원받았다.

안정감이라는 환상 때문에 점프를 피하지 말라

점프에는 몇 가지 타협하기 불가능한 것들이 있다. 점프가 완전히 비이성적인 결정이 되지 않으려면 그 사항들을 정리해야 한다. 하나는 경제적인 부분인데, 대출과 계약직 자리 덕분에 최소한의 안전망이 생겼다. 다른 한 가지는 전남편의 지원이 필요하다는 사실이었다. 물론 그의 허락이 아니라 순수한 지원을 의미하며, 우리의 생활이 딸을 통해 아주 밀접하게 연관되어 있었기 때문이다. 그리고 나는 그의 지원이 부족하다는 사실을 감정적으로도 받아들일 준비가 되어 있지 않았다. 그에게 이런 마음을 털어놓고 그의 지원을 받았다는 것은 아주 놀라운 일이다. 그는 이 일이 내게 가져다줄 이점들을 알아주었다.

당신은 절대로 혼자서는 실제적으로 점프를 할 수 없다. 세상은 내가 인위적이지 않고 자연스러운 방식으로 이 길을 시작할 수 있도록 완전히 열려 있었다. 내가 열심히 일하기도 했지만, 주변의 일들이 딱 맞아떨어지기 시작했다. 후원 제의, 팟캐스트, 존경해오던 사람들이 도움의 손길을 뻗어온 일들이 그랬다. 나는 내 딸과 나 자신을 부양할 수 있게 되었으며, 계속해서 이런 식으로 길을 찾을 수 있으리라는 확신이 들었다. 여기에는 어떤 증거도 없으며, 그런 사실이 정말로 겁날 수 있다. 하지만 가능한 최악의 시나리오를 생각했다. 내가 실패한다면 이전에 하던 일로 다시 돌아가게 된다. 그렇게 되면 정말로 끔찍할까? 그렇지는 않다.

게다가 실패에 대한 생각은 일종의 거짓말이다. 나에게 티핑 포인트는 왼손으로는 점프할 때의 모든 위험을 계산하고, 오른

손으로는 점프하지 않을 때의 위험을 감정적으로나 정신적으로 그리고 현실적으로 계산하는 것이었다. 《토마스 복음서The Gospel of Thomas》에는 내가 끊임없이 떠올리는 구절이 하나 있다.

"네가 네 안에 있는 것을 꺼낸다면 그것이 너를 구원해줄 것이나, 그렇지 않다면 그것이 너를 멸망하게 할 것이다."

나는 이 점프가 내 안에 있는 그것이라는 사실을 안다.

우리 사회에서 안정감이란 개념은 단지 허울일 뿐이다. 내가 점프하지 않더라도 무슨 일이든 일어날 수 있다. 오늘 죽을 수도 있고, 내일 갑자기 딸이 죽을병에 걸릴 수도 있다. 당신이 통제할 수 없는 변화들이 언제든 어디서든 나타난다. 9·11 테러나 그보다 훨씬 큰 사건들이 벌어질 수 있다. 우리 인생은 모두 순간적이며, 우리가 점프를 하든 안 하든 관계없이 늘 오고 가는 것일 뿐이다. 당신이 가졌다고 생각하는 안정감이라는 환상 때문에 점프를 피하지 말자. 그 환상 역시 언젠가는 변할 것이기 때문이다.

당신이 진정으로 해야 할 일은 당신의 마음속 어딘가에 있다. 그 소리에 귀 기울이고 신중하게 나아가자. 나는 너무 오랫동안 점프를 피해왔다. 하지만 오늘, 나는 정면으로 점프하고 있다.

우리는 저마다의 스토리가 있다. 나의 스토리가 모두 아름답지는 않다. 위태로운 큰 위험을 안고, 알코올중독에서 벗어난 40대를 바라보는 싱글맘. 하지만 나는 사직서를 냈고 나의 새로운 스토리가 시작되었다. 나에게는 주변의 허락이 더 이상 필요하지 않다.

로라 맥코웬 Laura McKowen

전직 마케팅 임원으로 현재는 작가이자 강연가, 그리고 교사로 활동 중이다. 최근에는 첫 번째 책을 집필하고 있다.

두 개의 다른 삶 사이에서 곡예를 하는 것이 점프

프로 미식축구 선수에서 작가로

점프할 때가 가까워졌음을 알려주는 지표

어린아이였을 때, 어머니는 나와 형에게 우리가 훌륭하게 클 운명이라고 말씀하셨다. 그런 우리를 가로막을 유일한 것은 우리 자신뿐이라고 덧붙이면서 말이다.

나는 자라서 대학에 입학하는 내내 문학에 빠져 있었다. 짬짬이 시와 에세이를 썼으며, 다양하게 독서를 하고 창의적인 것에 몰두했다. 나는 미식축구도 사랑했는데, 처음 시작할 때는 NFL National Football League(프로 미식축구 연맹)에 들어가는 것이 목표는 아니었다. 그건 단지 해야 하는 일이라고 생각했을 뿐이다.

미식축구가 그저 나의 한 부분 정도가 될 거라고 생각했다.

하지만 프로 미식축구 팀에 입단하자, 세상은 나를 그저 미식추구 선수로만 보았다. 나에게는 어떤 갈망이 있었다. 프로계의 높은 중압감과 빠르게 흐르는 라이프스타일 속에서 탈출구는 종이 위에 단어들을 적는 것이었다. 나는 책을 읽었고 이야기를 썼다. 댄스 강습을 받기까지 했는데, 창의력을 키울 수 있는 것은 무엇이든 좋았다. 점프를 하게 이끌어줄 관심사들을 키우는 일을 결코 멈추지 않았다. 나의 점프가 정확히 무엇이 될지 그때까지 알지 못했지만 말이다. 다만 점프할 시간이 되었을 때 지체 없이 해내고 싶다는 생각이었다.

이는 두 개의 다른 삶 사이에서 곡예를 하는 것을 의미했다. 피츠버그 사람들은 스틸러스Steelers(피츠버그를 연고지로 둔 미식축구 팀-역자 주)에 광적이다. 팬들은 그들의 팀을 사랑하며 선수들에게 그건 마치 약물과 같은 모든 것이다. 하지만 미식축구 영역 밖의 야망을 가진 남자에게는 그것 때문에 다른 모습과 다른 세계로 탈출하는 것이 거의 불가능하게 느껴졌다.

그래서 나는 나 자신을 분리했다. 오전 7시에 훈련실에 들어갔다가 오후 6시에 나왔으며, 집에 와서는 바로 책에 빠져들었다. 역사, 철학, 영성, 소설, 이야기 등이 나를 아프리카에서 스페인으로 데려다주었고, 온갖 종류의 모험을 하게 해주었다. 독서를 마치고 나면 밤에는 단편소설과 내가 느낀 것, 생각한 것들을 써내려갔다. 그리고 몇 시간 후에는 아침을 맞고 같은 일과를 다시 시작했다.

나는 가능한 한 연봉을 많이 저축할 수 있도록 생활수준을 기본으로 유지했다. 결국 지금의 본업에 머물러 있는 것이 최선은 아니라고 생각하게 되었다. 나는 모험을 다루는 책들을 읽었고, 내 경험에 관한 글을 썼으며, 미식축구 선수로서의 대중적 자아와 실제가 얼마나 다른 사람처럼 느껴지는지 표현했다. 산책을 나가 공원에 앉아 이렇게 생각하고는 했다. '이 공원에 영원히 앉아 있을 수만 있다면 어떨까?'

이런 생각들은 점프할 때가 가까워졌음을 알려주는 지표였다. 마지막 시즌이 시작되던 훈련캠프 동안, 호텔 방에 앉아 시간이 되었다고 느꼈던 때를 기억한다. 많은 사람이 이해하지 못하리라는 것을 알았다. 한 게임이 끝나고 한 친구에게 말했을 때 그는 당연히 이해하지 못했다. "무슨 뜻이야? 너는 연봉이 더 많은 계약을 하고 이 일을 계속할 수 있어." 그 후로는 여자친구에게만 비밀을 공유한 채 다른 사람들에게는 침묵을 지켰다. 그때 나 자신을 가장 잘 아는 사람에게만 점프를 공유해야 하는 것의 중요성을 배웠다.

점프 준비의 마지막 단계에서 스스로에게 물었다.

"좋아, 미식축구 선수인 척하는 것은 끝났어. 더 이상 미식축구는 하지 않아. 나는 누구이고, 무얼 해야 하지? 지금처럼 많은 돈을 다시는 벌지 못하게 된다 해도 괜찮을까?"

이런 질문들로 예행연습을 해보는 것은 앞으로 나아가도록 안도감을 주었다. 나는 분리된 목소리와 분리된 인성을 가지고 있으므로, 길을 잃지 않을 것이다. 환호성이 사라지고 팬들이 떠나가도, 나는 헤매지 않을 것이다.

그럼에도 미식축구에 최선을 다했다. 그 역시 나 자신이기 때문이다. 나는 조금도 후회 없이 끝내고 싶었으며, 급하게 발을 떼고 싶지 않았다. 하지만 시즌이 끝났을 때 나는 점프했다.

당신의 몸은 거짓말을 하지 않는다

고등학교 때 감독님에게 이 사실을 전하는 것이 가장 어려웠다. 내가 성장하던 무렵 나와 어머니는 감독님께 크게 신세를 졌다. 어머니는 돈을 많이 벌지 못했고 교회도 멀었기 때문에, 우리는 학교에 남기 위해 이사해서 감독님 부부와 함께 살았다. 그들은 우리에게 가족이었다.

감독님은 내가 한 남자로 성장할 수 있게 도와주었고, 한 사람으로서 내 결정을 이해한다는 걸 알았다. 그리고 여전히 감독님이 나의 가장 열렬한 팬이라는 사실도 알았다. 그는 NFL에서 내가 할 수 있는 모든 역할을 해내는 것을 지켜보기 원했다. 그런데 나는 스물여섯 살이라는 이른 나이에 그 자리를 떠나려고 했다. 그는 나를 이해했고 지지해주었으며 계속해서 내 편으로 남아주었지만, 여전히 힘든 일이었다.

내 계획은 대학학위를 마치고 개인적으로 글쓰기 작업을 계속하는 것이었다. 점프했을 무렵, 나는 한데 모아 출판하고 싶은 에세이와 시 모음이 생겼다. 그때 비로소 내가 원하는 단계와 걷고 싶은 길을 깨달았다. 글 쓰는 삶이 미식축구를 하는 삶처럼 깔끔하게 펼쳐질 수는 없다는 것을 알았지만, 괜찮았다.

만약 당신의 몸이 무언가를 말한다면 그건 거짓말이 아니다. 당신이 다른 무언가를 하고 싶거나, 다른 어딘가로 가고 싶은 느낌이 들며 그 느낌이 사라지지 않는다면 귀 기울여라. 당신의 몸은 거짓말을 하지 않는다. 그 느낌을 기반으로 하나씩 쌓아나가면 된다. 나는 미식축구에 쏟아부은 것과 같은 수준으로 글쓰기에 대한 열정에 다가섰다. 아주 많은 글을 읽었으며 아주 많은 작품을 썼다. 점프할 때, 모든 것을 쏟아부어라. 뒤돌아보면서 더 많이 할 수 있었다고 후회하고 싶지 않다면 말이다.

사람들은 점프란 미지의 세계로 뛰어드는 거라고 생각한다. 나는 그 반대로 본다. 내 경우, 스스로가 더 이상 프로 미식축구 선수이기를 원하지 않는다는 확신의 세계였다. 설령 다시 학교로 돌아갈 수 없거나 직업을 구하지 못한다고 해도, 그리고 집에서 NFL을 시청하며 거기서 직접 뛰지 못한다고 해도 나는 여전히 괜찮으리라는 걸 알았다. 왜냐하면 미식축구 선수로서의 장이 끝났기 때문이다.

나는 작가이며, 내 소명은 글을 쓰는 것이다. 실패는 내 사고 과정에 있지 않다. 이 길에서 실패할 방법이 없다. 나는 내 이야기들이나 책에서 무엇이 벌어지든 관계없이 성공했다. 한 권의 책을 쓰는 데 10년이 걸리고 세 명의 독자만이 책을 구매한다고 해도, 나는 괜찮을 것이다. 이 일이 나의 소명이며, 내가 하고 싶은 일이자 내가 되고자 하는 사람이기 때문이다.

라샤드 멘덴홀 Rashard Mendenhall

NFL의 피츠버그 스틸러스 소속 전직 프로 미식축구 선수다. 현재 작가로 활동하며 HBO의 〈볼러스 Ballers〉 시리즈를 쓰고 있다.

해낼 수 있는 확신이 나를 괜찮다고 다독였다

창고 직원에서 고등학교 감독관으로

미래를 결정해야 하는 시간

나는 엘사바도르의 아파네카Apaneca에서 태어났다. 과테말라 국경과 인접한 작은 마을이다. 어머니는 나를 출산하던 중 돌아가셨고, 아버지는 한 번도 만난 적이 없다. 가족들 대부분은 더 나은 삶을 찾아 미국으로 이주했으므로 나는 할머니 손에서 자랐다. 우리 마을은 폭력과 절망감이 감도는 곳이었는데, 친척들이 미국으로 갔다는 소문이 퍼지자 나는 납치 대상이 되었다. 폭력배들은 미국에 있는 친척들이 내 몸값으로 보낼 현금을 가지고 있으리라 생각했다. 몇 번 위협받자, 할머니는 그곳에서 벗어나고 싶어 했고 우리는 미국으로 가는 방법을 찾아냈다.

우리가 미국에 도착해서 처음 한 일은 영어를 배우는 것이었다. 축구도 시작했는데, 꽤 잘해서 중학교와 고등학교에서 우수선수에 속했다. 나는 '이게 내가 인생에서 할 일이야.'라고 생각했다. 전 과목 A를 받으며 고등학교 생활을 시작했지만, 금세 주의가 산만해졌다. 축구를 잘했으므로 다른 모든 것은 포기해버렸다. 그리고 품행이 좋지 못한 녀석들과 어울리기 시작하면서 잘못된 결정을 하고 말았다. 글을 읽을 줄도 쓸 줄도 모르는 할머니에게 성적을 속여서 말했고, 별 탈 없이 넘어갈 수 있었다.

그런데 얼마 후 부상을 입었다. 고등학교 졸업 후 시립대학교 수업을 시작하기 1주일 전, 전십자인대와 연골이 파열되었다. 예정된 축구장학금이 날아가버렸고 내게는 학비를 낼 돈이 없었다. 인생을 걸고 믿었던 클럽 코치는 다른 선수를 찾아 자취를 감췄다. 이민 서류가 준비되지 않아 학자금 신청을 지원할 수도 없었다. 이러지도 저러지도 못하게 된 상황에서 고등학교 시절 누군가가 나를 올바르게 이끌어주었다면 좋았을 거라고 간절히 생각했다. 대안을 준비하도록 도와주었더라면 좋았을 거라고 말이다. 이는 작은 목소리가 내 머릿속에 간절하게 자리 잡은 순간이었다. 나는 학교에서 내게 올바른 길을 알려줄 수 있는 멘토가 절실히 필요했다. 그러나 내겐 그런 사람이 없었다. 그저 망가진 무릎만이 남았을 뿐이다.

그 무렵 할머니는 다시 엘사바도르로 거취를 옮기셨고, 나는 고모와 함께 살게 되었다. 고모는 내가 일자리를 구해 집을 나가서 뭐라도 해야 한다고 직접적으로 말씀하셨다. 취업 허가증(나는 열여덟 살이었다)이 도착하자 적법한 서류가 갖춰졌고, 그렇게 집을 나와 여자친구와 함께 살며 창고 일을 시작했다.

창고에서 운전수로 일하던 삼촌이 일자리를 구해주었다. 회사는 파스타와 오일, 와인 같은 이탈리아 상품들을 수입하는 업체였다. 나는 '주문 수령' 일을 하도록 고용되었다. 주문을 하고 상품들을 모아서 운전수가 배달하러 갈 수 있도록 준비해두는 것이다. 그 일부터 시작해서 창고 여기저기를 돌아다녔다. 고객 서비스센터, 시스코와의 계약, 야간 근무 및 산업용 냉장고 내부 작업, 신입사원 교육과 재고 정리 그리고 주문 수령까지 다양한 일을 했다.

몇 년이 지난 뒤 나는 앞으로 15년을 보내게 될 창고에 정착했다. 그리고 다시 몇 년 후, 어릴 때부터 가장 친하게 지내던 친구 안토니오의 사촌이 자녀들과 함께 벼룩시장에서 운전 중에 총격을 받아 사망했다. 그의 장례식에 참석했을 때는 안토니오와 내가 마지막으로 이야기를 나눈 지 몇 년이 흐른 후였다. 아주 많은 시간이 흘렀지만 안토니오는 내게 형제와 다름없었다. 그는 축구장에서 같은 팀원이었으며, 내 둘째 아이의 대부이기도 했다.

안토니오와 마지막으로 이야기를 나눴을 때 그는 제품 배달 운전수였는데, 장례식에서 만난 그는 지금 한 학교의 학과장이라고 했다. 그 이야기가 내 머릿속을 떠나지 않았다. 그는 학교 경비로 시작해서 운동경기 감독이 되었고, 이제는 학과장이 되어 있었다. 작은 목소리가 다시 울려 퍼졌다. 그것은 터무니없기도 했다. 어쩌면 내가 학생들을 지도하는 것을 돕거나 그와 비슷한 일을 할 수 있으리라는 생각이었다.

그 해 가을, 나는 아들을 안토니오의 학교로 전학시켰다. 아들은 내가 예전에 그랬듯이 학교에서 갈피를 못 잡았다. 하지만 내 아들은 나와 다를 것이다. 더 나은 학교 환경과 그에게 해야 할 것과 하지 말아야 할 것을 말해주는 아버지가 있으니 말이다. 나는 아이가 말을 듣지 않을까 봐 걱정했지만, 그렇지는 않았다. 나는 아이를 앉혀놓고 말했다.

"지금은 네가 인생에서 너의 미래를 결정해야 할 시간이다."

얼마 지나지 않아, 아들의 친구들도 내게 조언을 구하러 왔다. 나 자신을 향해 간절히 울리던 그 목소리가 다시 들렸다. '어쩌면 내가 이 아이들을 위해 해줄 수 있는 일이 있을지 모른다.'

그 후, 날마다 직장 일이 견디기 힘들게 느껴졌다. 나는 인생에서 할 수 있는 일이 더 많다고 나 자신을 서서히 설득했다. 그저 창고에 있는 것보다 더 의미 있는 일 말이다. 이 목소리가 나 자신을 뛰어넘기 시작했다. 나는 스스로에게 "창고에서 내가 할 수 있는 다른 어떤 일이 있을까?"를 비롯하여 많은 질문을 던졌다.

관리부에서는 이런 물음에 대수롭지 않게 대답했다. "별로 없어요. 이게 다인걸요." 나는 이렇게 말했다. "어떻게 그럴 수 있습니까? 회사가 이렇게 큰걸요. 회사에는 다른 사무소를 비롯해 많은 다른 기회들이 있다는 걸 알고 있습니다." 하지만 상사들은 내게 사무실로 옮길 기회를 주지 않았다. 회사 방침인 듯했다. 어쩌면 내가 이민자이기 때문에 그랬을 수도 있다. 어쩌면 말이다.

그 후 1년 반이 흘렀을 때, 나는 안토니오에게 이 목소리에 대해 이야기했다. 그가 도움을 줄 수도 있기 때문이었다. 어느 날 그는 내게 전화해서 직접적으로 말했다. "다른 일을 찾고 있다고 했지?" 나는 조금도 망설이지 않고 대답했다.

"맞아, 교육 분야의 일이 있다면 기꺼이 하고 싶어."

그게 전부였다. 우리는 그날 주고받은 질문과 대답을 그냥 그대로 남겨두었다.

점프는 가능해 보이지 않았다. 안정적인 창고 일을 그만두는 것이 망설여졌다. 세 명의 자녀를 둔 나는 먹고살 만큼은 벌어야 했다.

2년 후, 안토니오에게서 다시 전화가 왔다. "학교에 공석이 하나 생겼어." 교내 감독관 자리였다. 경비 겸 아이들을 위한 멘토 자리였다.

처음 내 반응은 이랬다. 내가? 내가 학교에서 일한다고? 그것이 가능한 일이라고 믿어지지 않았다. 정확히 내가 원하던 역할이자 영향력이었다. 하지만 너무 두려웠다. 우선 나는 아이들이 문제가 생겼을 때 이야기를 나누는 어른이 될 텐데, 문제가 있는 아이들이 내게 어떻게 반응할지 전혀 알 수 없었다. 내가 고등학생이었을 때, 우리는 말대꾸를 하는 등 교내 감독관에게 버릇없이 굴었다. 여기서도 같은 일이 벌어지면 어쩌지? 그리고 아버지가 같은 학교에 있다는 사실에 아들은 어떤 방응을 보일까? 그리고 형제처럼 자란 안토니오를 실망시키고 싶지 않았다.

나는 창고 일을 아주 오랫동안 해왔다. 그 일을 포기하고 그 당시 전혀 알지 못하는 분야로 점프하는 것은 힘든 결정이었다. 잠 못 드는 밤에 한참을 생각했다.

'올바른 결정일까? 그 일로 가족들을 부양하게 되고, 우리에게 좋은 기회가 될까?'

인생에는 점프했을 때만 발견하게 될 더 큰 무언가가 있다

나는 그 목소리를 생각하면서, 부상당한 무릎과 학창 시절 내가 원하던 것들을 떠올렸다. 그러자 학생들을 위해 내가 긍정적인 일을 할 수 있으리라는 확신이 들었다. 누군가 내게 말해주기를 바라던 것들을 아이들에게 들려줄 수 있을 것이다. 학교에 다니면서 진로를 준비한다면 인생에서 원하는 무엇이든 할 수 있다고 말이다. 더군다나 나는 창고에서 은퇴하는 나 자신을 상상할 수가 없었다. 나는 다른 일을 해야 하는 사람이었다.

나는 점프를 하기로 결심했다.

창고에는 2주 전에 미리 알렸다. "저와 제 가족의 인생이 바뀔 기회입니다." 상사는 내가 하려는 일이 무엇인지 물었고, 교내 감독관이라는 대답을 듣고는 이렇게 말했다. "정말로 그 자리를 원하는 건가?" "네, 안 될 이유가 있습니까?" 그는 다시 말했다. "교내 감독관은 제대로 대우받지 못하지 않나." 마치 나의 가장 큰 두려움을 이용해 나를 겁주려는 것처럼 들렸다. 하지만 나는 입장을 바꾸지 않았다. "저는 해낼 수 있다고 확신합니다." 그리고 이렇게 덧붙였다. "확신이 있기 때문에 앞으로 괜찮을 겁니다." 그렇게 큰 소리로 말하면서 더 확신이 들었다. 내 머릿속의 목소리가 이제 세상 밖으로 나왔다. 그렇게 말함으로써 지금이 점프하기에 좋은 시간이며 알맞은 순간이라고 믿을 수 있는 용기를 더 갖게 되었다. 나의 전 직장 상사를 비롯해 누구든지 다른 상황을 생각하게 만들지 않을 것이다.

이는 중요한 사항이다. 당신이 점프할 때, 당신 자신을 예측할 수 없다. 창고에서 걸어 나오면서 내 인생에서 창고라는 장이 완전히 끝났다고 스스로에게 말했다. 물론 일이 제대로 되지 않는다면 언젠가 그곳에 억지로 돌아갈 수도 있다. 하지만 나는 창고 일을 완수했다고 믿었다. 휴대폰에서 회사와 관련된 모든 연락처를 지우고 다시는 그곳으로 돌아가지도 방문하지도 않을 것이며, 그 상사와 다시 이야기하는 일은 절대로 없을 거라고 다짐했다. 그리고 실제로 그렇게 되었다.

교내 감독관 일에 적응하는 데는 몇 달이 걸렸다. 나는 쑥스러움을 타고 그다지 사교적이지 않았으므로, 300여 명의 아이들과는 특히 더 그랬다. 나는 학교에서 아이들 개개인의 배경에 적응하는 법을 배워야만 했다. 그래야 규칙을 실행하기 위해 내가 그곳에 있으며 자신들을 보살피려 한다는 메시지를 학생들이 받을 수 있기 때문이다. 그 과정이 빠르지는 않았지만, 아이들은 가까이 다가가서 이야기할 수 있는 사람으로 나를 대하기 시작했다. 그들이 나를 찾아오면, 나는 조언을 해주었다. 내 아들은 나와 같은 학교에 있는 것에 서서히 적응했고, 성적도 제자리를 찾아갔다. 지난 해 졸업한 몇몇 학생이 나와 이야기하려고 다시 찾아오기도 했다. 학교와 아이들의 미래를 만들어나가는 데 일조하는 건 아주 멋진 기분이다. 내 점프가 한 학생에게 영향을 줄 수 있다면, 그것만으로 충분히 가치 있다. 창고에 머무르며 내가 했을 일보다 훨씬 값진 일이다.

누구든 점프할 수 있다. 때로는 당신의 인생 경험이 한 권의 책이나 그럴듯한 교육 못지않게 당신을 점프할 수 있게 준비시킨다. 그리고 인생에는 점프했을 때만 발견하게 될 더 큰 무언가가 있다. 점프할 때, 당신은 비로소 자신만의 진짜 색을 찾게 될 것이다.

창고를 떠나면서 내 아들과 나 자신에게 한 말이 있다.

"지금이 네가 인생에서 너의 미래를 결정할 시간이다."

조바니 카스타네다 Jhovany Castaneda

창고 직원으로 일했으며, 현재 캘리포니아 소재의 한 고등학교에서 감독관으로 재직 중이다.

WHEN TO JUMP

내 삶의 방식이 유산, 점프로 유의미한 유산을 만들다

교육 행정가에서 작가이자 강연가로

내 영혼을 빛나게 해주는 일

나는 글쓰기와 가르치는 일에 열정을 가지고 있다. 난 클리블랜드에서 자랐는데, 전국 곳곳에 친척들이 살고 있어서 끊임없이 그들에게 편지를 썼고, 그 부분이 나를 사로잡았다. 어린 시절에는 스스로에게 작가가 되려면 쓸거리를 위해 흥미진진하고 의미 있는 삶을 살아야만 한다고 말하기도 했다. 나는 일기를 썼고, 인생 경험을 수년간 기록했다. 어떤 시점에 이르자, 결국 일기를 통해 책을 쓰게 되리라고 생각하게 되었다.

나는 3학년을 가르치는 교사로 사회생활을 시작했고, 교육계에서 일련의 직업을 거쳐 행정처로 옮겼으며 사우스 플로리다에 있는 홀로코스트 센터의 교육복지장이 되었다. 그때 나는 매일 아침 해가 뜨는 해변가 호텔을 지나치며 영감을 받아 책을 쓸 작정이었다.

하지만 인생이 속도를 높여 빠르게 흘러갔다. 두 아이가 생겼고, 가족을 부양하고 육아를 하느라 내 꿈인 책을 쓸 시간이 없었다. 몇 년이 흐르자 책은 내 삶에서 사라져버렸다. 하지만 호텔 이야기를 쓰겠다는 나의 바람은 결코 잃지 않았다.

나는 주기적으로 집필에 발동을 걸어보았지만 도저히 글을 쓸 수 있는 여건이 되지 않았다. 결국 내가 쓴 글은 대부분 일기뿐이었다.

자녀들이 성장해서 집을 떠났고, 나는 홀로코스트 센터에서 26년을 보냈다. 냉혹한 현실이 자리 잡기 시작했다. 나는 센터에서 하는 일을 즐기는 만큼이나 글을 쓰기 원했다. 후자를 무시한 채로는 내 영혼의 한 부분이 빛날 수 없었다. 더 중요한 것은 당장 점프하지 않는다면 내 안에 있는 깊은 갈망을 영원히 채우지 못하리라는 것이었다.

하지만 쉬운 일은 아니었다. 나는 우리 가정 수입의 상당 부분을 벌고 있을 뿐 아니라 경기도 좋지 않았다. 우리가 계획한 삶을 살지 못하게 될까 봐 걱정했다. 점프할 시간이 오자, 나와 남편은 이 일 때문에 생활비 예산을 아주 낮춰야 한다는 걸 알았다. 하지만 나는 더 이상 물러서지 않았다. 최대한 지출을 줄였고 단단히 준비했다.

또한 내가 사랑하던 일을 그만두기로 결정한 뒤 맞닥뜨린 감정도 나를 힘들게 했다. 아주 많은 사람이 내게 의지하고 있었으므로, 홀로코스트 센터를 떠나는 건 어려운 일이었다. 홀로코스트 생존자들은 내가 사랑하고 아끼는 가족과 같았는데, 나는 이제 그들을 떠나려 하고 있었다. 한 생존자는 내가 성스럽고 신성한, 신의 일을 하고 있다고 말했다. 어떻게 그런 곳을 떠날 수 있을까?

이 큰 질문에 답하기 위해, 나는 작은 질문들 몇 가지에 대한 답을 먼저 구해보기로 했다. 내가 가장 두려운 것은 무엇인가? 내 임금을 기꺼이 포기할 준비가 되었는가? 이 신념으로 도약하기 위해 결국 내가 해야 할 일은 무엇인가? 어떻게 내 꿈을 실현할 수 있으며, 그것이 내게 무슨 의미가 있을까? 점프를 하면 내 인생은 어떻게 될까?

이런 질문들을 통해 내가 가장 두려운 건, 책을 펴낼 만한 통제력이 내게 없다는 사실이라는 점을 발견했다. 나는 내 운명을 스스로 결정해야 했으므로, 자가 출판을 알아보기 시작했다. 말할 것도 없이 이북e-book 판매가 증가했으며, 자가 출판도 출판계의 주요 형태가 되어 있었다. 예측할 수 있는 자가 출판이 가능하지 않았다면 나는 결코 점프하지 않았을 것이다.

점프는 씨앗을 뿌린다

나는 점프를 결심한 날을 잊을 수 없다. 당시 잠 못 이루는 밤이 많았는데, 직장을 떠나는 것에 대한 불안과 두려움, 흥분, 그리고 슬픔이 뒤섞인 감정이었다. 그날, 점심을 먹는 대신 커다란 아이스크림을 한 통 샀다. 앉아서 아이스크림을 먹으면서 나 자신에게 말했다. 좋든 싫든 이 모든 감정은 진짜라고 말이다. 나는 그 감정들을 밀어내지 않을 것이다. 대신 얻고자 하는 것에 초점을 맞추기로 결정했다. 점프가 나를 자유롭게 해주리라고 상상했다. 나는 나 자신의 상사가 되고, 내 꿈을 좇을 것이다. 어떻게든, 어떤 식으로든 이 점프를 성공할 것이다.

그 후 얼마 지나지 않아 직장에 사직을 알렸다. 이제 전업 작가의 삶을 시작할 시간이었다. 나는 예순일곱 살이었고 더 이상 기다릴 수 없었다.

25년이 넘는 시간이 걸렸지만, 난 결국 점프했다. 그리고 더 일찍 했더라면 좋았을 거라고 생각할 뿐이다. 나는 쓰고자 한 책의 집필을 마쳤으며 지금은 다음 작품을 작업하고 있다. 새 책은 내 점프에서 영감을 받은 것으로 내 인생작이 될 것이다.

나는 '당신의 유산을 살고 떠나기Living and Leaving Your Legacy'라는 강좌를 개설하여 수강생들과 내 인생의 교훈을 공유하고 있다. 나는 호스피스 단체에서 자원봉사를 하면서 죽어가는 사람들과 이야기를 나눈다. 그들이 주로 후회하는 것은 하지 않은 일에 대한 것들이다. 우리는 속마음이 우리에게 말하는 것을 위해 점프해야 하며, 그러고 난 후에는 반드시 우리 자신을 믿어야 한다. 직감을 따르는 것은 중요하다.

우리가 삶을 사는 방식이 우리의 유산이 된다. 사람들은 우리를 지켜보고 관찰한다. 그리고 죽음을 맞을 때, 우리의 영향력은 사람들이 우리에게서 배운 것에서 시작된다. 살기 위해서, 곧 진정으로 살아 있기 위해 반드시 우리가 믿는 것에 점프해야 한다. 점프는 우리 각자의 유산이 의미 있고 목적의식을 갖도록 보장해줄 것이다. 이를 원하지 않는 사람이 있을까?

어느 날 강좌가 끝나고 한 학생이 다가와 말했다.

"당신은 물속에 던져진 하나의 돌멩이이며 당신이 만든 잔물결이 우리에게 전해졌어요. 그리고 이제 우리가 가족과 지인들을 향해 잔물결을 만들고 있으며, 그들 역시 더 많은 잔물결을 만들어내리라는 걸 당신이 알아주었으면 해요."

이것이 내가 나의 유산에서 바란 것이다. 바로 지속적으로 퍼지는 잔물결이다. 내 자녀들은 내 점프에서 무언가를 배우게 될 것이며 손자들과 사랑하는 사람들에게 자신이 배운 것을 물려줄 것이다. 그리고 그들이 언젠가 다음 세대와 함께 그 유산을 공유할 것이다. 우리의 점프는 씨앗을 뿌린다. 그 씨앗이 나무로 자라는 것을 지켜보지 못한다 해도 우리의 자녀와 그들의 자녀가 보게 될 것이다.

난 사람들에게 나이 때문에 점프를 하지 못한다고 말하지 못하도록 한다. 대신 그들이 매일, 매달, 그리고 매년을 소중하고 의미 있게 살아갈 방법을 찾으라고 한다. 현재를 살고 그들의 심장과 영혼이 말하는 대로 살면서 말이다.

나는 암에 걸렸거나 완치된 여성들과 함께하는 암지원센터와 다양한 조직을 대상으로 하는 워크숍에서 글쓰기 강좌를 개설했다. 그리고 그곳에서 젊은이들과 노인들을 비롯해 모든 연령대의 사람들과 점프의 미덕을 공유한다. 우리는 모두 점프에서 무언가를 배울 수 있다고 말이다.

이제 나는 일흔두 살이며, 내게 남은 시간 동안 계속해서 글을 쓰고 강의할 것이다. 나는 이처럼 행복한 적이 없으며 이보다 더 온전히 살아 있음을 느낀 적이 없다. 오늘, 그리고 매일매일 내 이야기에서 나온 잔물결이 퍼져나갈 것이다.

머를 R. 세이퍼스테인 Merle R. Saferstein

홀로코스트 센터에서 교육복지장으로 근무했다. 현재는 작가이자 강연가로 활동하고 있으며, '당신의 유산을 살고 떠나기Living and Leaving Your Legacy'라는 교육과정 창시자다.

WHEN TO JUMP

점프는 하기 전에만 두려울 뿐이다

광고회사 직원에서 성폭력 피해자 변호사로

누군가의 인생에 실제적인 차이를 만든다는 것

미국의 학문과 드라마를 전공하는 것은 대학 졸업 후 직업을 갖는 데 별로 도움이 되지 않는다. 나는 어린아이였을 때 세상을 바꾸는 꿈을 꾸었지만, 대학에 다니면서 그런 생각들이 터무니없다는 걸 알게 되었다. 그래서 결국에는 실제적인 의미가 있는 곳에 정착했고, 그것이 광고업계였다. 난 광고 일에 능숙했으며, 그보다 더 중요한 것은 이 일이 우리 집에서 허용되었다는 점이다. 나는 엔지니어와 회계사, 그리고 의사가 나온 집안 출신이다. 그래서 내 대학 전공은 가족들에게 이해받지 못했지만, 광고업계에서의 경력은 허용되었다. 모두가 서 있는 길에 같이 있다는 건 기분 좋은 느낌이었다.

3학년이 시작되었을 때 나는 더블린에서 유학 중이었다. 그리고 그때 같은 프로그램을 듣던 어떤 사람에게서 성폭행을 당했다.

나는 다른 나라에 있었고 어떻게 해야 법적으로 보호받는지 몰랐으며, 누구에게 말해야 하는지도 알지 못했다. 결국 내게 이로운 결과를 예상할 수 없어 미국으로 돌아올 때까지 아무것도 하지 않았다. 미국으로 돌아와 치료를 받고 모든 조치를 취했지만 트라우마는 풀기 어려운 문제였다. 그래서 나는 희곡을 쓰는 일에 의존했다. 4학년이 되어 논문 작업을 시작할 때 문득 이런 생각이 들었다. '학문적 배경에서 성폭력을 검토한다면 어떨까?' 내가 잘 아는 분야는 아니지만, 연극을 교육적 도구로 사용해서 사람들을 성폭력 문제에 감정적으로 연결할 수 있으리라고 생각했다.

불행히도 1인칭 연극을 쓰려면 외상의 기억을 계속해서 더듬어야 했으므로 나는 고립되어갔다. 결국 난 우울해졌고 해로운 생각만 자꾸 하게 되었다. 건강에도 나쁜 영향을 끼쳤다.

그래서 완전히 새로운 스타일로 다시 시작했다. 이번에는 세 명의 캐릭터가 나오는 연극을 썼다. 이 연극에는 제각기 다른 여성이 나와서 더 많은 이슈와 관점을 전달할 수 있게 해주었고, 정말 교육적인 내용이 되었다. 연극 내용 중에 서로를 지원하는 특별 공동체를 설정했는데, 그곳의 사람들은 서로를 위해 그 자리에 있으며 함께 영향력을 만들기 위해 활동한다. 이 프로젝트의 마지막 결과로 내가 자랑스러워하는 작품이 탄생했을 뿐 아니라 성폭력을 극복하는 건전한 방법도 찾았다.

이제 나는 더 나아가고 싶었다. 이 주제에 대해 더 크게 발언하고 더 강한 지원시스템을 구축하며, 다른 피해자들과 개인적으로 함께 일하고 싶었다. 나는 결정을 내렸고 시간이 없었다. 연극이 막을 내렸을 때는 4월 말이었고 나는 5월 중순에 졸업할 예정이었다. 난 늘 뉴욕에서 살고 싶었으며 이전 여름 동안 광고업체에서 인턴으로 일했다. 갑자기 내가 정말로 관심 있는 것이 생겼는데, 이 일과 관련된 직업이 있을까? 나는 성폭력 지지자가 직업적으로는 어떤 모습일지 알지 못했다. 감정적으로도 내가 정말 이 일을 원하는 걸까?

나는 이미 그 일로 인해 정말로 힘겨운 시간을 지나왔으며, 다른 사람들을 돕는 일로 우울해지고 불안해지거나 나 자신에게 압박감을 주고 싶지 않았다. 내가 스스로를 도울 수 없다는 사실이 밝혀진다면 말이다. 나 자신의 행복이 두려웠을 뿐 아니라 내 능력에 대해서도 의문이 들었다. 내 문제도 해결하지 못하면서 그 일을 얼마나 잘할 수 있을까? 그래서 일단 뉴욕에서 균형을 찾아가는 것을 목표로 광고 일을 계속하기로 했다. 광고 일을 하면서 한편으로는 성폭력 피해자들을 대상으로 자원봉사를 하면서 말이다.

현실 세계가 시작되었다. 나는 성폭력 피해자들이 응급실에 왔을 때, 그들을 돕도록 자원봉사자들을 연결해주는 한 병원 프로그램에서 강간 위기 상담가로 자원봉사를 시작했다. 우리는 피해자들이 어려움을 헤쳐 나갈 수 있게 안내하는 일을 하지만, 대부분은 그들이 병원에 왔을 때 친구가 되어주기 위해 존재한다. 이 훈련 프로그램은 정확히 내가 원하던 내용이었다. 내 열정을 배출할 구체적이고 의미 있는 출구였다. 난 스스로에게 말했다. "좋아, 이제 회사 일에 집중할 수 있어. 한편으로 자원봉사를 하고 있으니 말이야." 생각해보면 그때 이미 내 삶의 우선순위가 무엇인지 알고 있었지만 모른 척하려 한 것 같다. 한편 사무실의 모든 사람들은 "좋은 일을 하고 있군요. 당신의 업무만 제대로 끝낸다면, 좋은 일이지요."라고 말했다.

처음 7~8개월 동안 힘든 외줄타기를 했다. 새로운 도시에서 새로운 직장에 적응하면서, 힘든 주제를 다루는 완전히 새로운 분야에 동시에 놓여 있었다. 정책 수준에서 성폭력을 논하는 것과 성폭력을 당한 사람이 응급실에 앉아 누군가의 도움을 기다리는 상황에서 중요한 역할을 담당하는 것은 다른 문제였다. 다시 한 번 나 자신과 나의 감정 능력을 의심했다. 하지만 내가 하는 일이 중요하게 느껴졌으며 병원을 떠날 때면 기진맥진하기는 해도 행복했다. 사람들을 돕는 데 작은 역할을 하고 있다는 사실이 만족스러웠다.

그러던 어느 성패트릭 데이였다. 야간 근무를 하던 밤 11쯤 내 나이 또래의 한 젊은 여성이 들어왔다. 나는 그녀를 보조하도록 배정되었다. 강간 위기 상담가의 역할은 때로는 그저 피해자의 머리를 식혀주는 것이므로, 우리는 이야기를 나누고 웃으면서 몇 시간을 보냈다. 그러던 중 간호사가 들어와 내게 말했다. "저는 당신이 성폭력 피해자 지지자인 줄 알았어요." 나는 성폭력 피해자 지지자가 맞다고 대답했다. 그러자 간호사는 "아, 서로 아는 사이 아니었어요?"라며 놀랐다. 피해자와는 그날 밤 처음 만났다고 말하자, 간호사는 이렇게 말했다. "정말 놀랍네요! 두 분이 아주 친한 친구처럼 보였거든요."

그 순간 나는 알았다. 내가 근무를 마친 뒤 밤새 입고 있던 옷차림 그대로 광고 일을 하러 사무실로 향하던 시간은 오전 8시였다. 잠을 자지 못했지만 상관없었다. 나는 진정으로 누군가와 연결되었다는 느낌이 들었다. 그 사람의 인생에 실제적인 차이를 만든 것이다. 나는 그녀가 매우 힘든 시간을 빠져나오도록 도왔다. 사무실에 들어서자 모두가 고함치며 광고에 대해 말하고 있었다. 요가 바지 차림의 나는 완전히 지친 채, 가만히 자리에 앉아 그 모습을 지켜봤다. 그리고 생각했다. '이 일을 더 이상 할 수 없어. 난 정말 이 일을 더 이상 할 수 없어.'

직장이나 업계의 누군가와 문제가 있는 건 아니었다. 사람들은 대개 어떤 문제가 있어 점프를 한다고 착각한다. 점프 이전에 하던 일에서 분명 적수나 싫은 사람이 있다고 생각하는 것이다. 하지만 그렇지 않다. 진실은 당신이 무슨 일을 해왔건, 새로운 가치와 새로운 우선순위를 확인한 순간 더 이상 그 일을 지속하기가 정말 어려워진다는 것이다. 그러고 나서 매일매일을 함께하는 사람들과 우선순위와 가치를 공유할 수 없다면, 점프할 수밖에 없게 된다. 그건 나쁜 일도 아니고 그 사람들의 잘못도 아니다.

내 마음이 가 있는 곳, 내가 원하는 것, 그리고 내가 관심 있는 것

나는 그 자리에 앉아 점프를 구체화했다. 광고업계를 떠나 로스쿨에 입학하면 성폭력 피해자를 위한 전업 변호사가 될 수 있다. 내가 가장 도움이 되고 생산적으로 일할 수 있는 병원에는 어떤 사건이 벌어졌을 때 법적 부분을 검토하는 분야가 있다. 영향력을 형성하려면, 사람들의 법적인 권리를 아는 것은 정말로 중요하다. 특히 모든 유형의 사회적 취약층을 대상으로 일하는 공공의료기관에서는 더욱 그렇다. 나는 사람들을 감정적으로 지원하는 일이 더없이 좋은 만큼 그들의 삶을 실제적으로 향상시키는 데 법적 영향력이 중요한 도구라는 사실을 깨달았다.

부모님은 내가 로스쿨에 입학하는 데 찬성했으나 걱정하셨다. 나는 성폭력을 당했다는 사실을 오랫동안 부모님에게 알리지 않았는데, 뒤늦게 그 사건에 대해 말했을 때 부모님은 힘들어하셨다. 어떤 부모라도 그런 이야기를 듣고 아무렇지 않을 수는 없다고 생각한다. 그리고 이제 부모님은 내가 더 상처받게 될까 봐 걱정하셨다. 내가 그 이전에 점프하겠다는 확신을 갖지 않았더라면, 부모님의 감정에 흔들렸을 것이다. 하지만 나는 이미 내 점프가 어떤 모습일지 알고 있었다. 내가 무엇을 해야 하며 그것이 내게 어떤 느낌일지 말이다. 자원봉사 활동과 브레인스토밍은 부모님에게도 도움이 되었지만 무엇보다 내게 유용했다.

사무실 사람들에게 알리는 일도 어려웠다. 광고업계에서 일하는 많은 사람에게 그 직업은 전문직의 정점이다. 내 동료들 대부분에게 이 일은 그들이 원하는 전부였다. 그들은 내가 그 일을 원하지 않는다는 사실에 혼란스러워했다. 사직한다고 말했을 때 반응들은 이랬다. "좋아, 행운을 빌어. 하지만 난 네가 왜 그만두지는 모르겠어."

내 전 상사만이 예외였다. 그녀는 프랑스인인데, 일과 인생의 균형을 이해하고 열정을 추구하는 데 대한 생각이 전형적인 미국인의 관점과 매우 달랐다. 내가 점프하기 몇 달 전 그녀는 이렇게 말했다. "당신은 일을 잘하지만, 언제가 당신이 다른 일에 열정을 가질 것이며 그 일을 하게 되리라는 걸 알 수 있어요. 그리고 당신이 지금 하는 일에 열정이 없다는 사실도 알아요." 그녀에게 작별인사를 할 날이 되었을 때, 그녀는 내 귀에 대고 속삭였다. "당신은 분명 옳은 일을 하고 있는 거예요."

사무실을 걸어 나오면서 안도감을 느꼈다. 나는 그동안 점프를 하지 않는 스스로에게 분노하고 있었다. 점프하고 싶은 욕구가 있었지만, 머릿속에서 이렇게 생각하고는 했다. '음, 사람들이 말하잖아. 현실 세계에서는 적어도 1년은 한 직장에 머물러야 한다고 말이야. 그 전에 직장을 그만둔다면 이력서가 어떻게 되겠어?'

그에 대한 답이 밝혀졌다. 누가 상관하겠어? 나는 아침에 일어나서 일하러 가기가 정말 싫었다. 광고 일을 하며 오후 5시까지 머무르기도 싫었다. 나는 좋아하지 않는 일에 내 모든 시간과 노력을 쏟아붓고 있었다. 업무의 어떤 부분도 더 이상 즐겁지 않았다. 당신이 무슨 일을 하든, 이 지점에 이르면 당신 자신에게 호의를 베풀어 점프를 해야만 한다. 당신은 떠나기 전까지만 두려울 뿐이다.

모두가 점프에 대해 다른 생각을 가지고 있다. 개인적으로는 하루가 끝날 때 무엇이 당신을 만족스럽게 만들었는지 스스로에게 솔직해야만 한다고 생각한다. 그렇게 하는 건 가장 쉬운 일이므로 편할 거라고 생각하겠지만, 때로는 우리 자신에게 솔직하기가 가장 어려운 일이다. 당신에게 무언가를 말하는 작은 목소리를 들었다면, 당신이 할 수 있는 최선은 그 일을 강요하지 말고 가만히 앉아 그 목소리에 귀 기울이는 것이다. 그리고 스스로에게 물어보자. "이 목소리가 어디에서 오는 것인가? 왜 이런 목소리가 나왔으며, 어떤 의미인가?"

그러고 나면 당신은 이렇게 생각할 것이다. '좋아, 이것을 실행한다면 어떤 모습이 될까? 그래, 미지의 세계지만 그곳으로 이끄는 실제적인 세부사항들에는 무엇이 있을까?' 당신이 생각한 아이디어를 모호한 꿈으로 남겨둔다면, 행동하기 어려워진다. 하지만 조각들을 맞추면서 앞으로 나아가면서 의미를 생각한다면, 짜릿한 점프를 하기가 훨씬 쉬워진다. 점프가 더 이상 허황된 꿈도 아니고 더 이상 어리석은 일도 아니기 때문이다.

나는 성폭력을 당한 경험을 다시는 떠올리고 싶지 않다. 하지만 그 경험은 내 삶의 우선순위를 뒤바꿔놓았다. '좋아, 형편없는 일은 이미 벌어졌어. 이제 내가 어떤 일을 해야 할까?'라고 생각했다. 그리고 이제 나는 앞으로 어떤 일을 하게 될지 기대하고 있다. 나는 여전히 앞에 놓인 많은 의문점을 가지고 로스쿨에 입학했다. 하지만 나 자신에게 솔직하고 정직하고자 많은 시간과 노력을 기울이고 있다. 내 마음이 어디에 있는지, 내가 무얼 원하는지, 그리고 내가 관심 있는 것이 무엇인지 솔직해지고 싶다.

나는 자기반성 과정이 정말로 도움이 되었다고 생각한다. 그 과정은 내가 점프를 결정하는 데 도움이 되었고, 점프해도 괜찮으며 변화를 주어도 괜찮다는 걸 깨닫게 해주었다.

그리고 무엇보다 세상에 영향을 미치고 싶다는 생각이 허황되지 않다고 스스로 믿게 해주었다.

켈리 오하라 Kelly O'Hara

광고회사 직원으로 일하다, 성폭력 피해자 변호사가 되려고 2016년 가을 로스쿨에 입학했다.

1단계

작은 목소리에 귀 기울여라

一

"만약 당신의 몸이 무언가를 말한다면 그건 거짓말이 아니다. 당신이 다른 무언가를 하고 싶거나, 다른 어딘가로 가고 싶은 느낌이 들며 그 느낌이 사라지지 않는다면 귀 기울여라. 당신의 몸은 거짓말을 하지 않는다." _라샤드 멘덴홀

"그 작은 목소리가 당신의 진정한 목소리다."
_제프 아치

"당신이 진정으로 해야 할 일은 당신의 마음속 어딘가에 있다. 그 소리에 귀 기울이고 신중하게 나아가자." _로라 맥코윈

"당신에게 무언가를 말하는 작은 목소리를 들었다면, 당신이 할 수 있는 최선은 그 일을 강요하지 말고 가만히 앉아 그 목소리에 귀 기울이는 것이다. 그리고 스스로에게 물어보자. 이 목소리가 어디에서 오는 것인가? 왜 이런 목소리가 나왔으며, 어떤 의미인가?" _켈리 오하라

"내 작은 목소리의 볼륨을 높이고 다른 모든 소리의 볼륨을 낮출 때가 되었다." _제프 아치

MAKE A **PLAN**

2단계

계획을 세워라

"계획을 세웠다면,
실제 점프는 위험하지 않다."

- 브라이언 스펠리 Brian Spaly

계획을 세우는 것부터 시작하라

일을 확실히 하기 위해 나는 프로 스쿼시 후원 슬라이드를 읽고, 읽고 또 읽었다.

나는 회사의 슬라이드 템플릿을 사용했고, 베인 캐피털 로고 위에 스쿼시 공 모양을 덧붙였다. 시장조사와 회사 수익 프로젝트를 보여주는 차트와 그래프 대신 내 열정을 추구할 계획을 집어넣었다. 그리고 이 프로젝트에 '후원 기회 개관'이라고 이름 붙였다. 각 슬라이드의 소제목들은 '나는 무엇을 하고 있는가', '나는 왜 하고 있는가', '나는 어디로 가고 있는가' 등이었다. 옆 사무실에 있는 동료이자 친구인 프랭크의 조언을 따라, 컴퓨터 화면에 내가 어떻게 프로 스쿼시 선수로 전향할 것이며, 책상을 떠나 점프할지 보여주는 픽셀이 깜빡거리게 설정해놓았다.

친구 아버지에게 내 생각을 크게 소리 내어 말한 지 5개월이 지났다. 이제는 점프를 선언한 것을 뛰어넘어 계획을 세우는 방향으로 나아가야만 했다.

당신이 뉴스피드나 인스타그램에서 읽고 본 것을 믿는다면, 열정을 추구하는 일은 꽤 쉬워 보일 것이다. 직장을 그만두고 발리로 간 다음 그곳에서 행복을 누리면 되지 않는가. 하지만 내가 들은 것과 직접 경험한 것에 따르면 열정을 좇는 일은 그런 식으로 정확하게 진행되지 않는다. 적어도 그렇게 순탄하지 않을 가능성이 높다. 점프를 잘하기 위해서는 먼저 어느 정도 계획이 필요하다. '당신의 점프를 위한 계획'이라는 개념이 리트윗(SNS의 일종인 트위터twitter에 게재된 메시지를 자신의 계정에 공유하거나 추천하는 것-역자 주)될 관심을 받지는 못하더라도 말이다. 조회수를 높이기 위한 바이럴(네티즌들이 이메일이나 전파 가능한 매체를 통해 자발적으로 특정 제품을 홍보하며 널리 퍼뜨리는 마케팅 기법-역자 주) 영상이나 광고 웹사이트들은 점프를 낭만적으로 묘사하면서 성공적인 점프를 이끄는 모든 것을 간과한다. 다시 말해 투지와 준비, 방해물 그리고 재시도 등을 무시한다. 나라면 내 소셜미디어에 게재된 영감 어린 인용문 끝에 "계획을 세우는 것부터 시작하라."고 덧붙이겠다. 당신의 꿈을 좇고, 계획을 세워서 시작하라. 당신의 직감을 믿되, 계획을 세워서 시작하라. 프로 스쿼시 선수가 되자. 그리고 계획을 세워서 시작하자.

점프 준비를 시작하기 2년 전, 아버지에게서 전화를 한 통 받았다. 그날의 통화는 나중에 보니 내가 계획을 세우는 과정에서 유용하게 작용했다. 골드만삭스에서 여름 인턴십을 하던 어느 날, 휴식시간에 받은 전화였다. 멋진 유리 건물에서 나와, 아버지에게서 물려받은 줄무늬 모직 양복을 입은 채 맨해튼 저지대의 숨 막히는 열기 속을 걷느라 내 등에는 땀이 줄줄 흘렀다. 아버지는 부모로서는 보수적이고 안전한 조언을 해주셨지만, 같은 스쿼시 애호가로서 본능적으로 스포츠에 대한 내 열정을 이해하셨다. 아버지는 내가 스쿼시를 하던 어린 시절 나의 코치이자 팀 동료이며, 여행 친구이자 가장 친한 친구였다. 고등학교 때 한 단계 높은 수준의 대회에 참가하려고 노력했는데, 아버지는 회사에 휴가를 내고 나라 곳곳을 가로질러 전국대회에 나를 데려다주셨다. 그 대회에서 나는 승리보다 패배한 경기가 훨씬 많았다. 그 시간을 되돌아보면, 가장 고마운 한 가지는 스포츠를 계속하도록 격려해주신 아버지의 변함없는 지지였다. 대회가 조기에 종료되었고 정규 경기가 지연되었으며 집에서 대회장까지 다니느라 오랜 시간이 걸렸음에도 말이다. 내가 경기를 하는 동안, 우리는 함께였다. 나는 기량이 계속해서 향상되는 것을 자랑스럽게 생각했으며, 나의 승리는 우리의 승리였다.

나는 아버지와 통화하면서, 정장 입은 사람들과 서류가방들을 지나쳐 골드만삭스 빌딩 후문 근처의 조용한 인도를 서성였다. 멀리서 자동차 경적이 울렸다. 난 아직 아버지와 세부적인 사항들을 의논할 준비가 되지 않았다. 아버지가 스쿼시광이라고 해도 여전히 걱정 많은 부모님이고, 내 스쿼시 경기 행보에서 우리의 공동 목표는 대학 랭크에 드는 것일 뿐 그 이상은 아니었다. 아버지의 견해에 따라 조금 더 멀리 보면, 골드만삭스에서 하는 인턴십은 나중에 큰 보상으로 나타날 것이다. 아버지에게 프로 스쿼시 선수가 될 생각을 대략적으로 설명했을 때, 혼란스럽고 어려운 질문들을 받으리라 예상했다. 하지만 아버지의 대답은 실용적인 내용이었다.

"마이크, 좋은 생각 같구나. 하지만 네가 해야 하는 두 가지 일이 있어. 하나는 네가 실력 있는 대학 선수여야 한다는 것인데, 너는 프로 등급에서 5단계 정도 뒤처져 있어. 그러니 너는 정말로 열심히 노력해야 하고 경기력을 향상시켜야 해. 그리고 두 번째, 너는 이제 막 돈을 벌기 시작했는데 재정상 프로 선수로 뛰려면 돈을 더 많이 벌고 더 많이 저축하는 것은 물론 스폰서도 구해야 한단다."

전화를 끊고 난 후, 휴대폰을 아버지에게서 물려 입은 구식 정장 앞주머니 깊이 밀어 넣었다. 그리고 나서 뒤돌아서 일자리로 빠르게 돌아갔다.

한 번에 할 수 있는 한 가지 목표

아버지와 대화를 나눈 지 2년 후, 내 첫 계획 세우기는 보기 좋게 실패했다. 나는 베인의 사무실에 앉아 파생금융상품 중개인에서 도보여행가로, 그리고 다시 사업가로 변신한 마이아(그녀의 이야기는 2단계 다섯 번째에 나온다)에게 문의 전화를 걸었다. 그녀는 프로 경기에서 뛰는 꿈과 그 꿈을 이루기까지 1,200일의 스케줄 등 마구 뒤섞인 내 생각들을 참을성 있게 들어주었다. 그러다가 내가 초기 100일 계획을 말하던 중간쯤에 내 말을 자르고 이렇게 말했다.

"심호흡을 깊게 하세요! 당신은 인생에서 다음 4년간을 계획하고 있어요. 그렇게 하는 건 불가능해요. 저는 스물여덟 살이고, 이번 가을에 결혼할 예정이에요. 제가 내년 6월에 지금 이 회사에 있을까요? 그럴 수도 있겠죠. 하지만 아무도 확신할 수 없어요. 그리고 당신 역시 모든 세부사항을 알려고 하면 안 돼요. 매년 꿈을 가지세요."

그래서 나는 미래 계획을 세부적으로 세우지 않고 한 번에 할 수 있는 한 가지 목표를 이루려고 노력했다. 나는 마이아에게 진심으로 고마움을 표했고, 1,200일의 계획을 설명하느라 그녀의 시간을 더 이상 빼앗지 않겠다고 약속했다. 전화를 끊기 전, 그녀는 마지막 말을 남겼다.

"저는 정말로 당신의 스쿼시 아이디어가 훌륭하다고 생각해요. 분명히 성과가 있을 거예요."

나는 운동하기에 더 좋은 몸을 만들기 위해 맥주와 빵을 끊었다. 체육관에서 만난 한 친구를 통해 기술회사를 창업한 전 월드챔피언의 이메일 주소도 알아냈다. 그에게 급히 문의 메일을 보낸 지 몇 달 후, 사무실로 전화가 한 통 걸려왔다. 나는 전 월드챔피언과 통화하면서 그에게 본격적으로 내 생각을 제안하기 전 말을 약간 더듬었다. 예산을 세우는 방법과 순회 경기에 참가하는 방법, 그리고 생활 방법 등 프로 선수가 되는 최선의 방법을 조언해준다면, 스쿼시계의 전설인 당신이 사업계획을 세우는 것을 도와주겠다는 제안이었다. 통화 후 그의 조언에 따라, 아직 작업 중이던 스폰서십 프레젠테이션 홍보물을 다시 시작했다. 그리고 불빛이 어두운 39층 조용한 사무실에서 프레젠테이션의 '내가 이 일을 하는 이유'라는 제목 아래 빈 공간을 채워나갔다. 그 밑에 '아주 오래전, 내가 그렇게 하기로 약속했기 때문이다'라고 입력했다.

어떤 점프 계획이든 다음의 세 가지 공통 구성요소가 있다.

- 재정 계획
- 점프 예행연습
- 안전망 구축

재정 측면에서 보면 나는 수익성 좋은 일에서부터 수익성이 좋지 않은, 특히나 초반에는 수익성이 전혀 없는 일로 점프할 계획이었다. 그래서 계좌를 개설하고 점프를 가능하게 해줄 비상금을 모으기 위해 매달 급여의 일정 부분을 저축했다. 그리고 현실적인 예산 모델을 구축하는 방법에 대해 전직 프로 선수들과 투어 전문가들에게서 조언을 구했다. 내 직업이 과외로 돈을 모을 기회를 주었다는 점에서 행운인 반면, 일단 토너먼트에 오르면 각 방면으로 지출이 많아질 것이다. 매일 아침식사와 버스 표 등 고정 지출부터 여행자 보험과 셀룰러 데이터 비용 같은 부수적인 비용까지 포함해서 말이다. 이런 지출의 증가 중 가장 큰 부분은 코치와 트레이너, 스포츠의학 전문가 등에게 들어가는 높은 인건비다. 그래서 비상금을 마련하는 것에 더해 스폰서를 구하려고 알아보았다. 경기복에 회사 로고를 새기는 방법인데, 프로 스쿼시 선수들이 개인교습을 하거나 초청 경기에 출전하는 것과 함께 돈을 버는 방법 중 하나였다. 대부분의 선수들에게 이 방법은 최고 몇백 달러가 채 되지 않는 대회 상금보다 더 수익성이 좋았다. 회사 프레젠테이션 템플릿과 프랭크의 조언 덕분에 몇 페이지의 간단한 홍보물을 급히 만들었다. 이는 처음으로 종이 위에 내 꿈을 새겨 넣은 것이어서, 공식적으로 다른 것들을 홍보하는 동안 나 자신도 홍보할 수 있었다. 내가 점프하려는 이유와 점프할 방법, 그리고 목표를 말로 표현하는 것은 실제로 점프할 수 있다는 확신을 가져다주었다. 나는 프레젠테이션을 여러 번 읽은 후 스폰서를 찾아 나섰다.

2012년 말, 오랫동안 존경해오던 한 여행사의 성공한 CEO가 말하는 기업가 정신에 관한 강연 티켓을 얻었다. 강연이 끝났을 때 나는 용기를 내서 칵테일 바에 있던 그 CEO에게 다가가 내 소개를 했다. 긴장했지만 내 잠재적인 첫 스폰서에게 홍보할 준비는 되어 있었다. 칵테일 바에 선 채로 내 아이디어를 대략 설명한 후에 추가로 내 프레젠테이션 슬라이드도 보냈다. 그의 답을 기다리면서 가능한 대답들을 예상해보았다. 잘하면 완벽한 스폰서십이 성사되거나 최악의 경우 무료 항공권을 몇 장 받을 것이다. 그런데 내가 받은 회신은 완전히 예상을 빗나간 내용이었다. 그곳엔 "2014년 여름은 아직 멀었습니다."라고 쓰여 있었다.

그건 계획을 세우는 새롭고 간단한 단계 중 그다지 매력적이지 않은 시작이었다. 그 CEO가 바로 후원을 약속했다면 좋았겠지만, 비상금 계좌와 홍보물, 예산 등 준비가 계속 진행되고 있었으므로 더 이상 문제가 되지는 않았다. 그리고 8개월 동안 몇 번 시도한 끝에 홍보물이 효과를 내어 첫 스폰서와 계약을 했다. 첫 후원은 불과 몇백 달러에 불과했지만, 돈보다 더 중요한 것이 있었다. 정말 처음으로 아무것도 없는 곳에 실질적인 초석을 세운 것이다. 누군가가 나에게 베팅했다. 누군가가 세 장의 종이에 쓴 나의 연약하며 감성적이고 민감한 꿈을 읽고, 그 꿈에 명확한 지원을 약속한 것이다. 처음에 그저 꿈으로만 존재하던 내 아이디어가 12년이 흘러 작은 믿음 덕분에 현실로 나타나고 있었다. 아직 알지 못하는 수백만 가지 일들이 앞에 놓여 있었지만, 한 가지는 분명해졌다. 점프가 이루어지라는 사실이었다.

나는 프로 운동선수다

내 계획에서 또 하나 절대적으로 필요한 부분은 운동을 더 잘하는 것이었다. 아버지의 말씀대로, 나는 잘하기는 했지만 훌륭한 대학 스쿼시 선수는 아니었다. 그러므로 다음 단계에서 경쟁하기 위해서는 운동을 더 해야만 했다. 분명 나는 연습을 더 많이 해야 했다. 하지만 운동선수로서 크게 향상된 것은 사실상 내 머릿속에서부터 시작되었다. 나는 다음의 말을 계속해서 반복했다.

"나는 프로 운동선수다."

그다음에 수많은 행동이 이어졌다. 나는 프로 운동선수처럼 살기 시작했다. 프로 선수는 무엇을 먹을까? 글루텐을 제외했다. 프로 선수는 어떤 걸 먹을까? 술에게도 작별을 고했다. 물론 기술을 연마하며 코트에서 많은 시간을 보냈다. 프로 선수가 단지 꿈이기만 하던 시절 '마치' 그렇게 된 것처럼 행동하면 바보처럼 보일 수도 있다. 그리고 실제로 바보가 된 느낌이 들기도 하지만, 나는 운동선수로서 내 인생을 그려보는 일과를 지속했다. 매일 아침 스스로에게 내가 프로 선수라고 말하고, 매일 여러 가지 면에서 프로 선수처럼 행동함으로써 진짜 프로 선수가 될 거라고 믿게 되었다. 이는 몇 달 후 내가 프로 선수라고 의식하게 되는 날까지 계속되었다. 당분간은 사무실에서 일하더라도 마음과 몸은 프로 선수였다.

내 계획의 또 다른 부분은 적절한 프로 자격을 따는 것이었다. 그래서 회사에 다니는 동시에 월드 토너먼트 파트타임에 참여했다. 이는 의아하게 들릴 수도 있는데, 누군가가 회비를 지불하면 세계 최고 선수가 될 수 있다는 사실을 제외하면 그랬다. 투어 참가가 내게 준 것은 자격이었다. 이 자격은 내 랭킹을 높일 소규모 대회들에 참가할 문을 열어주었다. 병가를 내고 반차와 휴가를 냈다. 야간 비행기를 타고 시카고로 가기도 하고, 새벽이 되기 전 보스턴으로 돌아오기도 했다. 뉴욕으로 가는 급행열차에 올랐다가 다음 날 아침 보스턴으로 돌아오는 일정도 있었다. 그렇게 선수로서의 토너먼트가 시작되었다. 첫 프로 경기에서 단 한 점도 득점하지 못했지만, 기술적으로는 프로가 되었다.

끝으로 안전망도 구축되었다. 나는 하루아침에 회사를 떠나 그곳의 사람들을 당황하게 만들고 싶지 않았으며, 인맥이 사라지게 하고 싶지도 않았다. 점프에는 한 가지 오해가 있다. 점프를 하면 당신이 일하던 회사나 함께 일하던 사람들에게 돌아갈 기회가 영원히 사라진다는 오해다. 때로는 사실이 되기도 한다. 어떤 점프에는 다시 돌아갈 곳이 없다. 하지만 많은 다른 점프들에는 당신이 예전 직장에서 능력을 잘 보여주었고 함께 일하던 사람들과 의미 있는 관계를 맺었다면, 다시 점프해서 돌아갈 기회가 존재한다.

나는 점프를 준비하는 몇 년 동안 베인에서 내게 투자해준 사람들과 함께 시간을 보내는 것을 우선시했다. 그들을 휴식시간과 해피아워(호텔의 식음료 매장에서 하루 중 손님이 드문 시간대를 이용하여 저렴한 가격이나 무료로 음료나 간단한 식사, 간식거리 등을 제공하는 서비스-역자 주), 스쿼시 게임 등에 초대했다. 그리고 그들이 나의 진실한 이야기를 알아주기를 원했다. 내가 왜 점프하려고 하는지, 거기서 무엇을 얻기를 바라는지, 또한 내가 마주하는 두려움과 그 두려움에 맞서기를 선택한 이유들을 말이다. 점프하기 위해 매진하던 시절, 동료들에게 그 사실을 말한 이유는 허락을 받기 위해서가 아니라 의견을 공유하며 피드백을 듣고 계속해서 연락할 방법을 구하기 위해서였다. 나는 내 직업을 좋아했고 동료들을 존경했다. 그래서 갑작스럽게 내 연락처 목록에서 그들을 지우는 것은 직장인으로서 근시안적으로 보일 뿐 아니라 개인적으로도 이상하게 느껴졌다. 나는 지금 점프하고 있지만 언젠가 다시 점프해서 돌아오기 위해 애쓰게 될지도 모를 일이다.

한편 마이아가 단호한 충고를 해주었는데도 나는 과도하게 계획을 세우는 함정에 종종 빠져들었다. 아주 구체적인 계획을 세우면 미지의 영역이 없어지고 점프의 위험이 사라질 거라고 잘못 생각한 것이다. 결국 모든 미지의 영역을 없애는 것은 불가능하다는 사실이 밝혀졌다.

낮에는 금융계 사람으로,
밤에는 파트타임 프로 스쿼시 선수로

어느 오후, 체육관에서 정기적으로 같이 연습하던 파트너 앤디가 내 로커 건너편 벤치에 구부리고 앉아 그 점을 지적했다. 앤디는 40대 후반으로 사고가 빠르고 계산이 뛰어난 사업가다. 그는 넓고 건장한 어깨를 가진 사내로 금속테 안경 뒤로 파란색 큰 눈이 날카롭게 빛났으며, 새까만 머리카락은 단정하게 가르마를 타 넘겼다. 나는 항상 그와 이야기 나누는 것을 즐겼다. 특히 잘 알려진 안정된 길을 걸어 상당히 성공적인 금융업 경력을 쌓았으면서도, 그와 같은 길을 포기하라고 내게 장려하는 점이 흥미로웠다. 로커를 사이에 두고 이야기를 나눌 때면 종종 앤디는 신중하게 단어를 선택하며 말했고 대부 같은 역할을 했다.

"자네가 사다리를 오를 때처럼 점프를 계획하게. 사다리의 가로대를 준비하고, 몇 가지 구체적인 중요한 단계와 계획들도 마련해야 하네. 하지만 계획에는 여지를 남겨두어야 하지. 가로대 사이의 공간들을 포용해야만 해."

이제 비상금과 훈련, 그리고 안전망 구축과 함께 통제할 수 있는 다른 것들을 계획했다. 나는 앞을 내다보며 경기 일정을 검토했다. 프로 스쿼시 토너먼트는 몇 단계의 경쟁으로 구성되며, 상금으로 결정된다. 맨 위에는 수십만 달러의 상금을 수여하는 토너먼트가 몇 개 있고, 하단에는 2,000달러의 상금이 서른두 가지 방식으로 나뉘는 작은 경기들이 드문드문 있다. 하단의 마이너리그 토너먼트에서는 떠오르는 고등학생 선수나 한때의 거물이 내리막길을 걷는 이야기, 그리고 그 중간쯤에 있는 모든 유형의 선수들과 인물들을 만날 수 있다.

베인에 반차를 낸 날, 나는 하위 랭킹을 벗어났다. 그리고 더 많은 소규모 토너먼트와 그 경기가 열리는 지역들을 천천히 토너먼트 캘린더에 표시하기 시작했다. 뉴질랜드 끝의 가파른 농장부터 파라과이의 변두리 마을, 그리고 오스트레일리아 끝의 숨겨진 해변 마을까지 포함되었다. 나는 세계 지역별로 토너먼트들을 분류했다. 그리고 내 슬라이드 프레젠테이션 하단에 있는 나 자신과 내 점프를 비롯해 왜 내가 점프를 하려고 하며 내가 추구하는 것이 무엇인지 설명하는 박스 바로 밑에 박스 하나를 더 끼워넣었다. '나는 어디로 가고 있는가.' 이 제목 아래 뉴질랜드와 오스트레일리아, 남아프리카, 동남아시아, 유럽, 그리고 남아메리카 대륙의 나라들을 대략적으로 붙여넣었다. 그리고 각 나라 밑에 대회 참가 중에 여행하고 싶은 도시 이름들을 적었다.

이렇게 내 토너먼트 계획은 작지만 중요한 단계들을 거치며 행진해나갔다. 그렇게 1년을 잘 보내고 나자, 나는 낮에는 금융계 사람이었고 밤에는 아침과 주말, 점심시간 그리고 퇴근 후에 연습을 하는 300위쯤 되는 파트타임 프로 스쿼시 선수였다. 나는 내 안에 잠든 운동선수를 깨어나게 했고, 나를 믿어줄 사람들에게 내 점프를 홍보했다. 그래도 여전히 재정 상태를 생각하며 잠 못 들고 정기적인 수입이 없는 인생을 두려워했다.

이를 지나치게 신경 쓰지 않는 듯 보이는 선배 스쿼시 선수가 있었는데, 그녀는 "커리어는 길고, 너는 퇴직연금을 늘릴 시간이 있어."라고 말했다. 공인 금융상담가이자 사실상 나의 재무 담당자인 삼촌은 더 직설적으로 말했다. "너는 대학 졸업 후 첫 10년을 보내고 있을 뿐이다. 그냥 할 수 있는 한 많은 경험을 해보는 것이 좋다."

프레젠테이션 슬라이드의 표지에 베인 웹사이트에서 구한, 회사에 입사한 첫날 사진작가가 찍어준 카키색 옷차림의 단정히 단추를 채워 입은 내 사진을 넣었다. 그리고 내 어색한 자세 주위로 전 세계의 여러 스쿼시 연맹 로고 12개를 붙여넣었다. 표지 맨 위에는 마지막 문구를 새겼는데, 그건 종종 마크 트웨인의 말로 잘못 인용되나 실제로는 작가 H. 잭슨 브라운 주니어H. Jackson Brown Jr.가 처음 한 말이다.

"지금부터 20년 뒤, 당신은 한 일보다는 하지 않은 일로 더 많이 후회하게 될 것이다. 그러니 닻줄을 풀고 안전한 항구에서 나와 항해하라. 당신의 돛에 무역풍을 받아라. 탐험하고 꿈꾸고 발견하라."

알려진 것들과 알려지지 않은 것들 사이에 기반이 놓였고, 나는 계획을 세웠다.

점프하는 당신만을 위한 계획표 : 탐험하고, 꿈꾸고, 발견하라

주얼리 회사 마케팅 임원에서
아이들을 위한 멀티미디어 회사 창립자이자 CEO로

소녀들을 위한 공학 장난감 골디블락스

나는 로드아일랜드주의 프로비던스Providence 교외지역에 살았고, 중산층 가정에서 자랐다. 내가 살던 지역의 공립 고등학교에서 스탠퍼드 대학교로 진학하는 일은 중대한 사건이었다. 내가 서부로 떠나기 전, 가장 좋아하던 선생님은 큰 꿈을 꾸라고 말씀해 주셨다. 그리고 대학에 가면 공학을 공부해보라고 조언해주셨다. 난 그 말대로 공학을 공부했고 사랑하게 되었으며, 4년 후에는 세상을 바꾸겠다는 다짐과 함께 공학 학위를 받으며 졸업했다. 그래도 아직 내게 영감이 더 필요하다는 듯이, 마침 졸업식

연사로 스티브 잡스Steve Jobs가 방문했다. 그는 우리에게 유명한 조언을 남겼다.

"현실에 안주하지 말고, 여러분의 열정을 찾을 때까지 계속 구하십시오."

아주 멋진 말이지만, 문제는 어느 누구도 열정을 찾는 방법을 알려주지 않는다는 데 있다. 나는 졸업 후 첫 몇 년간 일반 기업을 다녔는데, 그 일이 공허하게 느껴질 무렵 사직서를 내고 인도 시골 지역의 비영리 자원봉사 프로젝트에 합류했다. 그로부터 6개월 후 미국으로 돌아왔지만, 떠날 때보다 더 깊은 공허함을 느꼈다. 나는 소규모 주얼리 회사의 마케팅 임원 자리를 구했다. 주얼리 제작은 미시적 수준에서 정확히 공학 분야에 속하므로, 공학 일을 사랑하는 나는 이 일이 나의 열정이 될 거라 생각했다.

하지만 그렇지 않았다. 주얼리 회사에서 일하며 몇 달을 보내던 어느 토요일, 친구들과 '아이디어 브런치'를 함께 했다. 팬케이크를 구우면서 패션 프로젝트에 관한 이런저런 아이디어들을 나누는 모임이었다. 내 친구이자 스탠퍼드 대학교 공학 동기인 크리스티가 자기 차례가 되자 일어서서 말했다. "레고는 왜 남자 아이들을 위한 것이고, 인형은 여자 아이들을 위한 것이지? 어린 소녀들을 위한 공학 장난감을 만들어보면 어떨까?"

그녀의 이야기를 들으며 앉아 있던 그 순간 나는 알았다. 스티브 잡스가 우리 졸업생들에게 열정에 관해 말했을 때 무슨 의미였는지를 말이다. 그 후 나는 크리스티를 찾아가 그 아이디어를 현실로 만들어보자고 했고, 그녀도 협업하기로 동의했다. 나는 대학에 들어가서야 비로소 공학을 알게 되었는데, 그래서 공학을 조금 더 일찍 알지 못한 것이 유일한 후회였다. 소녀들이 공학에 대한 열정을 발견하도록 도울 수 있는 무언가를 제작하고 싶었다. '골디블락스GoldieBlox'는 골디라는 어린 여성 공학도의 모험을 둘러싼 이야기를 바탕으로 소녀들을 위한 장난감 세트를 만들 계획이었다.

갑자기 두려웠다. 내가 일생 동안 마음속 깊이 찾아 헤맨 것을 이제 막 찾았다. 그런데 만약 실패하면 어쩌지? 그건 아주 큰 두려움이었다. 나는 처음으로 내가 원한 것이 무엇인지 깨달았으며, 이제 그 일에 모든 것을 걸 예정이었다. 그런데 내 모든 것을 다 내주어도 충분하지 않고 실패하게 된다면? 이런 가능성이 무서웠다. 당신이 자신의 소명을 찾았고 그 일을 실행했는데, 성공하지 못했다고 상상해보자. 이제 당신은 무엇을 해야만 할까?

돈을 벌지 못하는 것은 또 다른 큰 두려움이었다. 나는 임금을 받지 못하고 하루 종일 일한다는 생각을 이해할 수 없었다. 나는 일할 수 있는 나이가 된 후부터 계속 일해왔다. 그래서 우리는 일을 하고 돈을 버는 것이 의무라고 생각했다. 골디블락스를 창업하면서, 몇 달을 저축으로 아껴 살면서도 내가 하는 일을 '진짜 직업'으로 만들 수 있을지 의문을 품었다. 일을 하면서 보상을 받지 못했기 때문이다. 그래서 100달러나 200달러를 벌기 위해 부업으로 여기저기 연구 조사에 참여했다.

회사를 순조롭게 시작하려면 전문가들에게서 피드백을 받아야 했지만, 아는 사람이 하나도 없었다. 그래서 노트북에 모든 아이디어의 개요를 작성하고 친구들과 예전 동료들을 비롯해 도움이 될 만한 사람은 누구든 함께 브레인스토밍을 했다. 내 초안을 본 첫 번째 사람은 내 친구의 남자친구로, 그는 공학과 디자인 일을 해본 경험이 있었다. 그는 실제적인 상품을 제작하는 것이 얼마나 어려운지, 레고가 지금의 완벽한 형체를 갖추기까지 얼마나 오랜 시간이 걸렸는지, 그리고 내가 이야기하는 것을 실행하기가 왜 불가능한지 꼬박 한 시간 동안 설명했다. 나는 고개를 끄덕이고 묵묵히 받아들였다. 의기소침해지게 만드는 말이긴 했지만, 그 말을 들었을 때 처음 드는 생각은 정말로 도움이 되었다는 것이다. 피드백이 정확했기 때문이다. 하지만 머릿속 한편으로는 이렇게 생각했다.

'도움이 되는 말이야. 그래도 나는 이 남자가 나를 멈추게 두지 않을 거야.'

이 첫 만남으로 나는 더 많은 전문가를 만나게 되었다. 여기서 내가 배운 비결이 있다. 인맥을 동원해 해당 주제에 관해 무엇이든 알고 있을 누군가를 알 만한 사람이 지인 중에 있는지 찾아보는 것이다. 그런 다음 그 사람을 만나 함께 이야기를 나눈 후에 다시 물으면 된다. "당신이 아는 사람 중에 저를 도와줄 만한 다른 사람이 있을까요?" 그렇게 커피를 한 잔 마시고 나면, 이야기를 나눌 새로운 상대를 다섯 명 더 알게 될 것이다. 그 다섯 명의 사람들과 이야기를 나누면, 그들 각각이 당신에게 새로운 사람 다섯 명을 더 소개해줄 것이다. 이런 방법으로 많은 사람에게서 도움을 받았다.

한편 일하고 집에 돌아와 달력에 이렇게 써넣었다. "이날이 내가 회사를 떠나는 중요한 날이다." 하지만 나는 달력에 무언가를 쓰고 그 날짜가 되면 늘 어떤 종류의 변명을 생각해냈다. "나는 곧 이직할 것이다." 같은 변명들을 말이다. 나는 점프를 계속 미루고 있었다. 크리스티도 마찬가지였다. 그녀는 일류 로펌에서 큰돈을 벌고 있었고, 곧 파트너 변호사가 될 예정이었다. 이 장난감 회사를 위해서는 많은 돈을 책상 위에 남기고 떠나야 하며, 나 역시 그랬다. 우리는 점프를 계속 연기했다.

하지만 9개월이 지났을 무렵, 골디블락스에 대한 내 흥미는 광적일 정도가 되어 회사를 창업하고 싶은 수준에 도달했다. 그 열망은 내 마음을 온통 다 빼앗아버렸다. 나는 매일 주얼리 회사에서 슬쩍 빠져나갈 궁리를 했다. 점심시간에는 장난감 가게를 거닐며 시간을 보냈고, 상사가 출근하지 않는 날에는 '좋아! 온라인 리서치를 더 많이 할 수 있겠어.' 하고 생각했다.

결국 진짜로 퇴직하는 날짜를 12월 달력에 표시했다. 한 해의 마지막 달이 내 직장생활을 끝내는 가장 자연스러운 날이라고 생각했다. 크리스티는 사직서를 낼 수 없는 상황이었지만, 나는 더 이상 기다릴 수 없었다.

나는 내 아이디어에 사로잡혔다. 그 일은 내 인생의 소명 같았다. 당신이 가는 곳이 어디든, 그리고 그것이 무엇이든 열정적이어야만 한다고 생각한다. 가는 길이 힘들기 때문이다. 당신이 하게 될 일에 대해 아주 강한 확신이 없는 한, 앞으로 맞닥뜨리게 될 어려움과 거절, 선입견 등을 고려해보면 그 일을 계속하는 것이 힘들어진다. 궁극적으로 나는 스스로에게 말했다. 내가 이 일을 시작하고 최선을 다했지만 실패한다고 해서 결코 어리석었다거나 부끄러워하거나 후회하지 않겠다고 말이다.

가장 겁나는 부분은 사직하겠다고 상사하게 말하는 것이었다. 누구든 큰 변화를 앞두고 회사를 떠나는 일이 두려울 거라고 생각한다. 일을 그만둘 준비가 되었을 때는 나와 함께 일하던 모두에게 내 마음이 다른 곳에 있다는 사실이 명백했지만,

그래도 여전히 어렵고 두려웠다. 내가 좋아하고 존경하는 사람들을 속상하게 하고 싶지는 않았기 때문이다.

하지만 뜻밖에도 상사에게 말하는 건 아주 쉬운 일이었다. 그는 나를 이해해주었고 진심으로 지지해주었다. 때때로 우리는 머릿속에서 어떤 일을 크게 부풀리지만, 사실은 그렇지 않은 것으로 드러난다. 어쩌면 불편한 대화를 할 수도 있고, 하루 종일 어색할 수도 있다. 하지만 모든 가정을 걱정하면서 앉아만 있는 것은 좋지 않다. 일단 저지르고 나면, 어깨에서 무거운 짐을 내려놓은 기분이 들 것이다. 그리고 그것이 세상의 끝이 아니라는 사실도 깨닫게 된다. 그렇게 넘어가고 나면, 한 달 후쯤 뒤돌아보며 생각할 것이다. "와우, 내가 왜 그렇게 겁을 먹었을까?"

데비 스털링 Debbie Sterling

브랜드 마케팅 회사 직원과 비영리단체 자원봉사자, 그리고 주얼리 회사 마케팅 임원을 거쳐, 현재 '골디블락스 GoldieBlox' 창립자이자 CEO다.

WHEN TO JUMP

지금 당장 이 일을 하지 않는다면 영원히 못할 것이다

비공개 기업투자가에서 남성복 회사 창립자로

점프는 무無에서 시작하는 것이 아니다

나는 경영대학원에 다니기 전, 컨설팅과 재무 일을 하며 몇 년을 보냈다. 의류사업에 관심이 있었지만 그 일을 위해 한 번도 점프해본 적은 없다. 원하지 않았기 때문이 아니라, 의류브랜드 갭Gap에서 경영전략 업무를 해보려고 지원한 적이 있는데 채용되지 않았기 때문이다. 그건 당시 내 금융업 직장에 비해 임금이 최소 50~60퍼센트나 삭감되는 일이었다. 그래서 마지막 면접을 남겨뒀을 때, 형은 내게 정말로 그 많은 돈을 포기할 수 있는지 물어보았다. 나는 그럴 수 있다고 결심했는데, 비록 채용되지는 않았지만 그때의 경험이 훗날의 일을 준비해주었다고 생각한다.

난 남성 바지 회사를 창업할 아이디어가 있었고, 경영대학원 첫 해의 한 프로젝트에서 이 일을 많이 진행했다. 그 해가 끝나갈 무렵, 몇 년 동안 내 핵심 멘토인 형에게 내 자유시간과 여름 인턴십 동안 이 일을 하면 어떨지 물었다. 그는 좋은 일이라고 생각하지 않는다고 대답했다. “너는 확실한 직업을 가져야 해. 경영대학원은 높은 수준의 인턴십을 할 기회를 줄 거야. 그 기회를 잡아.”

우리 두 사람 모두 내가 창의적인 무언가를 발견했으며 그 의류사업 아이디어가 내게 적절하다는 사실을 알고 있었지만, 우리는 위험을 회피하려는 성향이 컸다. 그러한 성향 때문에 결국에는 내가 하고 있던 수익성 좋고 안정적인 진로를 유지하게 되었다. 나는 여름 동안 티로프라이스T. Rowe Price(미국의 자산운용사-역자 주)에서 주식을 담당하는 인턴십을 했다. 그리고 마지막 학기를 보내러 학교로 돌아와 구직활동을 한 결과, 다음 가을부터 일할 비공개 기업투자사에서 일자리를 구했다. 안정적이고 수익성 좋은 길이었다.

상황이 바뀐 건 3월이었다. 친구들과 타호Tahoe 호수로 스키를 타러 가기로 했는데 떠나기 직전 나는 그곳에 가는 대신 LA로 가서 천을 사고 의류사업 프로젝트를 진행해보기로 결심했다.

그 순간 "저질러보자. 나는 이 일을 하겠어."라고 말하며, 창업 프로젝트에 실제로 자금을 지출하기 시작했다. 당시 경영대학원 학비는 학기당 대략 1만 5,000달러였으므로, 나 자신에게 이렇게 말했다. "이 프로젝트를 내 일곱 번째 학기로 만들겠어. 제품 제작에 1만 5,000달러를 쓰겠어. 실패한다거나 돈 낭비였다고 하더라도 괜찮아. 경영대학원 학비의 일부일 뿐이니까."

1주일 후에는 브라질로 가는 2주짜리 봄방학 여행을 취소했다. 대신 LA에 몇 번 더 가서 옷감을 샀고, 샌프란시스코에서 공장을 알아봤으며, 피팅감 좋은 바지를 제작하기 위해 밤낮으로 일했다. 허리밴드를 곡선으로 처리하고 허벅지 부분을 깔끔하게 커팅해서 기존 옷들보다 더 편안하게 디자인된 바지였다.

나는 '지금 당장 이 일을 하지 않는다면, 앞으로 절대 하지 못할 것이다. 그런 죄책감을 가지고 싶지 않다.'는 사실을 깨달았다. 아이디어를 입으로 말하고 글로 남겼으며 제품 모델을 만들었지만, 학기 프로그램이 끝난 후 아무것도 실행하지 않은 MBA의 고전적인 유머 속 남자처럼 되고 싶지는 않았다. 난 스스로 "그런 남자처럼 되고 싶지는 않아. 내 아이디어로 무언가 해내고 말겠어."라고 다짐했다. 그리고 회사 이름을 '보노보스Bonobos'로 정했다.

결정적인 건 이 일이 그다지 두렵지 않았다는 사실이다. 졸업 후 입사하기로 예정된 좋은 직장이 있었기 때문이다. 금융계 회사는 내가 한편에서 프로젝트를 신중하게 준비하는 동안 각종 고지서의 금액을 지불하게 해줄 완벽한 안전망으로 작용했다. 금융계 회사에서 4개월을 보낼 즈음에는 이미 보노보스를 위해 뉴욕에 여러 차례 다녀온 후였다. 그 해 연말에는 점프할 준비가 되어 있었다. 나는 뉴욕에서 크리스마스 무렵 아버지에게 전화를 걸어 시카고에 있는 회사를 그만두고 뉴욕으로 옮길 아주 좋은 기회가 있다고 말하던 순간을 결코 잊을 수 없다.

하지만 가장 힘든 대화는 다니고 있던 사모펀드 회사의 직원들에게 사직한다고 알리는 것이었다. 난 동료들에게 우정을 느꼈으므로 그들에게 사실을 이야기하는 것이 당혹스럽기까지 했다. 내가 그런 말을 할 수 있었다는 게 믿을 수 없을 정도였고, 그들 역시 놀라기는 마찬가지였다. 그들은 이렇게 생각했다. '이봐, 아무도 이곳을 떠나지 않는다고.' 하지만 그들은 내 결정을 지지해주었다. 나는 거의 다 이룬 금융업계의 성공을 뒤로하고 걸어 나왔다. 난 그 일을 잘했고 그 일이 어떤 결과를 가져다줄지 알고 있었으며, 많은 돈을 벌도록 보장된 일이었다. 그런데 이제 그 모든 걸 뒤로하고, 어떤 것도 보장되지 않으면서도 지출 경비가 더 많이 드는 도시로 떠나려 했다.

확실히 두렵기도 했지만, 그보다는 흥분되는 게 더 컸다. 내가 회사를 떠날 때 제로 상태가 아니었다는 사실을 기억하자. 나는 1년 동안 의류사업의 기반을 다졌고, 자금도 일부 모았다.

충동적인 도약이라기보다 단계적이고 계획된 실행에 더 가까웠으며, 그게 핵심이다. 나는 이런 종류의 점프를 하는 최고의 방법이 계획을 짜고 안전망을 구축해서 반 정도 일을 진척한 뒤 본격적으로 시작하는 거라고 생각한다. 점프를 무無에서 시작할 필요는 없다. 사실, 그래서는 안 된다.

점프하기로 마음먹었다면,
다가올 불확실성을 받아들여라

우리가 스스로에게 던져야 하는 가장 중요한 질문은 이것이다.

"나는 매일 하고 있는 일에 열정적인가?"

당신은 열심히 일하고 경쟁을 하며 좋은 학교에 간다. 승리에도 크게 신경을 쓴다. 하지만 당신은 어떤 영감도 없는 정말로 안전한 길을 선택하고 있다. 나에게는 MBA 과정을 마치고 10년쯤 후에 이렇게 고백한 많은 MBA 동기들이 있다. 사업가와 같은 조금 더 위험한 길을 택했더라면 좋았을 거라고 말이다. 또한 대기업과 전형적인 분야에서 하는 일이 전혀 와 닿지 않는다고 고백하는 이전 동료들도 많이 있다.

당신이 점프하기로 마음먹었다면, 가장 힘든 일은 다가올 불확실성을 받아들이는 일이다. 실패할 가능성 말이다. 이는 전통적으로 수익성 좋은 진로가 아주 좋아 보이게 만드는 이유다. 그런 직업들은 실패를 피할 수 있게 해준다. 나는 이렇게 말하고 싶다.

"당신은 점프가 실패할지 모른다는 두려움을 항상 갖게 될 것이다. 하지만 '괜찮아, 그렇게 되더라도 시도해보겠어.'라고 스스로에게 조금 더 빨리 말할수록 더 좋다."

일이 성공하지 못하더라도 당신이 하게 될 일에 열정적이며 그 과정을 사랑한다면, 문제가 되지 않는다. 당신이 사랑하는 일을 하면서 만족감을 느낄 것이기 때문이다. 그리고 그 길을 따라 계획을 세워나간다면, 점프가 위험하지 않은 상황을 만들 수 있으며 성공하지 못하더라도 위험 부담이 크지 않을 것이다.

마침내 보노보스를 본격적으로 시작하기 위해 금융계 회사를 그만뒀을 때, 나는 해방감을 느꼈다. 그건 5학년이던가, 6학년이던 어느 날 밤을 떠올리게 했다. 초등학교 롤러스케이트 행사에 참여했는데, 함께 스케이트를 탈 친구를 청하는 낭만적인 이벤트가 포함되어 있었다. 나는 한 소녀에게 스케이트를 함께 타자고 말하기까지 아주 긴장하고 부끄러워했다. 마침내 그 말을 건넸고, 우리는 몇 번이나 링크를 돌며 함께 스케이트를 타고 이야기를 나누었으며 모두가 우리를 바라보았다. 그곳에 우리처럼 이어진 커플이 몇 안 되었기 때문이다.

음악이 끝나자, 그 소녀와 나는 "좋아, 즐거웠어."라고 말했다.

우리는 돌아섰고, 나는 주위를 둘러보며 다섯 명의 다른 소녀들이 자리에 앉아 신청받기를 기다리는 모습을 보았다.

그때부터는 소녀들에게 스케이트를 타자고 말하는 일이 그렇게 두렵지 않았다. 나는 어떤 음악이 되었든 새로운 음악이 나오면 스케이트장에 나갈 준비가 되어 있었다. 오로지 이렇게만 생각했다. '노래가 다섯 곡 더 나오면 좋겠다. 소녀들과 스케이트 타는 일은 정말 멋지니까 말이야. 더 많은 기회가 주어지면 좋겠어!'

브라이언 스펠리 Brian Spaly

비공개 기업투자가를 거쳐 의류브랜드 '보노보스Bonobos'를 창립했으며, '트렁크 클럽Trunk Club' 창립자이자 전 CEO다.

약속의 연필 : 아이디어를 종이에 쓰자

컨설턴트에서 비영리단체 창립자로

인도 빈민가 거지 소년의 부탁

소년은 내게 연필 한 자루를 달라고 부탁했다. 인도 빈민가의 그 거지 소년은 전형적인 물질적 가치를 지닌 물건은 더 나이 많은 아이나 패거리의 우두머리에게 빼앗기리라는 걸 알고 있었다. 어쩌면 그를 거리로 내몬 가족에게 뺏길 수도 있었다. 하지만 연필 한 자루라……. 연필 한 자루에는 엄청난 물질적 가치는 없지만, 그 안에 내재된 잠재력은 소년의 호기심과 상상력을 해제할 수 있었다. 나는 당시 대학에 다니면서 외국에서 공부하고 있었다. 컨설팅과 경영 관련 직업을 갖기 위해 잘 닦인 길이었는데,

그 소년과 연필을 달라는 소년의 부탁이 모든 걸 바꿔놓았다.

불과 몇 년 전, 나는 일류 컨설팅 회사인 베인 앤 컴퍼니Bain & Company의 젊은 애널리스트였다. 나와 같은 입장의 사람들에게는 꿈의 직업이다. 하지만 나는 소년과 연필에 대한 기억을 떨쳐버릴 수 없었다. 대학에 돌아왔을 때, 나는 기회가 있을 때마다 개발도상국을 여행하기 위한 비용을 마련하기 위해 다양한 일을 하는 습관을 들였다. 이제 나는 이런 여행 강박증을 그 소년과 같은 아이들을 돕는 일에 연결하고 싶었다. 2008년 12월 20일 밤, 나는 자리에 앉아 무언가를 적기 시작했다.

내 모든 아이디어를 꺼내 영감을 얻을 수 있도록 종이에 써내려가기 시작했다. 아이디어들을 종이에 쓰자, 그것들을 정리할 수 있었다. 세상에서 가장 허비되는 자원이 인간의 의도다. 어떤 아이디어라도 당신에게는 처음의 흥분과 감정적 계기를 행동으로 바꿔줄 시스템이 필요하다. 아이디어들을 문서화하는 것이 종종 그런 시스템이 되어준다는 사실을 발견했다. 그래서 다른 사람들에게 내 아이디어를 설명하기 위해 글쓰기를 사용했다. 그렇게 초기 자금 모음 계획과 내가 가보고 싶고 학교를 건립하고 싶은 나라들, 그리고 아이디어를 실행하기 위해 지원받을 수 있는 여러 사람의 목록을 작성했다. 그리고 그날 밤 쓴 목록은 훗날 '약속의 연필Pencils of Promise'이라는 단체의 헌장이 되었다. 원래 목표는 개발도상국에 학교 하나를 건립해서 한 지역

아이들의 삶을 바꾸는 정도였지만, 우리 단체는 다음 10년 동안 전 세계에 500여 개 학교를 건립할 때까지 계속되었다.

나는 베인을 완전히 그만둘 준비가 되지 않았으므로, 고위급 경영진에게 특별 연수 개념으로 몇 달간 휴직할 수 있게 해달라고 요청했다. 회사는 직원이 특별 연수를 받아 다른 곳에 가서 일할 수 있도록 허용하고 있었지만, 직원 개인을 위한 일은 해당사항이 아니었다. 나는 이를 전략적으로 표현했다. 이 경험이 나에게만 이로운 것이 아니라 베인에도 유용할 거라고 설명했다. 경영진들은 회사의 미래 지도자를 육성하기를 원했으며, 비영리단체를 만들면서 배우는 것은 베인을 발전시키기 위해 꼭 필요하며 하급 애널리스트로서는 얻을 수 없는 경영 경험을 선사해줄 것이다. 이 설명으로 그들을 설득했다. 더 다재다능하고 회사 임무를 더 잘 수행할 수 있는 사람이 되어 돌아오겠다는 설득이었다.

가장 힘든 일은 그다음 단계였다. 바로 부모님에게 알리는 일이었다. 부모님 두 분 모두 아주 가난한 집안 출신으로, 치과의사와 치과교정전문의가 되기 위한 전형적인 길을 밟아오셨다. 지금 나는 선택한 직업에서 아주 많은 돈을 버는 위치에 있지만, 이제 엄청난 위험을 감수하려 하고 있었다. 때는 2009년이었고 경제 상황이 좋지 않았으며, 특히 비영리단체를 만들기에는 좋지 않은 시기였다. 내가 옳은 일을 하고 있다고 부모님을 설득하는 일은 정말로 힘들었다. 나는 그분들을 점진적으로 설득해나갔다. 처음에는 이렇게 말했다. "저는 이 단체를 만들 테지만, 그저 특별 연수의 일환이에요. 다시 원래 자리로 돌아갈 겁니다." 그러고 나서 이렇게 덧붙였다. "특별 연수가 끝나면 다시 직장으로 돌아갈 겁니다. 그리고 후에 경영대학원에 들어가 공부하면서 비영리단체를 계속해서 이끌 겁니다."

나는 각 단계를 설명할 때마다 이렇게 덧붙였다. "일이 잘되지 않는다면, 조금 더 안전하고 전통적인 방식으로 보이는 다음 단계를 밟을 거예요." 베인을 떠난 후, 경영대학원에 가거나 지원한 적은 없다. 비영리단체는 계속해서 성장했고, 부모님에게 다른 안전한 방법이나 좀 더 전통적인 길을 생각해보겠다고 약속하면서 앞으로 나아갔다. 이렇게 부모님을 설득할 수 있었다.

불확실성 속에서 편안해지는 순간이 바로 점프할 시간

'약속의 연필'을 시작할 때, 나 자신을 의심하기는 했지만 결코 단체 자체를 의심한 적은 없다. 나는 자신이 하려는 일과 그것의 가치, 그리고 그 일이 성공하리라는 사실을 의심하지 않는 것이 정말로 중요하다고 생각한다. "내가 이 일에 맞는 사람일까?"

라는 생각으로 회의에 빠진 순간도 분명 있었다. 이에 대한 나의 대답은 한 발 뒤로 물러나 열정에서 벗어난 아이디어를 추구하는 것과 목적에서 벗어난 아이디어를 추구하는 것을 구별하는 것이었다. 원초적인 감정을 제외하면, 나는 근본적인 목적의식에 이끌렸다. 나는 비영리단체를 이끌기 위해 존재하며, 이런 방식으로 세상에 공헌하게 될 거라고 느꼈다. 그래서 진심으로 이 일은 성공해야만 하며 그럴 거라고 믿었다.

나를 가장 놀라게 한 일은 큰 성취를 해보지 않은 사람들이 수준 높은 업무를 맡아 놀랍도록 잘 해낼 수 있다는 사실이었다. 의미 있는 코칭을 받으며 성장할 기회를 얻는다면 말이다. 나는 초기 단계에서 큰 자본금 없이 비영리단체를 조직하는 사업가로서 자금을 모아야 했을 뿐 아니라 개인 인맥은 물론이고 직장에서의 인맥을 이용해 뛰어난 재능과 에너지, 그리고 노력할 수 있는 사람들을 모집해야만 했다. 커다란 잠재력을 지녔으나 검증되지 않은 직원들에게 기대를 걸어야만 했다. 그 결과는 처음부터 나를 놀라게 했으며, 오늘날까지도 이 점을 계속해서 스스로 되새긴다. 딱 맞는 사람을 찾아 그에게 적절히 투자한다면, 그들은 성장하면서 비범한 일들을 할 수 있다.

점프라는 말에는 다이빙대에서 깊은 물속으로 뛰어드는 것을 의미한다는 개념이 있다. 하지만 안전한 곳을 벗어나 점프하는 대부분의 개인들은 갑자기 점프하지 않는다. 좋은 점프는 얕은 물을 걷는 것과 아주 비슷하다. 처음에 발끝을 물에 적신 후 한 발 한 발 나아가는 것이다. 곧 물은 허리 높이가 되고, 가슴 중간쯤까지 차오르며 끝에는 어깨까지 오게 될 것이다. 그리고 가장 깊은 곳에 이르는 바로 그 지점이 오면, 위험하기는 해도 편안해질 것이며 발밑에 탄탄한 기반이 있다고 느낄 것이다. 적어도 깊은 불확실성 속에서 편안해질 것이다.

그 순간이 바로 점프할 시간이다.

애덤 브라운 Adam Braun

베인 앤 컴퍼니Bain & Company 운영 컨설턴트였으며, 비영리단체 '약속의 연필Pencils of Promise' 창립자이자 전 CEO다. 현재 '미션UMissionU'를 창립하여 CEO로 일하고 있다.

점프하기에 '좋은 시기'란 없다

광고영업 직원에서 시장조사 분석가로,
그리고 영업전문 분석가로

열정을 발견할 기회

나는 항상 행복하게 되리라고 확신했다. 그저 방법을 알지 못했을 뿐이다. 나의 이야기는 삶의 열정을 좇아가거나 마침내 9시부터 5시까지 근무하는 직업을 던져버렸다는 내용이 아니다. 현재의 자리에서 자신감을 발견하고, 부수적인 프로젝트들을 진행하면서 나 자신을 알게 되며, 힘을 주는 동료들을 찾는 것이다. 나는 회사를 떠나지 않고도 한 번 이상 점프를 했다. 그리고 이제 새로운 점프를 시작하는 중이다.

난 전통적인 인도 가정에서 자랐다. 부모님은 아버지가 중서부에 있는 대학을 졸업하자마자 중매로 만나셨다. 아버지는 학교 방학 동안 인도로 날아가 어머니를 만난 후, 그 주에 약혼을 하고 다음 주에 결혼식을 올렸다. 그 후 다시 미국으로 돌아가 꿈을 이루기 시작했다. 집과 마당, 자녀, 그리고 안정적인 직장이라는 꿈이었다.

아버지는 사업을 시작할 돈이 넉넉하지는 않았지만, 엔지니어링을 공부해서 기반을 마련했다. 엔지니어링은 안정적인 생활을 보장해주었으며, 그것이 목표였다. 집에서 경제적으로 지원해주고 애정 어린 환경을 제공하는 것, 부모님의 목적은 처음부터 아주 분명했다. 돈을 벌고 안정적으로 사는 단순한 목표를 가진 우리 가족의 삶은 다소 거품이었다. 이런 생활은 아주 단순했다. 그리고 그런 방식에 잘못된 점은 하나도 없었다.

성장하기에 좋은 환경이었지만, 나는 시간이 흐를수록 집에서 중요한 대화가 빠져 있다고 느꼈다. 우리가 정말로 무엇을 목표로 하는지에 관한 대화, 그러니까 우리의 열정과 흥미, 특히 '안정적인' 직업과 마당, 가정이라는 개념과는 다를 수도 있는 대화가 빠져 있었다. 하지만 내 부모님에게는 이 길이 그분들이 알고 있고 신경 쓰는 전부였다. 그래서 자연스럽게 그 길이 내게도 중요해졌다.

고등학생이 되자 내 목표는 부모님의 목표가 되었다. 좋은 성적을 받고 좋은 대학에 들어가기 위해 필요한 과외활동을 잘하는 것으로, 여기에서부터 논리는 사라지고 모든 것이 그 자체로

계산되었다.

대학에 간 후, 나는 주변을 둘러보았다. 많은 사람들이 여러 가지 놀라운 일을 하고 있었다. 문득 이런 생각이 들었다. '그들은 모두 어떤 생각을 갖고 있어. 사업을 시작한다거나 밴드를 꾸린다거나 학교를 건립하는 일들을 말이야. 나는 뭐지? 나는 어디에 서야 하지?' 내가 잘하는 일을 찾아내는 것은 매일의 전투 같았고, 열정을 가질 수 있는 일을 찾아야 한다는 중압감은 끊임없는 싸움이었다. 나는 결코 이런 생각을 해본 적이 없었다. 오랫동안 그런 생각을 그저 옆으로 미뤄두고 있었다. 높은 성적을 받는 일에만 매달렸지, 열정을 개발하지는 않았던 것이다.

여름 인턴십 일자리를 구해야 할 시기가 되었을 때였다. 나는 3학년 초에 인턴십 구직활동을 시작해야 한다는 사실에 혼란스러워졌다. 구인 게시판을 훑어보고 금융과 기업 인턴십 자리를 위한 정보 모임에 참석하기도 했다. 하지만 나를 위한 정보들이 아니었다. 계속해서 나에게 딱 맞는 일을 알아보고 찾기 위해 노력했다. 얼마간 시간이 흐른 후, 성장하고 있는 큰 기술 기업의 광고영업직 인턴십을 우연히 발견했다. 어떤 의미인지는 전혀 알지 못했지만, 광고영업이 나의 열정이 되지는 않으리라는 사실은 알았다.

하지만 경제를 전공하던 나는 그 직무 설명이 데이터 관련 업무로 들렸고 그 점이 좋아 보였다. 더 중요한 건, 그 기술 기업이 규모가 크고 분야가 다양하며 성장하고 있다는 점이었다. 나는 여름 인턴십을 내가 좋아하게 될 만한 분야에 발을 들여놓는 기회로 보았다. 비록 그 일이 무엇인지 아직 알지 못했지만 말이다. 빠르게 내 열정을 발견하려고 노력하는 건 힘들게 느껴졌지만, 흥미로운 무언가로 풀릴 수 있는 실마리를 잡으며 보내는 여름은 견딜 만하다고 느껴졌다.

나는 온라인으로 광고영업 인턴십에 지원했고, 합격할 확률을 높일 수 있는 모든 일을 하면서 그 직무와 회사에 대해 조사를 시작했다. 일단 그 회사의 담당자가 자신들의 다양한 여름 인턴십 프로그램을 소개하는 유튜브 영상을 찾아냈다. 그 여성 담당자에게 메시지를 보낼 기회를 주는 회사 비즈니스 네트워크 웹사이트에도 가입해서 홍보 메일을 보냈다. "안녕하세요. 저는 귀사의 인턴십 중 한 직무에 아주 관심이 많아 지원했습니다. 제가 적임자인지 판단해줄 동료나 이 프로그램을 감독하는 동료를 연결해줄 수 있을까요?"

그 여성이 답장을 보내왔고 메시지를 주고받은 후에, 그녀는 내 이력서를 다른 파일들 맨 위에 놓아주기로 결정했다. 이로써 문이 열렸고, 인턴십 고용 담당자와 실제로 이야기해볼 기회가 주어졌다. 다행히 대화가 잘 풀려서 나는 일자리를 제의받았다. 팀도 마음에 들었고 많은 걸 배울 수 있겠다고 생각했다. 여름 동안 나는 그 회사로 향했다.

직무는 꽤 단조로웠고 매력적이지 않았으며, 상당히 조직적이었다. X를 요청받으면 Y를 했고, 모든 X 요청마다 Y와 X를 한 다음, Y를 반복했다.

이것이 내 꿈일까? 내 진정한 열정일까? 당연히 그렇지 않았지만 상관없었다. 나는 그저 그 빌딩 안에 있다는 사실에 도취되어 있었다. 회사가 좋았고 그 문화를 신뢰했으며, 그곳에서 많은 것을 배우고 나 자신과 열정을 찾게 되리라고 생각했다. 그리고 솔직히 업무에 딸려 오는 무료 특전들에 매료되었다. 내가 모든 것을 지불해야만 하는 대학생활은 물론 작은 기업들과 비교했을 때도 아주 큰 혜택이었다.

여름이 시작되자 곧 그 역할에서 빠진 부분을 알아챘다. 나는 분석 없이 숫자만 계산하는 역할을 맡고 있었다. 일은 내가 공부한 경제와는 아무런 관련이 없었다. 나는 진지하게 수적인 과제에서 오는 만족을 갈망했지만, 여기서는 나에게 그런 일이 주어지지 않았다.

내가 변변찮은 여름을 보냈다고 들릴지 모르지만, 내가 일한 비즈니스 환경과 사람들이 일 자체보다 더 의미 있었으므로 사실은 그 반대였다. 동료들은 내가 회사가 아닌 다른 곳에서 딱 맞는 일을 찾도록 도와주고 싶어 했다. 상사들과 동료들은 다른 부서에서 다른 역할을 맡고 있는 사람들과 커피를 마실 기회를 주었다. 나는 대화를 주도하는 사람이 아니었고, 쑥스러움을 타는 편에 속했다. 하지만 일대일로 만나면 무언가를 추구하고 거리낌 없이 의견을 밝히는 데 능숙했다. 그래서 사람들이 소개해 줄 때면 그들의 제안을 받아들일 수 있도록 스스로를 몰아붙였다. 나는 누구에게 도움을 받을 수 있을지 생각했고, 회사 동료들의 가족과 그 친구들, 그리고 친구의 친구들 목록을 만들었다. 그리고 그들에게도 연락해서 커피 한잔 마실 수 있는지 물었다.

이런 만남들에서 자신감을 얻은 나는 한 단계 더 나아갔다. 다른 부서에서 흥미로운 일을 하고 있는 직원에 대한 이야기를 읽었을 때였다. 나는 사내연락망으로 이메일을 보내 직원을 소개해달라고 부탁했다. 내가 여기서 배운 점은 이런 종류의 이메일을 보내는 일을 두려워하지 말라는 것이다. 대개 상대방은 기꺼이 소개를 주선하고 싶어 한다. 나보다 1년 앞서 입사한 신입 선배사원부터 최고 중역에 이르기까지 말이다. 나는 그저 부탁하기만 하면 되었다.

처음에는 이런 식으로 도움을 요청하는 일이 어색하게 느껴졌다. 하고 싶은 일이 무엇인지 찾아내는 데 이보다 좋은 방법이 없다는 사실을 깨닫기 전까지는 말이다. 나는 소개받은 직원들을 회사 카페에서 만나 의자를 끌어당겨 앉았다. 그러면 그들은 업무에서 내가 좋아하는 것과 그렇지 않은 것, 그리고 앞으로 내가 시도하고 싶은 일에 대해 스스로 솔직해지라고 말했다.

그들은 모두 전에 나와 똑같은 입장이었다. 새로운 역할로 한 번씩 점프를 해본 사람들이며, 내가 점프할 수 있도록 도와주고 싶어 했다.

아직 나의 열정을 찾지 못했으며 여름에 경험한 인턴십이 그다지 훌륭하지는 않았지만, 그 회사 내에서 점프할 수 있는 지원을 받았다. 커피와 함께한 셀 수 없는 대화들은 회사에 머무르기만 한다면 훗날 회사에서 내게 올 수 있는 기회들에 대한 확신을 키울 수 있게 해주었다. 그런 이유로 여름이 끝날 무렵, 내가 하던 일에서 전임 자리를 제의받았을 때 내 열정이 아니었음에도 바로 수락했다.

기회가 언제 다시 올지는 절대 알 수 없다

전임으로 일을 시작하기 전, 전략을 짜기 시작했다. 나는 회사로 다시 돌아갔을 때 잘하고 싶었다. 내가 무엇을 잘하는지 알아보기 위해 대학교 때 즐겨 하던 분야들을 생각해보았다. 경제를 전공하던 시기를 되돌아보고, 내가 배운 것을 실제로 적용할 방법을 생각했다. 나는 그런 식의 사고가 가치 있다고 생각했다. 분석적이고 데이터 중심의 일이 나를 만족스럽게 만든다고 생각했다. 그리고 내가 잘하는 일이기도 했다. 나는 일을 시작하면 이런 흥미들을 정확히 찾아내리라고 마음먹었다.

회사는 변화의 문화를 전파하는 곳이었다. 직원들이 다른 역할 내에서 성공할 수 있도록 장려했다. 그곳에는 직원을 어떤 한 역할만을 위해 고용하지 않았다는 믿음이 있었다. 하나의 역할이 아니라 회사를 위한 고용이었다. 나는 신중하게 다음의 잠재적 역할을 계획하기 시작한 첫날, 이 만트라를 받아들였다.

전임으로 일하게 되자, 현실적으로 더욱 분석적인 업무에 점프하기 위해서는 어려운 기술들을 익혀야 했다. 나는 매니저에게 마이크로소프트 엑셀을 속속들이 가르쳐달라고 부탁했다. 그리고 회사에서 점심시간에 일대일 과정으로 상급 컴퓨터 과정을 가르치는 직원을 알게 되었다. 회사는 퇴근 후 코딩언어를 배울 수 있는 컴퓨터 프로그래밍 과정도 제공하고 있었다. 나는 이런 종류의 업무를 알아보기 위해 여러 가지 프로그램들을 배우려고 노력했다. 내가 즐기고 잘할 수 있는 분야인지 알기 위해서였다.

한편 새로운 기술을 익히기 위해 잠재적으로 유망해 보이는 역할을 맡고 있는 다른 팀 동료들에게 연락을 취했다. 나는 그들이 하는 일과 그들이 사용하는 기술 그리고 직면하고 있는 어려움들을 배우고 싶었다. 그때까지도 나는 스스로 어떤 일을 구하는지 확실히 알 수 없었으므로, 마케팅 부서 같은 흥미로워 보이는 부서나 팀 매니저 같은 내가 존경하는 중요한 직책의 사람들과 이야기를 나누었다.

나는 1년 정도 광고영업 일을 했으며, 점프할 때 완전히 준비된 상태가 아니었다. 한 시장조사 매니저와 여느 때처럼 커피를 마시며 대화하던 어느 날이었다. 나는 예전보다는 부끄러움을 덜 탔으므로, 좀 더 직설적으로 그녀의 일과 맡은 일에 수반되는 모든 세부사항을 알기 위해 빠르게 질문들을 쏟아냈다. 대화를 끝낼 때, 그 여성 매니저는 이렇게 말했다. "당신만 좋다면 진심으로 지금 당장 당신을 고용하고 싶습니다."

내게 처음으로 실제적 일자리 기회가 주어졌다. 그때 '저는 점프가 준비되었다고 생각하지 않습니다. 시기가 좋다는 느낌이 들지 않네요.'라고 생각한 것이 기억난다. 하지만 점프하기에 '좋은 시기'란 없다는 걸 깨달았다. 우리는 기회가 언제 다시 올지 절대 알 수 없다. 나는 그때까지 시장조사 부서의 업무를 충분히 이해했으며 그 분야에서 내게 어떤 기회들이 있을지도 알고 있었다. 그 자리에 들어가는 건 내가 하고자 하는 일을 향한 커다란 발걸음이었다. 그 일이 정확히 내 열정을 반영하지는 않았지만 내 능력을 강화해주고 분석적 흥미를 활용하게 해주며, 회사의 흥미로운 분야를 알아볼 기회였다. 난 지금도 그렇고 그때까지도 내 열정이 무엇인지 알아가는 중이었기 때문에 내게 필요한 건 오직 하나, 나 자신을 믿는 일뿐이었다.

그건 가장 어려운 부분이다. 하지만 이전 여름부터 시작한 모든 일이 그 제안을 가능하게 만들었다. 그동안의 부수적인 프로젝트들이 점프를 위한 능력을 선사했고, 다른 사람들과 나눈 대화는 내가 무엇을 해야 하는지 의식하게 해주었다. 가장 가치 있는 건 회사 내에서 지지 기반을 쌓았다는 점이다. 그래서 내 매니저에게 점프하겠다는 의사를 알렸을 때, 그는 "나는 자네가 이런 일을 원했다는 사실을 알아."라고 말하며 그 제안을 수락하도록 도와주었다. 결국 나는 다른 사람들 덕분에 나 자신을 믿게 되었다. 다시 말해, 나를 잘 알고 내 곁에서 일한 동료들을 통해 나 자신을 처음으로 믿게 되었다. 내 점프는 이렇게 이루어졌다.

조직 내에서 점프를 가능하게 만드는 건 당신 주변에 있는 사람들이다. 당신의 지금 매니저가 고용 담당자에게 당신을 홍보해줄 확률도 있다. 시장조사 업무를 위한 인터뷰 때, 고용 담당자는 내가 그 업무에 적합한 사람임이 증명되었다는 걸 알았고 위험을 감수할 가치가 있다고 생각했다.

"당신은 다른 후보자들보다 전문 기술에서 경험이 훨씬 부족합니다. 하지만 우리는 회사 내에서 당신의 성과가 아주 좋았다는 것을 압니다. 당신의 매니저와 이야기를 나눠봤는데, 당신이 협업과 주도 프로젝트들을 잘 수행했다는 것을 알 수 있었습니다. 그런 능력들은 어떤 관련 기술들만큼이나 가치 있습니다. 우리는 당신이 배워야 할 것들을 무엇이든 교육할 예정입니다."

시장조사 업무는 광고영업과는 180도 다른 커다란 도약이었다. 나는 여러 이유로 그 점프를 고맙게 생각하는데, 무엇보다도 내게 다시 점프할 자신감을 주었기 때문이다.

나는 2년 동안 조사 팀에 있으면서 진정으로 일을 즐겼다. 하지만 그 역할에서도 편안함을 느끼지 못했으며, 회사 역시 내게 이 일을 원하지 않는다는 사실이 명확했다. 딱 6개월 만에 다른 매니저들이 내 관심 분야와 회사의 강점에 더 많은 영향을 미칠 조사 부서 내의 다른 직무들에 관해 가르쳐주었다. 내 업무는 압도적으로 데이터 중심이었으며, 그 점은 아주 좋았다. 하지만 나는 다소 역설적이게도 영업 분석 부서 내의 고객 상대 직무에 흥미를 가지고 배워나가기 시작했다. 2년 후, 나는 다시 점프했다.

오늘날 나는 진심으로 말할 수 있다. 내 두 번째 점프의 결과인 이 새로운 역할이 직업적으로 내 관심 분야의 흥미와 잘 맞았다고 말이다. 회사의 최종 수익에 실제적 영향을 미치는 데이터 중심의 조사를 하는 동시에 사람을 대면하여 판매하는 일이 얽힌 그물망 같은 일이었다. 그리고 점프 경험은 단순히 직업을 넘어 내가 점프를 다시 할 수 있으며, 그렇게 될 거라는 사실을 보여주었다.

이 회사에서 지내면서 나는 개인 시간도 얻었다. 내가 개인적으로 관심 있게 즐기는 일을 업무 외적으로 탐험하는 시간이었다. 몇 년 동안 행복과 건강에 집중해왔는데, 언젠가는 이런 관심사들을 직업적으로 연결하는 방법을 찾고 싶다. 그래서 현재 단순한 방식으로 단계를 밟고 있다. 우선 건강 웹사이트를 운영하고 있는데, 내 매니저는 자랑스럽게 다른 동료들에게 웹사이트를 소개하고 있으며 마케팅팀은 특정 프로젝트에서 웹사이트 일을 병행할 수 있도록 허용해주었다. 또한 그룹 피트니스 강사 자격을 획득했으며, 회사는 기업 건강 프로그램의 일환으로 건강 강좌를 열고 강사로 나를 초빙했다. 내 개인적인 정체성이 회사의 한 특성으로 자리 잡으면서 우리 회사는 이 두 가지 정체성이 공존하도록 권장했고, 그중 하나를 선택하도록 압력을 주지 않았다.

실패를 통해 훨씬 더 빠르게 배운다

내부 점프라는 개념을 탐색해보자. 당신이 일하는 곳에서 통용되지 않는 개념이라도 곧 그렇게 될 확률이 충분히 있다. 내부 점프를 권장하는 건 많은 기업에 의미 있으며, 먼저 직장을 그만둬야 하는 위험과 두려움 없이 무언가를 시도해볼 수 있으므로 직원 개인에게도 좋다. 나는 대학 졸업 후 첫 3년에서 5년 동안은 자신이 원하는 것을 정확히 아는 사람이 거의 없다고 생각한다. 그래서 회사를 떠나 당신의 한계를 탐험하고 지속적으로 성장해야 한다고 생각했다. 하지만 당신을 잘 아는 사람들 사이에서 점프할 때, 그들은 당신이 성취할 수 있는 것이 무엇인지 알 수 있으며 어쩌면 당신보다 훨씬 더 잘 알 수도 있다.

내부적으로 점프하는 것은 복잡한 일이 아니다. 나는 균형을 잡는 것이 전부라고 생각한다. 몇 가지 행동을 취하고 그 결과를 고치며 다른 사람들에게 이야기하면서 계속해서 당신의 점프를 정제해나가는 것이다. 그리고 현재의 직무를 수행하는 동시에 다른 직무들은 어떤지 탐색하게 해줄 부수적 프로젝트들을 찾아보자. 다음 단계로 급하게 넘어가지 말자. 천천히 단계를 밟아나가면 된다. 당신의 본능이 말하는 것을 내면화하고 깊이 생각해보자. 당신을 지지하며, 당신을 잘 알고, 당신의 본능을 알아봐줄 사람들과 이야기하자. 당신이 하고자 하는 일을 완수한 사람들을 찾아보는 것도 좋다. 그들이 한 일을 공부하고 이해하도록 해보자. 그리고 점프할 시간이 되었을 때, 자격이 없다는 생각으로 걱정하지 말자.

나는 여전히 실패와 거부로 고심한다. 하지만 우리는 실패를 통해 그렇지 않았을 때보다 훨씬 더 빠르게 배운다. 실패하지 않을 때, 당신은 자기 자신에게 질문할 기회를 갖지 못하기 때문이다. 어린 시절을 돌아보면, 나는 거품 속에 있었다. 멀리 있는 것에 손을 뻗지 않아도 모든 걸 꽤 쉽게 얻을 수 있었다. 일을 시작하기 전에는 내 인생에 실패란 없었다. 그리고 이제는 실패가 정말로 나 자신이 누구인지 이해하도록 도와준다는 걸 깨달았다.

나는 점프하지 않는 상황을 상상할 수 없었다. 항상 일을 통해 행복하기를 원했으며, 그렇게 되기 위해서는 나의 안락한 영역에서 벗어나야만 했다. 내 마음속에 다른 대안은 없었다. 나는 점프해야만 했다.

아칸샤 아그라왈 Akansha Agrawal

'링크드인LinkedIn' 광고영업 부서에서 일하다가 같은 회사 내 시장조사 분석가로, 이어서 영업전문 분석가로 두 번에 걸쳐 내부 점프했다.

WHEN TO JUMP

두렵고 흥미로운 세상에서 자신을 더 많이 배우는 일이 점프다

월스트리트 파생금융상품 중개인에서
소셜 어드벤처 회사 창립자로

잘못될 것이 뭐가 있겠어?

"더 최악의 일이 뭐가 있겠어?" 내가 스스로에게 가장 많이 하는 말이다. 이는 내 부모님이 남아메리카를 떠나 뉴욕에서 새 삶을 시작할 때 가졌던 사고방식이다. 그리고 내가 대자연을 발견하고 믿게 된 것에 점프하려고 결정할 때 지녔던 사고방식이기도 하다. 최악의 시나리오에 마음이 편안해진다면, 당신은 시도해도 괜찮으며 그때가 정말로 즐거워지는 때가 된다.

나는 아르헨티나 출신 부모를 둔 1세대 미국인으로 자랐다. 부모님은 내가 여덟 살 때, 전형적인 아메리칸드림을 좇아 미국으로 이주했다. 자녀를 위한 좋은 교육과 안정적인 일자리라는 꿈이었다. 나는 자라면서 언제나 좋은 점수와 좋은 대학에 들어가는 것에 초점이 맞춰졌다. 그 길에서 위험 부담에 대한 여지는 거의 없었다.

대학은 나에게 새로운 세계를 열어주었다. 나는 스카이다이빙 같은 아웃도어 어드벤처를 접하게 되었으며, 지구 반대편의 독학 프로그램으로 여행에 푹 빠지게 되었다. 그때 직업에 관한 개념이 완전히 바뀌었다. 실재 인물들, 그러니까 진짜 어른들을 만나고 내가 꿈꿔보지 못한 인생을 만들어나가기 시작한 것이다. 나는 좋은 직장을 그만두고 몇 년 동안 안식년을 보내는 사람들과 육아휴직 기간에 갓난아기와 함께 뉴질랜드 하이킹을 하는 커플을 만났다. 이런 삶이 허용된다는 걸 전에는 생각해보지 않았다. 확실히 그들의 이야기는 직업지원센터에 게시되지 않는 내용이었다.

하지만 대학 졸업 후 첫 직장을 구해야 할 시기가 되었을 때, 나는 그동안 살아온 안락한 길에 계속 남아 있었다. 체육관에서 개최된 직업박람회에 다녀왔을 때였다. 나는 한 월스트리트 회사 부스에 있는 멋진 장식물과 친절한 남자들에게 흔들렸다. 그리고 결국 이 회사를 위해 주식 거래소에서 일하기로 했다. 그들은 다가오는 가을을 시작일로 정해주며 큰 액수의 사이닝보너스signing bonus(회사에서 새로 합류하는 직원에게 주는 1회성 인센티브-역자 주)

를 제시했다. 나는 진지하게 '어떤 사람이 되고 싶지?'라고 생각하기보다, '달콤한 제안이군. 사이닝보너스를 받아 여름 내내 스카이다이빙을 할 수 있겠어.'라고 생각했다.

다른 라이프스타일을 보게 되었을 때 생기는 문제는 대안적인 세계가 존재한다는 사실을 알게 되는 것이다. 늦게까지 일하고 아무런 영감도 없는 일을 하는 것은 좋지 않다. 그중 더 안 좋은 건 일생을 보낼 수 있는 다른 방법이 존재한다는 사실을 인정하는 것이다. 나는 대략 1년 6개월 만에 첫 승진을 했다. 그때가 나 자신에게 할 일이 끝났다고 말한 순간이다. 파생금융상품 중개인은 나를 위한 일이 아니었으며, 너무 깊이 들어가기 전에 빠져나와야만 했다.

내가 생각한 다음 단계는 지나치게 독창적인 것은 아니었다. 일을 그만두고 세계를 여행하며 모든 걸 체득하면 '현실 세계'로 돌아온다는 계획이었다. 나는 남자친구와 세계 배낭여행에 대한 생각을 주고받았는데, 시기가 아주 좋아 보였다. 아주 멋진 여행이 될 것이며, 재충전되고 행복해져서 돌아오리라고 생각했다. 나는 상사에게 가서 다음 단계를 준비하고 있다고 말했다.

그리고 남자친구와 함께 편도 티켓으로 4년 예정의 인도 여행을 떠났다. 여행 초반에 우리는 여행이 끝나면 돌아와 집을 사고 결혼하리라고 확신했다. 적어도 5개월 동안은 그랬다. 하지만 캄보디아 어디쯤에서, 우리가 결혼하지 않을 것이라는 사실을 깨달았다. 그건 내가 주식 중개인이 되지 않을 거라고 불현듯 깨달은 순간과 아주 비슷했다. 우리는 쿠알라룸푸르 공항에서 헤어졌고, 내게 끔찍한 순간이 남았다. 이제 어떻게 해야 하지?

나는 공항 카운터로 가서 같은 날 새로운 티켓을 예약했다. 그리고 그를 말레이시아에 남겨두고 뉴질랜드로 향하는 비행기에 올랐다. '더 최악의 일이 뭐가 있겠어?' 나는 이렇게 생각했다. 원한다면 언제든 집으로 돌아갈 수 있었다. 그렇게 10개월을 더 여행했다. 내가 집에 돌아왔을 때는 14개월 동안 22개 국가를 여행한 후였다.

여행에서 돌아온 순간, 나는 떠날 때와 같은 사람이 아니었다

이것이 내 점프의 시작이었다. 뜻밖이겠지만 직장과 여행을 그만두는 결정은 쉬운 것이었다. 실제적으로 가장 중요한 건 내가 돌아왔을 때 할 일이 무엇이냐는 것이었다. 나는 거울을 바라봤고 그곳에서 아주 다른 두 가지 모습의 나 자신을 보았다. 하나는 이력서에 당당하게 넣을 수 있는 것인데, 월스트리트 2년 경력의 스물네 살 여성으로 잠시 휴가를 내어 여행을 다녀오고 제자리로 돌아갈 준비가 되어 있는 사람이었다. 이는 내 동료들과 친구들 그리고 나 자신에게도 납득이 되는 자아였다.

하지만 한편으로 다른 모습의 내가 있었다. 훨씬 정통하게 느껴져 홀로 시베리아 철도의 2등석에서 잠을 자며 베이징에서 모스크바로 넘어간 스물네 살의 여성. 멋져 보여서 시베리아의 얼어붙은 호수에서 스쿠버다이빙을 하는 사람. 나는 국경을 가로질러 요르단으로 들어가 페트라의 베두인족과 함께 동굴에서 며칠을 어울리기도 했다. 네팔에서 하이킹하는 동안에는 셰르파족과 친구가 되었다. 세계 곳곳에서 아주 많은 유형의 사람들을 만났기 때문에 월스트리트 2년 경력의 스물네 살 여성이라는 건 더 이상 나를 표현하지 못한다고 느꼈다.

나는 너무 달라졌고 혼자였으며, 더 이상 예전처럼 살 수 없을 뿐 아니라 내가 할 수 있는 일이 무엇인지도 알 수 없었다. 여행에서 돌아온 첫 며칠을 기억한다. 샴푸를 사기 위해 들어간 편의점에서 너무나 많은 선택에 압도되어 그냥 나오고 말았다. 당신이 몽골에서 상점에 가면, 그곳에는 한 종류의 샴푸만이 있다는 걸 발견할 것이다. 나는 휴대폰을 재개통하지 않은 채 거의 한 달을 보냈다. 여행을 하면서 1년 넘게 사람들과 연락하지 않고 지냈는데, 휴대폰이 없는 삶은 아주 자유로웠다. 나는 떠날 때와 같은 사람이 아니었다.

이제 나는 친구들이나 전 직장 동료와는 신경 쓰는 분야가 달라졌다. 이는 가장 힘든 부분이었다. 나는 변했는데 나 말고 다른 어떤 것도 변하지 않은 느낌이었다. 내 친구들 대다수는 예전 직장에 계속 다니고 있었다. 휴식시간에 전 직장 동료에게 잠깐 들렀을 때, "어떻게 지내?"로 시작한 첫 질문이 빠르게 다음 질문으로 이어졌다. "그래서 다음에는 무엇을 할 계획이야?"

마음속 깊은 곳에서는 내가 다음에 하고 싶은 일을 정확히 알고 있었다. 어느 날 밤, 이집트를 지나면서 다른 여행객들과 함께 해변에서 캠핑을 했다. 우리는 둘러앉아 이야기를 나누었고, 그때 이렇게 생각했다. '모두가 이런 경험을 해야만 해. 한 무리의 낯선 이들과 캠프파이어 주변에 앉아 저마다의 인생 스토리를 나누고 함께 멋진 시간을 보내는 거지.' 나는 사람들을 위해 그런 경험을 만들어내고 싶었다.

때는 2008년이었다. 경제가 불안정해지기 시작했고, 창업을 하기에는 정말 좋지 않은 시기였다. 게다가 내가 하고 싶은 일을 설명할 단어가 무엇인지조차 알지 못했다. 내 아이디어를 공유하려고 할 때마다, 말이 통하지 않았다. 그래서 "다음에는 무엇을 할 계획이야?"라는 불가피한 질문에 대답해야 할 때면, "경영대학원에 갈 생각이야."라거나 "취업하려고 면접을 보고 있어."라는 쉬운 대답을 했다.

하지만 직장과 대학원은 내 마음속에서 최후의 선택이었다. 나는 이집트에서 보낸 그날 밤을 다른 사람들에게도 선사하고 싶었다. 대학에 다닐 때 스카이다이빙 장소를 운영하던 올레라는 남자가 생각났다. 그는 항상 "잘못될 것이 뭐가 있겠어?"라고 말했는데, 스카이다이빙 강사가 하는 말로는 조금 아이러니했다. 하지만 이제는 그 말을 되새겼다. 유용한 지표라고 생각했기 때문이다. 대부분의 큰 실수는 만회할 수 있다. 이 아이디어가 완전히 실패하더라도 상황은 분명히 회복될 수 있을 것이다.

새로운 경험은 새로운 가능성에 당신의 눈을 열어준다

나는 점프하기로 결심했다. 다만 천천히 안전망을 구축하면서 말이다. 나는 평행한 두 길을 달렸다. 일단 평범하게 이력서를 작성하고 직장에 지원했다. 동시에 내 아이디어를 조금씩 탐색해나갔다. 나는 실패가 정말로 두려웠다. 그때까지 인생에서 어떤 중대한 실패를 경험해본 적이 한 번도 없었다. 한편 기업에 입사하려고 지원하는 것은 내 점프를 훨씬 쉽게 만들어주었다. 사람들이 내 계획에 대해 물을 때, 나는 "직장에 지원하는 중이야."라고 말할 수 있었다. 그 대답은 내가 신경 쓰기는 하지만 신경 쓰고 싶지 않은 사회적 인식 테두리에 속했으며, 비밀스럽게 내 계획을 조금씩 실행할 수 있는 틈을 주었다. 그러면서 내 아이디어

상품들을 너무 위협적이지 않은 방식으로 한데 엮었다. 이렇게 말하는 식이었다. "몇 주간의 주말캠프 여행을 준비할 계획이야. 함께 할 사람?" 그 아이디어에 이름을 붙이지는 않았다. "이게 내 회사야."라고 말하는 대신 "작은 프로젝트를 하고 있어."라고 말했으며, 모두에게 "여름 동안 이 일을 해보고 가을에는 경영대학원 입학시험을 보고 회사 면접을 보러 다닐 거야."라고 말했다.

결국 나는 나 자신까지 속였다. 정말 솔직하게 말하면, 1년 넘게 완전히 나 자신을 걸었던 순간이 한 번도 없었다. 나는 단기 이정표를 설정했다. 여행을 몇 번 해보고 경영대학원에 지원한다는 계획이었다. 그해 가을, 나는 언론의 관심을 받았고 인바운드(외국인의 국내 여행-역자 주) 문의를 받기 시작했다. 내 여행상품이 매진되었을 때 생각했다. '좋아. 어쩌면 이 일을 1년간 시도할 수 있겠어. 이 일을 9개월 정도 더 해보고 내년 봄에 경영대학원에 진학하면 되지 않겠어?'

겨울이 되자 누군가가 우리 회사에 정규 직원으로 들어올 수 있는지 문의해 왔다. 갑자기 내 앞에 훨씬 큰 도약이 다가왔다. 내가 다른 누군가의 생계를 책임질 준비가 되었는가? 결정을 내려야 할 때였다. 이 일을 프로젝트로 지속할 것인가, 아니면 사업적으로 더 키울 것인가? 그때까지 그 질문은 대답하기에 그렇게 극적인 것은 아니었다.

나는 시간 순서로 나 자신을 속였다. 2년 계획과 비교했을 때,

6개월 내의 계획을 세우는 것이 실제로 내가 매일 부담해야 하는 위험을 바꾸지는 않는다. 하지만 이는 그 위험 부담을 더 견디기 쉽게 만들었다. 감정적으로 의존할 수 있는 대상이 되어주기 때문이다. 나는 몇 개월만 더 이 일을 할 수 있다. 그리고 직원을 한 명 채용할 수 있다. 이런 식으로 시간이 흐르고 작은 조각들이 충분히 어우러지면서 사업이 체계를 갖추었다. '어반 이스케이프Urban Escapes'는 정규 직원 10명과 50명이 넘는 가이드를 두었으며, 4개 도시에 지사를 두었다. 우리는 2년 만에 리빙 소셜Living Social(소비자들에게 정가보다 싼 가격에 물건을 살 수 있는 쿠폰을 판매하는 인터넷 웹사이트-역자 주)에 입점했고, 그들의 보호 아래 사업을 2,500만 달러 규모로 성장시켰다. 우리 회사를 통해 전 세계에서 1년에 25만 명의 사람들이 모험에 나서고 있다.

가장 의미 있는 결과는 당신의 첫 계획이 변경된 후 벌어진다. 당신이 오늘 완벽하게 다음 10년을 묘사하고 결정한 그대로 고수한다면, 결국 부진한 결과를 얻게 될 것이다. 우리는 너무나 창의적이고 너무나 상상력이 풍부한 존재들이다. 그러니 어떻게 3년 후에 우리 앞에 놓이게 될 흥미진진한 선택들을 알 수 있겠는가? 새로운 경험은 새로운 가능성에 당신의 눈을 열어준다. 그 경험들은 당신을 더 복잡하고 흥미로운 사람으로 만들며, 당신 자신에 대해 더 많은 것을 가르쳐준다. 이렇게 개인적으로 성장하기 이전에 작성한 원래 계획안을 고수하는 것은 안타까운 일이 될 것이다.

내 점프는 여행에 관한 것이 아니다. 주식 거래소 일을 그만두고 인도로 날아간 것에 관한 것도 아니다. 나의 가장 큰 점프는 모든 먼지가 가라앉은 후 소파에 앉았을 때 일어났다. 내가 진정으로 관심을 갖는 아이디어를 어떻게 추구할지 알기 위해 한 걸음 한 걸음 불확실한 작은 걸음을 떼면서 말이다. 점프란 당신을 안락한 자리에서 벗어나도록 만드는 일을 하는 것이다. 그리고 그 안락한 곳에서 걸어 나와 아름답지만 두렵고 흥미로운 바깥세상에서 살면서 당신 자신에 대해 더 많이 배우는 것이다.

점프하라. 더 최악의 일이 뭐가 있겠는가?

마이아 조세바크빌리 Maia Josebachvili

뉴욕에서 파생금융상품 중개인으로 근무했으며, '어반 이스케이프Urban Escapes' 창립자다. 현재는 '그린하우스Greenhouse'에서 전략 및 마케팅 부서의 부사장으로 일하고 있다.

자신이 옳다고 생각하는 것을 그저 하는 것

투자 전문가에서 장애인올림픽 미국 조정 국가대표팀 키잡이로

첫 번째 점프할 수 있는 기회를 날려버린 인생 최악의 날

나는 내 인생에서 운동은 항상 중요한 부분이라고 강조하시던 어머니와 아버지와 함께 코네티컷에서 자랐다. 결과적으로 이러한 믿음은 우리 중 아무도 상상하지 못한 방식으로 맞아떨어졌다.

나는 고등학교 때 육상을 했지만 대학교에서는 경쟁할 만한 수준이 되지 못했다. 육상 코치님은 나에게 조정을 해보라고 권유했고, 1학년 때 나는 보트 창고를 돌아다녔다. 키 163센티미

터에 몸무게 50킬로그램인 나를 키가 180~190센티미터에 몸무게가 70~80킬로그램인 거인들이 둘러쌌다. 우리가 보트를 타자 코치는 나를 키잡이 자리로 앉혔다. 키잡이는 보트 가장 앞자리에서 다른 사람에게 명령을 하고 주문을 받아 전략을 짜는 사람이다. 내가 하는 일에 대해 아무것도 알지 못했지만 완전히 기운이 넘치는 기분을 느꼈다.

대학에서 무엇을 배웠는지 누가 물어볼 때, 나는 사람들에게 조정을 전공했다고 말한다. 왜냐하면 그곳에 진정으로 내 심장이 있었기 때문이다. 대학을 졸업한 후 조정과 관련한 경력을 어떻게 하면 더 쌓을 수 있을지 생각했지만, 부모님은 나에게 경영학 석사를 취득하라고 강하게 압박했다. 그다지 생각이 없었지만 대학원 과정을 신청했고 집과 가까운 학교에 장학금을 받으며 입학하게 되었다. 당신이라면 그것을 마다할 수 있겠는가? 그러기가 쉽지는 않을 것이다. 그래서 나는 대학원을 가게 되었다.

나는 많은 것을 배웠고 나중에 금융서비스 관련 직장을 구하려고 준비했다. 그렇게 쉬지 않고 바로 장래가 유망한 회사에 들어가 회사원의 길을 걸으며 정말 똑똑한 사람들과 같이 일하면서도, 아무도 쳐다보지 않는 조정을 할 방법을 찾고 있었다. 나는 밤늦게까지 사무실에서 일했고 새벽 5시에 일어나 조정 연습을 하거나 지역 팀에서 코치 역할을 했다. 버거운 느낌이

들어야 했지만, 실제로는 이른 아침에 노를 젓고 주말에 보트 경주에 나가는 것을 열망하고 있었다.

사무실 책상으로 돌아와 하는 일은 전혀 흥미가 없었고 직관적이지도 않았다. 나는 자주 스스로에게 "내가 여기서 뭐하는 거지?"라고 물었다. 일과가 끝났을 때 성취한 것이 무엇인지 알 수 없었다. 나는 새로운 대출상품을 만들었고, 많은 회사들은 내가 하는 일을 통해 무엇인가를 시도할 수 있었다. 하지만 그것은 돈이 단지 한 곳에서 다른 곳으로 옮겨가는 것으로만 느껴졌다.

조정에서는 성취라는 것이 명확했다. 얼마 후에 나의 새벽 훈련은 점프를 하는 믿기 힘든 기회로 변했다. 나는 장애인올림픽 미국 조정 국가대표팀과 함께 훈련하는 운동선수와 같이 경쟁하고 훈련을 해왔는데, 그가 코치 한 명을 소개해주었다. 그 코치는 나에게 자신의 팀에 키잡이로 테스트를 받아보라고 제안했다. 나는 신체적인 장애는 없었지만 장애인올림픽 규정상 보트의 키잡이는 장애인이 아니어도 할 수 있었다.

테스트를 받는 동안 떨렸지만 나는 상당히 잘 해냈고 선수를 선발하는 날 코치들이 나에게 다가와 이렇게 말했다. "알렉스, 우리는 당신을 키잡이로 선발하고 싶습니다. 당신은 보트를 타는 사람들 중에서 조정이 아닌 다른 일을 하는 유일한 사람이에요." 그때는 6월이었고 세계 챔피언십은 11월에 열렸다. 그들은 내게 전업으로 참여하라고 요구했지만, 그럴 수 없었다. 그들은 다음으로 줄을 서 있던 키잡이에게로 발길을 돌렸다.

조정 키잡이는 내가 항상 원하던 일이었다. 나는 다른 부서에서 주식 관련 업무를 하는 새로운 자리를 받아들였고, 그날은 일요일 아침이었기 때문에 인사부에 전화를 걸어 휴직할 수 있는지 물어볼 수가 없었다. '오, 맙소사. 7월부터 11월까지라니. 직장에서 5개월이나 나와 있는 거야. 그리고 그렇게 할 수 있을지도 모르겠어.' 나는 한 번도 이런 일이 가능할 거라고 생각해 본 적이 없었다. 아무런 계획이 없던 나의 순진한 실수였다. 그래서 나는 너무 빨리 그 제안을 고사했고 점프할 수 있는 기회를 날려버렸다. 내가 지금까지 한 일 중에 가장 최악의 일이었다.

나는 곧바로 그 일을 후회했다. 그들의 제안을 거절한 그 한 해 동안, 종종 그날을 떠올리며 생각했다.

'내가 왜 그랬지? 어떻게 세계대회에서 미국을 대표하는 엄청난 선수들과 함께할 수 있는 기회를 날려버릴 수 있지? 만약 그것이 내가 점프할 수 있는 마지막 기회였다면 그리고 그걸 지금 막 걷어차버렸다면 어쩌지?'

나는 좁은 사무실에 앉아 매일 밤 괴로워했다.

'어떻게 내가 그런 선택을 했을까? 어떻게 내가 그런 일을 할 수 있었을까?'

두 번째 점프 기회를 놓치지 않은 내 생애 최고의 결정

내가 왜 점프를 하지 않았는지 나는 알고 있다. 그때까지는 내가 뛰어야 한다고 생각하는 경기에서 이기기 위해 그토록 열심히 일해왔다. 나는 사내에서 다른 업무를 받아들였고 최근에는 지도력 훈련 프로그램까지 마쳤다. 사람들은 나를 보며 "이 여성이 리더다."라고 말했다. 나의 직장생활은 평탄한 항해처럼 보였고 나 역시 에메랄드 도시로 향해 가는 듯했다. 에메랄드 도시에 도달하리라는 예상에도 마음속 깊은 곳에서는 만족감을 느끼지 못했지만 계속해서 황금 벽돌이 깔린 길을 따라가야만 한다고 생각했다.

그날 일요일 오전, 나의 조정 코치가 벽돌의 껍데기를 벗겨버릴 기회를 주었을 때 나는 준비가 되어 있지 않았다. 평탄한 길을 벗어나서 걸을 수 있다는 가능성을 고려하지 않았고 다시 돌아올 수 있을 거라고도 생각하지 않았다. 또한 직장 동료들이 실제로 조정 선수가 되는 내 꿈을 좇는 것이 내가 잡아야 하는 훌륭한 기회라고 여길 것이라는 생각도 하지 않았다. 당시에는 내가 걸어온 길에서는 말이 되지 않는 점프였기에 제안을 거절하기가 정말 쉬웠다. 나는 다른 길들이 존재한다는 것을 알지 못했다.

그 후 5개월 동안, 생활이 어떻게 다른 모습인지 명확하게 보았다. 세계적인 수준의 운동선수들과 함께 미국을 대표할 수 있었지만, 수많은 형광등이 켜진 사무실에서 늦은 밤까지 스프레드시트 앞에 앉아 있는 것이 현실이었다. 나는 기회를 잃어버리고 놓쳐버린 기분이었다. 형광등 불빛 아래 스프레드시트를 앞에 두고 앉아, 이번에는 계획을 세우고 다시 시도할 시간을 갖으려 했다.

나는 인사부로 가서 만약 다시 테스트를 받아 대표팀에 뽑힌다면 5월부터 4개월간 휴직이 가능한지 문의했다. 부드러우면서도 확고한 어조로 이 문제를 어떻게 해결할 수 있는지 제안했고 그 기회를 다시 잡겠다고 말했다. 이 과정에서 내가 어느 정도 영향력이 있다는 사실을 알게 되었다. 회사는 나에게 몇 년간 투자를 해왔으므로 나를 그들 곁에 두는 것이 그들에게도 이득이었다. 그 사실은 나에게 자신감을 주었다.

나는 결국 나를 지원해줄 직장 동료에게 연락했다. 다행히도 그는 "알렉스, 회사가 너에게 휴직을 허락하지 않는다고 해서 그게 무슨 상관이야? 만약 그들이 허락하지 않더라도, 너는 그냥 그 일을 해. 왜냐하면 그럴 만한 가치가 있는 일이니까."라고 말할 정도로 솔직한 사람이었다. 이러한 모든 순간에 나는 그 누구도 이해하지 못할 거라고 믿었다.

나는 회사 내에서 업무를 마무리했다. 휴직을 신청했고 4개월간 급여는 받지 못할 것이다. 하지만 만약 그들이 나의 휴직 신청을 받아들인다면, 다시 돌아올 곳을 보장받게 된다. 그리고 수입 없이 4개월간 지내야 하기 때문에 9개월 정도로 예상하는 기간 동안 돈을 모으고 계획을 세워야만 했다.

부모님은 내가 기회를 놓쳐서 가슴아파하는 모습을 처음 보았다. 그렇기 때문에 내가 다시 시도한다고 했을 때 전보다 훨씬 잘 이해해주셨다. 나는 더 이상 모두에게 부탁할 수 없다는 것을 깨달았다. 내가 처음에 점프를 하지 않겠다고 결심했을 때, 나는 팀의 기대를 저버리는 듯한 느낌을 받았다. 그러고 나서 내가 다시 점프를 하겠다고 결심하자 이번에는 다른 팀, 곧 직장 동료들의 기대를 저버리는 느낌을 받았다. 하지만 그렇기 때문에 더욱 자신이 옳다고 생각하는 것을 해야만 한다.

점프를 하지 않은 지 약 1년 만에 나는 다시 테스트를 볼 수 있는 기회를 어렵사리 얻었고 이번에는 계획이 있었다. 나는 테스트에서 장애인올림픽 미국 조정 국가대표팀의 키잡이로 선발되었고 슬로베니아에서 개최하는 세계 챔피언십에 참가하게 되었다. 이번에는 점프를 했다. 이듬해 우리는 6위로 결승선을 통과하여 2012년 런던 장애인올림픽에 참가할 자격을 따냈다.

나는 분명 점프할 수 있는 기회가 있었다. 그 기회는 항상 그 자리에 있었다. 내가 주어진 숙제를 해놓고 어느 정도 인간관계를 정리해놓았더라면, 1년 더 일찍 점프할 수 있는 조각들을 모두 가지고 있었을 것이다. 가끔 우리는 정신 나간 일처럼 보이는 꿈을 꾸고, 기회가 와도 그 꿈을 그냥 마음속에 담아둔다. 첫 번째 테스트를 제안받았을 때, 직장 동료들에게 나의 정신 나간 꿈들에 대해 얘기해두었더라면 좋았을 거라고 생각한다. 만약 그랬다면 그들은 분명히 그곳에 나 혼자 보내지 않았을 것이고, 내가 그 제안을 받았을 때 거절하지 못하게 했을 것이다.

타인에게서 지지를 구하라. 그리고 당신의 가치를 공유할 사람들을 찾는 것부터 시작하라. 내 직장 동료 중 한 사람의 아내는 노스캐롤라이나 대학의 전국대회 축구팀에서 미하 햄Mia Hamm과 경쟁하고 있다. 나는 운동선수로서의 내 야망을 그와 함께 공유했다. 그는 비록 하버드 경영대학원을 졸업하고 25년간 그 회사에서 경력을 쌓으면서 회사원의 길을 걷고 있지만, 내가 운동에 대해 갖고 있는 가치 체계를 동일하게 갖고 있었다. 그리고 나의 경쟁력 있는 야망에 대한 자질을 알게 되었을 때, 그는 내가 찾을 수 있는 가장 든든한 지지자가 되었다. 게다가 그는 내 점프를 넓은 시야로 바라볼 수 있는 인생 경험이 있었고, 그건 나에게 없는 것이었다.

주의 깊게 살펴본다면, 이런 사람들이 당신 주변에 있을 것이다. 그들을 당신의 점프 울타리 안에 두어라. 왜냐하면 당신이 주저하거나 부정적일 때, 점프하기 직전 불확실한 영역에 대해 '너무 두려워. 저 흐릿한 물속에 무엇이 있을까?'라고 생각하게 될 때, 그들이 당신의 자문관이 되어줄 수 있기 때문이다.

세계 챔피언십이 끝난 후, 나는 모교에서 일자리를 구했다. 학교의 체육 예산이 올라 취업 기회가 생겼을 때, 다시 일을 하기 위해 돌아간 것이다. 그것은 엄청나게 줄어든 급여와 경영대학원을 나온 이후 해온 모든 일에서 완전히 분리되는 것을 의미했다. 나는 더 많은 정보를 요청했고, 앞으로 있을 런던 장애인올림픽 조정 경기에서 내가 맡을 역할에 대해서도 말해주었다.

그들은 나에게 일자리를 제안했고, 나는 급여가 절반이 줄어드는 두 번째 점프를 했다. 그 일은 내가 만든 가장 큰 점프로 남게 되었고, 황금 벽돌 길에서 영원히 나와 어디론가 향하는 강으로 나아간 것은 내가 만든 최고의 결정이었다.

알렉산드라 스테인 Alexandra Stein

전직 투자 전문가이자 2012년 런던 장애인올림픽 미국 조정 국가대표팀에서 키를 잡았다. 지금은 뉴잉글랜드에 있는 작은 대학의 동문 개발 사무실에서 일하고 있다.

WHEN TO JUMP

행동하지 않은 것은 결국 후회만 남긴다

금융서비스 전문가에서 사회적으로 영향을 미치는 사업가로

아무것도 마주하지 않은 것을 후회하느니
실패를 마주하는 위험을 감수하겠다

나는 범죄와 테러의 위험에서 벗어나기 위해 미국으로 이주했고, 보스턴 마라톤 대회에서 폭탄이 터졌을 때 그것과 맞서기로 했다. 마라톤 대회에서 폭탄이 터지기 전까지 나의 경력 목표는 안전한 길을 가는 것이었지만, 그날을 기점으로 다른 길로 가게 되었다. 나도 어떻게 될지 몰랐지만 아무것도 마주하지 않은 것을 후회하느니 실패를 마주하는 위험을 감수하겠다고 생각했다.

나의 가족은 인도와 파키스탄의 분쟁으로 폐허가 되어버린 카슈미르의 인도 지역 출신이다. 그곳은 범죄가 만연하고 테러리즘이 일어나는 곳인데, 상황이 더욱 악화되면서 우리 가족도 위험에 처했다. 그래서 우리는 집, 재산, 그리고 친구들을 두고 안전한 곳을 찾아 도망치게 되었다. 그렇게 뉴델리 근처에 정착했으며, 내가 대학에 갈 나이가 되었을 무렵에는 인도를 영원히 빠져나왔다.

나는 홀로 미국에 도착하여 학교에 들어가 아메리칸드림을 좇아 헤매면서 10년이라는 시간을 보냈다. 노스캐롤라이나 대학에서 응용수학 석사학위를, 컬럼비아 대학 경영대학원에서 MBA를 취득한 후에 사회적 기반을 다져간다고 생각했고, 모든 것이 나의 가족과 내가 희망하던 방향으로 흘러간다고 생각했다. 그런데 월요일에 열린 보스턴 마라톤 대회에서 폭탄이 터졌다.

그때 나는 돈을 버는 것 이상의 무언가 더 큰 일을 해야 한다는 느낌에 사로잡혔다. 내가 회피하기 어려운 더 큰 질문이 생긴 것이다. 지금 하고 있는 일은 왜 하고 있는가? 나는 도움을 주고 싶었고 그 생각을 무시할 수 없었다. 내가 추구해야 하는 것은 돈뿐이라고 나 자신을 설득할 수 없었다.

그때 당시, 나는 생애 첫 단축 마라톤을 나가기 위해 운동 중이었다. 예정된 경기들이 보안상의 이유로 취소되었다. 전국적으로 모든 사람이 도움을 주고자 했다. 모든 단체의 사람들이 폭탄 테러 희생자들을 기리는 경기를 조직했다. 그 모습들은 '이러한 힘들이 실제로 도움이 되도록 하는 방법이 있지 않을까?' 하는 생각을 하게 만들었다. 나는 '자선의 발자취Charity Footprints'라는 프로젝트를 생각해냈다. 사람들이 관심을 갖는 사안에 대해, 뛰거나 걷거나 자전거를 타는 등 어떠한 종류의 신체 활동을 통하여 모금할 수 있도록 해주는 사용자 친화형 온라인 플랫폼이었다.

카슈미르로 돌아간 나의 가족들은 나의 모든 여정을 인내하며 기다려주었다. 모든 것을 두고 미국으로 이주하고, 대학에 들어가고 대학원에 가고, 안정적인 자리를 잡기 전 7년간 전문적인 경력을 쌓는 어려운 여정이었다. 그리고 드디어 꿈에 그리던 금융계 회사에서 정규직 입사 제안을 받았다. 우리 가족 모두 나한테 기대하던 상황이 온 것이다. 하지만 그날 나는 점프를 하기로 마음먹었다.

나는 그 결심을 가족들에게 말하기가 두려웠다. 내가 경제적인 안정, 특히 너무나 많은 불확실성이 펼쳐지는 곳으로 방향을 돌리는 이유를 설명하는 것은 쉽지 않은 일이었다. 단체를 운영하는 데 드는 비용을 해결하는 일도 까다롭고 걱정스러운 문제였다. "만약 잘 안되면, 다음엔 어떤 일이 벌어질까?"라고 작은 사업체를 운영하는 사람에게 물어보자, 그는 플랜 B를 만들라고 강하게 주장했다. 만약 다시 나의 분야로 돌아올 수 없게 된다면 어디로 가야 할까? 더 중요한 것은 언제 점프를 해야 하는가였다. 나는 아내와 갓 태어난 아이가 있었다. 지금 이 순간이 점프해야 하는 시기일까?

왜 점프를 하는지 아는 것이
점프를 하면서 무엇을 하는지보다 중요하다

나는 이 문제를 해결하는 데 집중했다. 전략적인 수준에서 잠재적인 고객들에게 관심의 정도와 반응을 알아보기 위해 연락을 취했다. 이 프로젝트가 성공 가능성이 있는지 판단해야 했다. 그들의 반응은 긍정적이었고 앞으로 나갈 수 있는 근거가 되어주었다. 하지만 나에게 더 중요한 것은 감정적인 확신을 갖는 것이었다. 나는 다양하게 점프한 사람들뿐 아니라 점프를 원했지만 한 번도 시도하지 않은 사람들을 만나는 방법으로 그 문제를 해결했다.

성공적으로 점프한 사람들과 그렇지 못한 사람들은 모두 결과와 상관없이 그들이 한 일에 엄청난 열정을 가지고 있었다. 그들은 이것 때문에 이런 일이 생겼고 저것 때문에 저런 일이 생겼으며, 저것이 이것을 한 이유고 이것이 저것을 한 이유라는 식으로 세심하게 신경을 썼다. 이러한 사람들은 모두 성공 여부와 상관없이 그들이 한 결정 이면에 명확한 목적과 임무를 느끼고 있었다. 나는 그들에게서 신념을 볼 수 있었다. 그들과 대화하면서 내가 가는 길의 장단기적 모습, 장점과 단점을 투명하게 볼 수 있었다. 어떠한 이야기도 나의 개인적인 상황에 딱 맞지는 않았지만, 내가 앞으로 맞이하게 될 상황을 정확하게 대비할 수 있도록 해주었다.

그 모든 것이 큰 도움이 되었지만, 한편으로 점프를 하고자 했지만 한 번도 시도하지 않은 사람들과 나눈 이야기에서 더 큰 영향을 받았다. 그들은 모두 점프하려는 생각을 하고 있었고 심지어 그것을 시도하기도 했지만, 시간과 돈, 개인적인 사정 등의 이유 때문에 결국 점프하지 않기로 결정했다. 그들과 대화하면서 거의 대부분 그때 행동하지 않은 것을 지금은 후회한다는 것을 알 수 있었다. 이유는 각기 달랐지만 후회하는 감정은 동일했다.

나는 더 이상 고민하지 않게 되었다. 그들과 대화하면서 내 아이디어가 잠재력이 있다는 반응을 얻었으며, 점프를 한 사람들에게서 흥미로운 조언도 얻었다. 하지만 무엇보다도 점프를 생각만 하고 실행하지 않은 사람들 가운데서 나를 발견하고 싶지 않다는 것을 깨달았다. 나는 누군가에게 "아마 이렇게 하면 될 거야. 아마 이렇게 하면 안 될 거야. 하지만 내가 해보지는 않았어."라고 말하는 상황으로 끝나길 원하지 않았다. 그것은 "나는 최선을 다했어. 결과는 이쁜이지만 말이야."라고 말하는 것보다 훨씬 좋지 않은 결과물처럼 보였다.

그렇게 해서 서른한 살, 결혼해서 6개월 된 아기가 있는 시점에 나는 점프하기로 했다. 점프하기 위한 완벽한 시기란 존재하지 않는다. 내가 점프한 시기는 이상적인 시점은 아니었지만, 내가 앞으로 나아가는 것을 막지는 못할 것이다. 점프를 해야겠다고 처음 생각한 건 1년 6개월 전인데, 점프를 준비하던 때 아내가 임신했다는 사실을 알게 되었다. 갑자기 균형을 잃게 되었고 아기가 태어나 부양할 가족이 생기는 시점은 점프를 하기에 좋은 시기가 아닌 듯했다.

나는 점프를 무분별하게 하고 싶지 않았다. 그래서 주말이나 밤을 이용해서 서비스를 만들기 시작했고, 이후 몇 달간 세부적인 사항들을 개선하고 시험해볼 수 있도록 소형 프로토타입을 개발했다. 우리의 아기가 태어나 첫 번째 생일이 거의 다가왔을 무렵이 적절한 시점이었다. 혹은 적절하지 않은 시점이었을 수도 있다. 완벽하진 않았을지 모르지만 시도하기에는 충분히 좋은 시점이었다.

많은 사람이 점프할 때 그 이유에 대해서는 무엇에 관한 것만큼 깊이 생각하지 않는다. 나는 왜 점프를 하는지 아는 것이, 점프를 하면서 무엇을 하는지보다 중요하다고 생각한다. 왜냐하면 그 이유가 모든 것을 변화시킬 것이기 때문이다. 순조롭게 비행하는 점프는 아주 드물다. 대부분의 시간은 위아래로 출렁이는 파도처럼 펼쳐진다. 당신이 점프하는 이유에 대해 아주 명확한 확신을 갖는 것은 밑에서 위로 올라와 당신의 여정을 계속 해나갈 수 있도록 도와줄 것이다.

그 과정에서 피드백을 얻어라. 그리고 앞으로 나아가면서 뒤를 돌아보는 것도 사실 괜찮다. 그건 인간이 갖고 있는 특성의 일부다. 하지만 반응을 이해하고 앞날을 개선하기 위한 용도로만 뒤를 돌아보라. 나는 점프할 때 앞으로 나아가려고 노력하면서, 뒤를 돌아보고 "어떤 것이 잘되고 있고 어떤 것이 잘 안 되고 있는지 이해하자."라고 말했다. 점프를 하는 인생은 시작하는 첫날 혹은 마지막 날에 평가되지 않는다. 그것은 당신이 하루하루 어떻게 발전해 나아가는지로 판단된다.

나는 지금도 플랜 B를 만드는 것에 대해 친구와 대화를 나누던 일을 기억한다. 솔직히 말하면, 나는 내심 플랜 B, C 그리고 D까지 만드는 것을 생각한다. 왜냐하면 나의 모험이 어디서 끝나게 될지 모르기 때문이다. 만약 일이 성공적이라면, 모든 것이 결국 다 좋게 보일 것이다. 하지만 상황이 그렇지 않다면 조금은 의심이 들게 마련이다. 그러한 의심은 괜찮으며 오히려 더 좋은 것일 수도 있다. 왜냐하면 나를 더 열심히 일하도록 만들기 때문이다. 당신은 100번 이상 실패할지도 모른다. 하지만 그것이 당신을 정의하지는 않는다. 당신을 정의하는 건 당신이 다시 일어날 수 있는지 없는지에 달렸다.

라울 라즈단 Rahul Razdan

전직 금융서비스 전문가로, 개인적인 신체 단련과 자선 기부활동을 연결해주는 기술 회사인 '자선의 발자취Charity Footprints' 설립자다.

2단계

계획을 세워라

“좋은 점프는 얕은 물을 걷는 것과 아주 비슷하다. 처음에 발끝을 물에 적신 후 한 발 한 발 나아가는 것이다.” _ 애덤 브라운

“다음 단계로 급하게 넘어가지 말자. 천천히 단계를 밟아나가면 된다. 당신의 본능이 말하는 것을 내면화하고 깊이 생각해보자.” _ 아칸샤 아그라왈

“당신을 잘 아는 사람들을 점프 울타리 안에 두어라. 왜냐하면 당신이 주저하거나 부정적일 때, 점프하기 직전 불확실한 영역에 대해 ‘너무 두려워. 저 흐릿한 물속에 무엇이 있을까?’라고 생각하게 될 때, 그들이 당신의 자문관이 되어줄 수 있기 때문이다.” _ 알렉산드라 스테인

“많은 사람이 점프할 때 그 이유에 대해서는 무엇에 관한 것만큼 깊이 생각하지 않는다. 나는 왜 점프를 하는지 아는 것이, 점프를 하면서 무엇을 하는지보다 중요하다고 생각한다. 왜냐하면 그 이유가 모든 것을 변화시킬 것이기 때문이다.” _ 라울 라즈단

“당신은 100번 이상 실패할지도 모른다. 하지만 그것이 당신을 정의하지는 않는다. 당신을 정의하는 건 당신이 다시 일어날 수 있는지 없는지에 달렸다.” _ 라울 라즈단

LET YOURSELF BE **LUCKY**

3단계

스스로 운이 좋게 하라

"스스로 운을 만들고
스스로 운이 올 수 있는 위치로 가라."

- 이든 에일러Ethan Eyler

점프를 함으로써 스스로 운이 올 수 있는 곳으로 가라

나는 고등학교 친구들을 만나 우리가 가장 좋아하는 동네에 있는 멕시칸 레스토랑으로 갔다. 그리고 다섯 명 모두 나란히 앉을 수 있는 원형 테이블을 찾아 자리를 잡았다. 우리는 2년 이상을 함께 했다. 나는 직장인 베인에서 2년 차였고, 추수감사절 휴일이라 집에 내려와 고등학교 3학년 시절의 일상적인 금요일 점심식사 때처럼 같은 얼굴들과 같은 낡은 나무 테이블 앞에 둘러앉아 있었다. 내 접시에는 보통 크기의 스테이크와 치킨이 반반 섞인 브리또와 과카몰리가 놓여 있었다.

내 마음속에서는 전업으로 프로 스쿼시 선수생활을 시작하기 위해, 뉴질랜드에서 오스트레일리아로 이주하는 것이 가능하다는 확신이 자라고 있었다. 같은 자리에 있던 다른 네 명은 대학이나 직장을 이유로 캘리포니아를 떠나지 않았다. 반면에 대학을 가기 위해 동부로 떠나고 그 후에 회사 일로 동부에 머무는 나는 이미 평범하게 느껴지지 않았다. 최소한 나는 이러한 결정들을 한 이유에 대해 좋은 학교에 가고 좋은 회사에 간다는 몇 개의 단어로 설명할 수 있었다. 하지만 어린 시절 가장 친하게 지내던 친구들에게조차 내가 계획하는 일을 설명하기 어렵고 설득하기도 어렵다고 느꼈다.

대화의 주제가 그동안의 안부로 바뀌자 나는 무엇을 공유할지 곰곰이 생각했다. 알렉스는 체육관에서 일했고, 또 다른 알렉스는 새 사업을 시작했으며, 그렉은 고등학교에서 라크로스 코치로 일하고 있었다. 마이크는 무엇을 하고 있지? "오스트레일리아로 이주하는 것을 생각하고 있어."라고 말하고 싶었다. 하지만 친구들의 시선이 나를 향하자 나는 쌓여 있는 감자칩을 만지작거렸고, 그들은 내 이야기를 기다렸다. 나는 짤막하게 근황을 말하기 전, 남아 있는 브리또를 감싸고 있던 호일을 마구 구겨버릴 정도로 긴장했다. "아직 베인에서 일해. 난 그곳에서 잘 지내고 있어. 그리고 언젠가는 더 많이 여행을 다닐 거야." 온전한 정신으로 무언가 내가 진정으로 하고 싶은 일에 대해 내뱉고 싶었지만, 더 자세히 설명하는 것을 내 선에서 중단해버렸다.

옆에 앉아 있던 애덤은 다섯 번째이자 마지막 순서로 자신의 근황을 들려주었다. "나는 새로운 회사에 들어가게 되었고, 아마 시드니로 발령이 날 것 같아."

대화가 흘러갈수록 나는 애덤을 불신의 눈빛으로 바라보았다. 첫째는 질투심이었다. '왜 그가 시드니로 이주해야 하지?' 그다음에는 희망이었다. '만약 그가 시드니로 갈 수 있다면, 나도 시드니로 갈 수 있어.' 함께 이야기하는 시간은 계속되었고 나는 애덤과 따로 이야기할 순간을 기다렸다. 몇 분이 지난 후, 자리에서 일어나 빈 그릇을 수거대에 올려놓고 레스토랑에서 나왔다. 다섯 명의 어린 시절 친구들은 어둠속에서 헤어졌다. 나와 애덤은 주차장으로 가는 다른 친구들을 느릿느릿 따라갔고, 나는 머뭇거리면서 애덤 옆으로 다가가 최대한 가벼운 목소리로 말을 걸었다. “저기…….” 실현 가능해 보이지 않는 동시에 필연적인 시나리오가 머릿속에 떠올라 흥분했지만 최대한 감추려고 노력했다.

“그러니까 말이지. 네가 시드니로 이주하게 된다고? 사실 나는 언젠가 프로 스쿼시 투어에 참가하려는 생각이 있어. 그리고 그 투어는 오스트레일리아에서 끝나!”

애덤이 이전에 프로 스쿼시 대회에 대해 들어본 적이 없다는 것을 나는 분명히 알고 있다. 하지만 그는 “와, 친구! 만약 내가 그쪽으로 이주하고 네가 투어에 참가하러 그곳에 오면 같이 살자.”라고 말해주었다.

나는 말할 수 없는 기쁨을 느꼈다.

애덤과 나눈 가벼운 대화는 어떠한 목적을 갖고 있지 않았다. 하지만 오랜 친구와 나눈 일상적인 대화와는 다르게, 작은 꿈이 금요일 밤에 피어올랐다. 무슨 이유에서인지 조금은 다른 느낌을 받았다. 나는 다른 친구들을 따라잡으며 애덤의 등을 철썩 때렸다.

일단 스스로 무엇을 원하는지 알고 계획을 세우기 시작하면, 머지않은 곳에서 행운과 맞닥뜨릴 것이다. 실제 점프를 하기 전까지 그 행운을 거머쥘 수는 없지만 당신에게 유리한 우연들이 나타난다. 그날 밤 레스토랑을 떠나면서 애덤과 나 둘 중 누구도 몇 년 뒤 우리가 태평양 반대편에서 만나 시드니의 본다이 해변이 바라보이는 애덤의 회사 법인 아파트에서 나의 세 번째 투어 기간 동안 함께 살게 될 거라고 생각하지 못했다. 그리고 이 책의 틀을 잡는 데 도움이 된, 종이에 쓴 생각들을 교환하게 될 거라고도 말이다. 이 모든 것은 점프를 함으로써 스스로 운이 올 수 있는 곳으로 간 것에서 시작된다.

아이러니하게도 나는 점프를 준비하면서 계획을 세우는 과정이 편안하고 안정적인 습관이 되었다. 스프레드시트에 예산을 짜는 것부터 체육관에서 아침운동을 하고 주말 시합에 참가하는 것까지, 내 이전 생활방식을 깨기 위해 사용한 새로운 전략들이 조용히 맞물리며 새로운 형태의 생활방식을 형성하게 되었다. 당신의 생활을 바꾸기 위해 준비하는 행동이 세상에서 가장 매력적인 미루기 도구가 될 수 있다. 여행과 모험에 대한 이야기는 술자리에서 나누기 좋은 주제이지만, 위험하게도 그 상태로 영원히 끝날 수도 있다. 나의 점프에서 그 순간이 다이빙 끝 지점에 있는 바로 그런 순간이었다. 내가 가장 힘겹게 싸우던 지점이다. 나는 점프를 하고 싶었다. 나는 점프를 할 것이다. 하지만 언제 할 것인가?

어차피 할 거라면, 지금 시작하라

나는 사람들에게 점프를 하는 것은 시기 문제라고 말했다. 기술적으로 그것은 사실이었다. 단지 얼마나 더 많은 시간이 필요한지 몰랐다. 나의 결정을 더 복잡하게 만든 것은 때마침 내가 하던 일이 약간 더 매력적으로 변했기 때문이다. 나는 승진을 했고 전국에 걸친 업무를 할당받았으며 새로운 동료들이 생겼다. 점프를 의심하는 순간 베인에서의 생활에 새로운 변화가 생기자 조금 더 머무는 게 낫겠다고 판단하게 되었다. 사실 '가장' 떠나기 좋은 때란 절대 없다.

두 가지 치명적인 힘이 나를 전진하게 만들었다. 대기업 취업전선에서 새로운 보직, 새로운 지역, 그리고 새로운 팀원들을 남겨두고 떠나려면 그동안 그 핵심 업무를 하느라 힘겹게 싸워왔다는 것을 스스로 인정해야만 했다. 베인에서 나의 업무 능력은 꾸준히 향상되었다. 나는 진정한 동료 관계를 구축했고 추천서를 받았으며 명성을 쌓았다. 내가 생각하는 기준점에 도달했다. 그리고 언젠가 내가 다시 창업 투자 분야로 돌아오는 길을 찾게 되면 그곳에서부터 시작하게 될 것이다. 물론 그곳에서 더 배울 것이 있었다. 하지만 더 배워야 할 것은 항상 존재한다. 그리고 나는 그만두거나 혹은 잠시 멈추기에 적당한 순간에 있었다.

나를 앞으로 나아가게 만든 두 번째 힘은 내가 점프를 준비하는 과정에서 무대가 만들어진 것이다. 나는 저축 목표치를 다 채웠고 세계 랭킹 100위 안에 들기 위해 부업으로 투어 경기에 참가했으며, 상위 300위 근처까지 올라갔다. 체력 관리를 잘했고 부상도 없었다. 짐을 쌀 가방과 비행기 표만 있으면 실제로 점프할 수 있었다. 6개월 뒤 뉴질랜드를 가로지르는 토너먼트 순회가 시작될 텐데, 나처럼 바닥권 순위를 벗어나려는 선수들에게는 이상적인 대회다. 관리를 받고 후원까지 받게 된다면 투어에 참가하기에 지금보다 좋은 때는 없다는 사실을 마음속으로 알고 있었다.

모든 것이 점프하기 좋은 상황이었지만 두려움이라는 요소를 떨쳐내지는 못했다. 점프를 하기 위해 높이 뛰어오른 사람들은 언제 어떻게 될지 모르는 재정, 경력 그리고 생활방식 같은 미래의 불확실성을 마주하게 되고 그것들은 너무나도 두려운 것들이다. 우리는 그것들에 대해 다음 세 가지 방법 중 하나로 대처하는 경향이 있다.

- 모든 불확실성을 완전히 해결하고 시도하기 위해 더 많은 계획을 세운다.
- 점프하는 날을 뒤로 미룬다.
- 결국 점프를 하지 않기로 결정한다. 자신의 직장과 삶을 위태롭게 할 가치가 없다고 판단한다.

이런 독약들 중 하나를 골라라. 세 가지 대처방법 모두 당신의 점프를 가로막을 것이다.

나는 세 가지 방법 모두 시도해보았고 최종적으로 점프하는 날을 뒤로 미루는 두 번째 방법에 관심을 집중했다. 어머니에게 아무래도 여름이 지난 후에 점프를 해야 일이 잘될 것 같다는 생각을 가벼운 말로 건넸다. 어머니는 나를 기를 때는 생각도 못한 상황이었지만, 편도 비행기 표를 준비하고 있는 막내를 지켜봐주셨다. 하지만 절대 듣기 좋은 말은 하지 않는 어머니는 나를 솔직한 사람으로 만들어주셨다. 어머니는 이렇게 말씀하셨다.

"마이크, 점프를 3개월 미루는 것은 아무것도 해결해주지 않아. 어차피 할 거라면, 지금 시작해!"

어머니가 옳았다.

여전히 대부분의 사람들이 마지막 단계에서 되돌아가며, 나 역시 되돌아가고 싶은 단계가 있었다. 최고의 점프 설계사라고 하더라도 바로 일어날 일에 대해서는 거의 알지 못한다. 인간이란 알기를 갈망하는 존재이나, 일어나서 점프하는 행위는 당연히 그런 것을 당신에게서 빼앗아갈 것이다. 당신은 점프를 해야만 하고 좋은 운이 당신에게 올 거라고 믿어야만 한다.

내 말이 정신 나간 소리처럼 들릴 것이다. 하지만 당신이 점프 곡선상에서 이 지점까지 올바르게 해왔다면, 아무것도 보이지 않는 점프가 되지는 않을 것이다. 다시 말해 바보 같은 짓이 되지 않을 것이다. 이번 장에 실린 이야기의 작가 마이클 루이스는 "스스로를 운이 올 수 있는 곳으로 가라."고 말해준 첫 번째 사람이다. 나는 이 말을 정말 좋아한다. 만약 당신이 할 수 있는 만큼 계획을 잘 세웠으며, 날아오르는 데 실패할 경우를 대비해 재정 계획, 점프 예행연습, 안전망을 잘 구축했다면, 그리고 완전한 첫걸음을 내딛었을 때 그것을 이루도록 해줄 좋은 사람들과 기회들을 갖춰놓았다면, 점프를 하기에 상당히 좋은 시기다. 당신이 만들어온 배경이 당신의 점프에 울타리가 될 것이고, 당신이 그동안 준비해온 것들이 한데 모여 당신의 점프가 어떤 운을 찾을 수 있도록 만들어줄 것이다.

하지만 이것이 운일까?

운이라는 것은 복권에 당첨되거나 5달러짜리 화폐를 발견하는 것처럼 무작위에 완벽한 요행의 한 종류 아닌가? 결국 당신은 점프를 계획하고 그러한 무작위함의 일부를 개척해왔다. 그렇게 준비하면서 당신은 사실상 그런 일들을 마주치기 위한 무대를 만들어온 것이다(나는 이것을 '충돌'이라고 부른다). 당신이 가능한 모든 계획을 세웠다면, 당신은 스스로 운을 잡을 수 있도록 준비가 된 것이다.

나는 투어 달력을 보았다. 10여 개국에서 나와 같은 선수들이 참가하는 3개의 토너먼트가 뉴질랜드에서 연달아 열렸다. 뉴질랜드에는 많은 선수에게 자기 집 의자를 내어줄 민박 가정이 있다. 그래서 만약 내가 첫 달에 뉴질랜드에 갈 수 있다면, 도움이 되어줄 민박 가정과 선수들을 만날 수 있을 거라고 판단했다.

아무리 많은 PPT 슬라이드나 스프레드시트, 전문가와의 인터뷰 혹은 행운을 빌며 시간을 보냈어도 처음 뉴질랜드 투어에 참가한 이후에 벌어질 일을 예측할 수는 없다. 여기에는 신념이라는 요소의 도약이 존재한다. 결국 단단한 땅을 따라 움직이는 것은 점프가 아니라 걷거나 뛰는 것과 같다.

시간은 나에게 움직이라고 했다. 나는 뉴질랜드로 가는 비행기 표를 샀다. 그리고 그곳에서 운을 발견할 거라고 믿기로 결심했다.

스스로 운이 있는 사람이 되자

금융 전문가에서 베스트셀러 작가로

나를 무아지경에 빠지게 한 글쓰기

나는 항상 일곱 살짜리 아들에게 다음과 같이 말한다.

"스스로 운이 있는 사람이 되어라."

내가 아들 나이였을 때 줄곧 '나는 너무 운이 좋아서 주변을 둘러보면 땅에 떨어진 돈을 발견할 수 있어.'라고 생각했다. 그리고 종종 실제로 돈을 발견했다. 어른들은 돈을 어디에나 떨어뜨리기 때문에, 보도 위에는 항상 돈이 있다. 당신은 주위를 둘러보았을 때 발견하게 되는 것들에 놀라게 될 것이다. 나는 가끔 아들에게 "가치 있는 물건을 찾으러 나가자."라고 한다. 그리고 당신은 우리가 발견한 것을 믿지 못할 것이다. 당신이 할 일은 맞닥뜨리게 되는 것들에 대해 열린 마음의 자세를 갖는 것뿐이다.

약간 더 예전으로 돌아가보면, 나는 뉴올리언스에서 자랐다. 아이들한테는 당연한 것이겠지만 특별히 생각해둔 미래 같은 것은 없었고, 고등학교 2학년이 될 때까지 대학에 진학하는 것도 생각하지 않았다. 그 당시 나의 포부라면 아침 일찍 일어나서 학교에 가고 야구를 하고, 졸업 후에 프린스턴 대학에 가는 정도였다. 그 이상 아무것도 없었다. 대학에 들어가고 나면 더 이상 아무것도 할 필요가 없다고 생각했기 때문에 그 이후에 일어날 일들에 대해서는 깊이 생각하지 않았다.

나는 평소 좋아하던 분야를 택해 대학에서 미술사를 전공했다. 프린스턴에서는 직업을 위한 진로를 택한 것이 아니었다. 만약 당신이 기술자가 되길 원한다면, 당신은 공학 관련 전공을 선택할 것이다. 물론 의예과도 있다. 하지만 나는 어느 것도 흥미를 느끼지 못했다. 따라서 내가 선택한 막연한 진로는 월스트리트에서 직장을 구할 수 있기 때문에 경제학을 선택하는 사람들을 따르지 않는 것이었다.

대학교 3학년 때 나는 졸업을 준비하기 시작했다. 프린스턴의 졸업논문은 정말 중요하다. 졸업연도의 대부분은 기본적으로 논문 위주로 돌아가며, 나중에 한 권의 책이 된다. 나는 4만에서 5만 단어에 130페이지짜리 논문을 쓰느라 많은 시간이 걸렸다. 하지만 논문을 쓰는 것은 나를 완전히 바꾸어놓았다. 그 과정이 너무나 좋았다. 무아지경에 빠질 정도였다. 이것이 바로 내가 하고 싶어 하는 거라는 생각이 들었다.

처음에는 내가 미술사학자가 되고 싶다는 것을 의미한다고 생각했다. 하지만 논문 지도교수는 나에게 정신 나간 생각이라고 했다. 내가 절대 직장을 구하지 못할 거라고 했다. 그는 혼신을 다해서 내가 그런 선택을 하지 않도록 만류했다. 그래서 시간이 조금 걸리기는 했지만 내가 원하는 것이 책을 쓰는 것이라는 사실을 깨닫게 되었다. 사실 좀 더 구체적으로는 졸업논문들을 쓰기를 원했다. 하지만 글을 쓰는 데만 전적으로 매달리지 않았다. 내 기억으로는 많은 작가들이 글을 쓰는 것 외에는 너무 아무것도 하지 않는다고 생각했기 때문에, 글쓰기 소재가 되어줄 모험을 많이 해야 한다고 생각했다. 나의 첫 번째 모험은 경제학과 4학년 때 통과여부 평가 수업으로 시작한 재무학이었고 경제학 석사학위까지 취득할 정도로 충분히 흥미를 갖게 되었다.

석사학위를 이수하던 중에 어느 날 저녁 파티에서 살로먼 브라더스 인터내셔널을 운영하는 남편들을 둔 여성들 옆에 앉게 되었다. 나는 그들 중 한 여성과 친해졌고, 그녀는 그날 저녁식사 이후에 자기 남편에게 나를 추천했다. 그 당시 살로먼 브라더스는 월스트리트에 안착하는 거의 최적의 직장이었다. 그들은 굉장히 성공한 사람들이고 나는 너무나도 그곳에 들어가고 싶었다.

살로먼 브라더스에서 일할 무렵, 나는 글을 써서 잡지사에 투고했다. 하지만 대부분 거절당했다. 그래도 여러 군데 시도한 덕분에 월스트리트에서 일하는 동안 잡지사에서 나의 글들을 실어주기 시작했다. 살로먼 브라더스에서도 일은 상당히 잘했지만 전업으로 글을 쓰는 것이 내가 원하는 일이라고 생각했다. 내 글을 출판하는 것이 회사를 떠나는 첫걸음이 되었다.

내 인생에 대해 뭐라고 할 자격이 있는 사람은 아무도 없다

아버지께 직장을 그만두겠다고 말하던 때가 생각난다. 막 보너스를 지급받았는데 상당히 큰 액수였다. 16만 달러 정도로 기억하는데, 당시 스물일곱 살인 나의 연봉은 약 6만 달러였다. 아버지는 그런 직장을 그만두겠다는 내가 정신이 나갔다고 생각했다. 아버지는 "10년만 더 해봐라. 그러면 너는 더 이상 일하지 않아도 될 거다. 그러면 그 후로는 죽을 때까지 네가 원하는 소설을 쓸 수 있단다."라고 말했다. 하지만 주변에 나보다 열 살 더 많은 사람들을 보면, 일을 그만둘 수 있는 사람은 찾아보기 힘들었다. 만약 내가 그대로 머물렀다면, 성공에 갇혀서 살아갔을 것이다. 돈이 차지하는 비중이 너무 커지고 내 인생은 변하지 않았을 것이다.

그 당시 나는 아이가 없었다. 아이가 생기면 모든 것이 달라진다. 당신의 영향력이 단지 당신 자신의 인생뿐 아니라 가족의 인생에도 미치게 된다. 이런 면에서 나는 정말 운이 좋았다. 나는 갚아야 할 학자금 대출이 없었고 몸이 불편한 부모님을 챙겨야 하는 것과 같은 경제적인 책임도 없었다. 따라서 돈 때문에 나의 결정이 휘둘리지 않았다. 어떤 사람에게는 이러한 자유가 없다. 나는 회사를 그만두는 것이 마치 줄타기 중에 떨어지더라도 아주 안전한 그물이 밑에 깔려 있는 기분이었다.

살로먼 브라더스에 있던 사람들은 내가 문학적 야망을 펼치는 것을 기분 좋게 허용해주었고 익명이어야 한다는 전제하에 월스트리트에 대한 글을 쓸 수 있도록 해주었다. 나는 어머니가 결혼 전에 사용하던 성을 필명으로 썼는데, 그 덕분에 책 출판 계약을 할 수 있었다. 직장 동료들에게 직장을 그만둘 거라고 말했을 때, 그들은 내가 정신이 나갔다고 생각했다. 그들은 나를 조용한 곳으로 데려가서 "너 정말 그걸 원하는 거야? 그건 엄청난 실수야."라고 말했다. 나는 내가 무엇을 하길 원하는지 알았기 때문에 이렇게 생각했다.

'이들 중에 내 인생에 대해 뭐라고 할 자격이 있는 사람은 아

무도 없어.'

그들은 내가 처음 1~2년 동안 잘해왔기 때문에 앞으로도 미래가 보장되었다고 생각했다. 하지만 나는 그간의 많은 성과들이 단지 운이 따라주었기 때문이며 내가 기본적으로 일에 관심이 없는 사람이라는 사실이 드러나는 순간 다 없어지리라는 것을 알고 있었다. 관심 없는 일을 계속한다는 건 정말 힘들다. 잠시 동안은 흥미롭겠지만 이내 싫증이 나버린다. 그런 순간에 나는 첫 번째 기회를 잡아 빠져나온 것이다.

되돌아보면 미래가 불투명한 작가에게 많은 급여를 지급하는 직장인 살로먼 브라더스를 그만두는 것은 엄청난 위험을 감수하는 것처럼 보인다. 하지만 나는 내가 정말로 무엇을 하고 싶은지 알았다. 의심할 여지도 없었고 매일 아침 일터로 나가는 것이 정말 괴로웠다. 그렇기 때문에 전혀 힘든 결정이 아니었으며 위험을 감수한다는 기분도 들지 않았다.

직장을 그만둘 무렵, 나는 이미 출판 계약을 맺을 수 있을 만큼 충분한 글을 모아두었다. 그건 곧 누군가 내가 쓴 책을 출판할 수 있다는 의미였다. 당시 나는 '누군가 내가 쓴 책을 출판해준다면 작가로서 나의 길을 만들어갈 수 있겠어.'라고 생각했다. 직장을 그만두었을 때 나는 스물일곱 살이었고 책이 출간되었을 때는 거의 스물아홉 살이 되었다. 그 기간 동안 '여기서 해내지 못하면, 성공하지 못하면 난 망하는 거야.'라고 생각하지 않았다. 그보다는 '나는 지금 정말로 내가 원하는 일을 하고 있고 꼭 이룰 방법을 찾고야 말겠어.'라고 생각했다. 나 스스로 운을 붙잡으려고 노력하는 한 결국에는 땅에 떨어진 기회를 찾아내리라는 것을 알고 있었던 것이다.

마이클 루이스 Michael Lewis

전직 금융 전문가로, 현재 〈뉴욕 타임스〉 베스트셀러 작가이며 살로먼 브라더스에서 일한 경험을 토대로 금융 천재들의 치열한 머니게임을 다룬 《라이어스 포커Liar's Pocker》를 비롯하여 《머니볼Moneyball》, 《빅숏The Big Short》, 《언두잉 프로젝트The Undoing Project》 등 12권 이상의 책을 집필했다.

WHEN TO JUMP

어딘가에 있을 '운'을 점프를 통해 경험하라

국립해양박물관 큐레이터와 BBC 필드 프로듀서에서 해양 탐험가로

만약 꿈이 바뀐다면?
좀 더 정확히 말해 꿈이 많다면?

몇 년 전 나는 영국 국립해양박물관의 사육 및 기계 책임자였다. 몇 번의 작은 점프 후 이곳에 들어왔고 더 큰 한 번의 점프로 이곳을 나오게 되었다.

나는 스페인에서 태어나 베네수엘라의 카라카스Caracas로 이민 왔다. 우리가 사는 곳 주변에는 사람의 손길이 닿지 않은 숲과 산이 있었다. 자라는 동안 나는 가방을 메고 야생을 뛰어다니며 큰 모험을 꿈꾸었고, 모험에 대한 많은 경험이 담긴 아버지의 책을 읽었다. 어렸을 때는 내가 정확하게 무엇을 하고 싶은지 전혀 알지 못했다. 단지 밖으로 나가길 원했을 뿐이다.

그러다 자크 쿠스토Jacques Cousteau의 영화를 보게 되었다. 쿠스토는 프랑스의 유명한 해양학자이자 탐험가이며 영화 제작자다. 그 분야의 전설 같은 존재인 쿠스토는 매우 열정적인 여러 동료들과 함께 배와 헬리콥터를 타고 전 세계를 돌아다니며 영화를 만들었다. 나는 요트를 타고 넓은 바다로 떠나는 모험에 빠져들었고, 이것이 내가 원하는 라이프스타일이라고 생각했다.

고등학교를 졸업한 후, 할아버지는 내게 1년 정도 유럽을 히치하이킹할 수 있는 돈과 비행기 표를 주셨다. 부모님은 그 여행이 베네수엘라에 있는 집으로 돌아가기 전 특별한 인생 경험이 될 거라고 생각했다. 그 여행 말미에 나는 모나코 해양과학박물관으로 향했다. 그 당시 그곳에는 쿠스토와 관련된 모든 것이 전시되어 있었다.

나는 기차를 탈 때쯤 돈이 거의 다 떨어진 상태였다. 그래서 기차역에서 잠을 자고 나중에는 박물관이 문을 열 때까지 근처 버스 정류장에서 잠을 잤다. 박물관이 문을 열었지만 나는 들어갈 수가 없었다. 입장료가 20프랑인데 수중에 10프랑밖에 없었기 때문이다. 발길을 돌려 떠나려는 순간 맞은편 도로에서 자신의 차를 고치려고 하는 여성을 발견했다. 나는 어설픈 영어로 도와주겠다고 제안했고 차가 작동하게 고쳐주었다. 인사를 하고 돌아가려 하자 그녀는 10프랑을 꺼내들었다. 거절하려고 했지만 그녀는 고집스럽게 그 돈을 나에게 건넸다. 그렇게 해서 생긴 돈으로 박물관에 들어가게 되었다.

나는 그날 밤 박물관에서 나온 마지막 사람이었다. 그날 그곳을 떠나면서 나 자신에게 "언젠가 다시 돌아와 이곳에서 일하겠어."라고 말했다.

그리고 그렇게 했다. 나는 대학에서 수경재배와 관련된 잘 알려지지 않은 주제를 공부했는데, 밖에서 활동하도록 해주었기 때문이다. 대학을 졸업했을 때, 모나코 해양과학박물관에서 양식업자를 구했다. 나는 뽑힐 거라 생각하지 않았기 때문에 지원서를 제출하지 않았는데, 친구가 나 대신 지원서를 제출했다. 몇 달이 지난 후, 찢어진 청바지를 입고 긴 머리를 한 스물네 살의 청년은 우상인 자크 쿠스토를 위해 일하려고 그 박물관으로 돌아오게 되었다.

그 일은 생각했던 대로 잘되었다. 그 후 몇 년 동안, 나의 영웅에게 업무보고를 했고, 촬영기술과 수족관 관리기술을 연마했다. 내가 생각했던 곳에 올라가보니 정확하게 내가 원하는 곳이었다. 나는 세계에서 가장 큰 수족관인 제노바 수족관의 축산 및 운영 책임자이자 이탈리아 TV 프로그램의 진행자로 일했고, 그 후엔 영국 국립해양박물관의 축산 및 운영 책임자, 그리고 BBC 〈블루 플래닛Blue Planet〉과 〈플래닛 어스Planet Earth〉의 필드 프로듀서가 되었다.

하지만 만약 당신의 꿈이 바뀐다면? 좀 더 정확히 말해 당신이 가진 꿈이 많다면?

내가 줄곧 가지고 있던 야외 모험활동에 대한 열정은 어릴 적 본 첫 번째 쿠스토 영화에서 영감을 받았다. 그건 언젠가는 배를 몰고 바다로 나갈 거라는 환상에서 시작되었다. 그래서 나는 카메라 앞이 아닌 뒤에서 연출된 모험들을 촬영하며 스스로 이 일을 그만둘 이유를 찾고 있었다. 모든 것이 정착되어갔다. 나는 결혼해서 자녀를 세 명 두었고, 겉으로는 모든 것이 보기 좋았으며, 쾌적한 교외에 살고 있었다. 나의 다른 점프와 다른 꿈을 위한 시간은 지나갔다고 스스로에게 말하려고 노력했다.

나의 가족은 그 후로 영국에서 8년을 더 살았다. 나는 배를 타고 바다로 나가고 싶다는 생각을 외면하려 했다. 하지만 그 생각은 저녁식사 때 대화가 끝나갈 무렵이나 차 안에서, 아내인 다이앤과 침실에 있을 때나 자기 전에도 떠나지 않았다.

다이앤과 나는 인생이 점점 틀에 박히게 흘러가고 우리의 세상이 안락한 보호막 안으로 빨려 들어가는 것을 보게 되었다. 그리고 매일매일이 그 전날과 하나도 다를 게 없어서 모든 것이 예측 가능해진다면, 우리는 그때가 바로 점프를 해야 할 때라는 것을 알고 있었다.

우리는 쉰 살, 예순 살, 일흔 살이 되어서 매주 같은 슈퍼마켓에서 매주 같은 사람들과 인사를 나누고 매주 같은 자리에 주차하는 인생을 바라지 않았다. 인생은 그것보다 훨씬 많은 것을 줄 수 있다. 우리는 다른 슈퍼마켓에 갈 수 있고, 다른 사람과 이야기를 나누며 우리의 아이들에게 세상은 그들이 모험을 해야 하는 곳이라는 것을 보여주어야만 한다. 우리는 그렇게 하기로 결심했다.

꿈을 좇아 가족들과 함께 배를 타고 떠나다

나는 계획을 구체적으로 노트에 적었다. 배와 일정표, 교육과 안전 등을 기록했다. 6개월 동안 우리는 집을 팔고 모든 것을 처분했으며 배를 구하기 시작했다. 그 기간 동안 우리의 인생은 자녀가 세 명 있고 영국에 좋은 직장을 가진 안정적인 부부에서, 가진 거라고는 은행에 저축해놓은 돈이 조금 있고 플로리다에 있는 다이앤의 사촌집에 얹혀살면서 배를 구하는 부부로 바뀌었다.

사람들은 "어떻게 그럴 수 있지?"라고 묻는다. 진심으로 누구나 그렇게 할 수 있다. 우리가 원하는 것이 무엇인지 알았고, 계획을 세웠으며, 심지어 필요한 예산을 위해 우리가 가진 것을 모두 팔았다. 모든 것을 계획하려고 하는 덫에 빠질 수도 있다. 그리고 그 덫에 빠진다면, 당신은 절대 떠나지 못할 것이다. 우리가 아는 어떤 친구들은 배를 타고 세계를 돌아다니는 것을 꿈꾸고, 경로를 공부하고, 장비를 알아보기는 하지만 실제로 떠나지 않았다. 정박지에서 배 조작법을 수년간 연습하면서 다음 해에는 떠나겠다고 마음먹지만 절대 떠나지 못하는 사람들도 있다. 그 이유는 그들 머릿속의 잘못된 누군가가 "하지 마. 하지 마. 어떤 일이 벌어지겠어? 어떤 일이 벌어지겠어? 네가 돌아왔을 때 다시 직장을 잡지 못하면 어쩌지? 가는 길에 병이 나면 어쩌지?"라고 말하는 소리에 귀 기울이기 때문이다. 어떤 경우에는 그냥 점프를 해야 한다.

내가 연구를 한 이유는 내 머릿속의 그 잘못된 누군가가 아무런 말을 하지 못하게 만들기 위해서였다. 그것은 쉽지 않았다. 알맞은 배를 구하고, 갈 곳을 알아보고, 무엇을 할지, 아이들은 어떻게 할지 알아보는 데 많은 시간을 보냈다. 나는 모든 가능성들을 생각해보았다. '만약 이 모험이 싫어지면 어쩌지? 만약 누군가 아프면 어쩌지? 돈은 얼마나 있고 그것으로 얼마나 버틸 수 있지? 예산은 어느 정도지?' 다이앤은 아이들을 위한 준비를 아주 훌륭하게 해냈다.

즉흥적으로 된 것은 아무것도 없었다. 우리는 계획을 세우는 데만 거의 1년을 보내고 나서야 장소와 일정을 결정했다. 바다가 온순하고 따듯한 플로리다에서부터 시작하기로 했고 1월 중순의 어느 날을 잡아 떠나기로 했다. 그날은 배가 출항하는 날이었고 설사 배가 준비되지 않더라도 우리는 그날까지 준비된 상태로만 계획대로 진행하기로 했다. 우리가 이러한 원칙을 따르지 않았더라면 계속 계획만 세웠을 것이고, 다른 사람들처럼 우리도 항구에 여전히 머물러 있을 것이다.

2006년 1월 15일, 나는 아내와 아이들 세 명과 함께 배를 타고 세상으로 나갔다.

우리 가족 다섯 명은 섬들과 군도 주변을 순회했고, 태평양을 여러 번 가로질렀으며, 바다 곳곳과 육지와 사람이 보이는 모든 곳을 마주치면서 떠돌고 항해했다.

3년 후에, 우리는 배를 부두에 댔다. 뉴질랜드 주변이었고 수중에 돈이 떨어져갔다. 그때부터 나는 일자리를 구하기 시작했지만 쉽지 않았다. 배는 통가의 섬을 지나면서 태풍으로 파손되었다. 그런 시점에 오클랜드에 도착했고 나는 정말로 일이 필요했다.

나는 이것이 가장 걱정되었다. '도대체 무엇을 해야 하지? 사람들은 내가 누구였는지 잊어버렸을 거야.'

하지만 육지로 돌아왔을 때 아직 내가 일하던 분야에서 잊히지 않은 상황이었다. 오히려 그 반대였다. 나는 내 동료들이 만나고 싶어 하는 사람이자 가족들과 함께 자신의 꿈을 좇아 배를 타고 떠난 사람이었다. 중국에서 열린 콘퍼런스에서 만난 어느 동료는 나를 반기며 "돌아왔구나! 여행은 어땠어?"라고 물었다.

사람들은 늘 지금과 다른 삶을 살아보고 싶어 한다. 그렇기에 내가 겪은 이야기들을 들려주었고, 몇몇 매체와 인터뷰까지 하게 되었다. 나는 아주 똑똑하진 않지만 의미 있는 대화를 이끌어갈 수 있을 정도로만 현명하다면, 결국 좋은 결과를 얻게 될 거라는 사실을 알았다. 그리고 결국에는 그렇게 되었다.

내 경우 몸담고 있던 분야와 연결된 끈을 유지하는 방법이 도움이 되었다. 나는 떠나 있는 동안 예전 직장 동료들이나 친구들과 지속적으로 연락을 했으며, 그건 여행이 끝난 뒤 다시 돌아오기 위한 준비였다. 가장 중요한 가르침은 절대 멈추지 말라는 것이다. 이러한 대화들을 통해 뉴질랜드 같은 먼 곳까지 포함해서, 세상의 잠재적인 고용주들의 범위를 넓혀갔다. 그리고 그건 큰 도움이 되어 돌아왔다.

나는 사람들 자체가 행운이나 불운을 가지고 있다고 생각하지 않는다. 운이란 어딘가에 있는 것이고 단지 점프를 통해서만 경험할 수 있다. 점프를 통해서 넘어온 세상은 아주 멋진 곳이다. 그리고 이것은 보트를 타고 바다로 나가는 것은 물론이고 그보다 더 작은 것을 추구할 때도 마찬가지로 해당된다. 어떤 사람들에게는 직장을 옮기거나 차를 바꾸거나 이사를 하는 것이 그들 인생에서 가장 큰 결정이다.

우리는 변화를 만들려고 할 때 부정적인 결과를 더 많이 생각한다. 그건 우리의 본성이고 그렇게 하지 않는 것은 무책임한 것이다. 하지만 점프를 통해서 얻게 되는 경험과 성취감처럼 긍정적인 결과도 생각하도록 노력하라.

절대 모든 것이 재미있고 쉽다는 말이 아니다. 나는 최고의 위치에 닿았다가 바닥으로 떨어져 아무것도 없는 상태에서 다시 시작하는 것을 수차례 반복했다. 하지만 많은 꿈을 가지고 자랐고 그 모든 꿈을 좇을 수 있도록 계속해서 점프할 것이다. 그것은 구불구불한 여행길이며, 일직선에 머물러 있는 편안한 항해는 아닐 것이다.

후안 로메로 Juan Romero

영국 국립해양박물관 큐레이터와 BBC의 〈블루 플래닛Blue Planet〉과 〈플래닛 어스Planet Earth〉의 필드 프로듀서였으며, 현재 해양 탐험가이자 전 세계 수족관을 대상으로 일하는 컨설턴트다.

운이 올 수 있는 위치로 가라

비디오게임 마케팅 담당자에서
리프트 카스태슈Lyft Carstache 발명가로

만약 행복하지 않다면 다른 것을 시도하라

나는 차에 수염을 만들어주는 것이 그럴듯해 보였다. 사실 그것은 그렇게 어려운 일이 아니었다.

나는 북부 캘리포니아 해안가에 있는 교외에서 예술과 관련된 일을 하겠다는 생각을 가지고 자랐다. 대학에서는 창작소설과 영화에 빠져들었고 사회학과 대중문화에 매료되었다. 학교를 떠나서는 소니 뮤직을 위한 미디어 구매업을 했고 그 이후로 몇몇 다른 엔터테인먼트 관련 온라인 스타트업을 했다. 20대 후반에는 중국에서 가장 큰 인터넷회사 중 하나인 텐센트Tencent에서 근무하기 위해 샌프란시스코로 가서 미국 시장에서 비디오

게임을 만드는 일을 도왔다.

이 모든 것이 훌륭해 보인다. 당신이 하는 일이 게임을 디자인하는 것이라고 누군가에게 말하면, 아주 창의적인 일 중 하나를 하는 것처럼 들린다. 하지만 이 분야에서 말하는 창의적인 부분이란 단지 디지털 소의 색깔을 녹색에서 청색으로 바꾸고, A/B테스트를 통해서 소의 색깔이 녹색에서 청색으로 바뀌면 어떤 나이대의 사람들이 더 많은 돈을 지출하는지 알아보는 것이다.

우리는 이러한 게임들을 '소셜'이라고 부르지만 사실 그것들은 영혼을 심하게 갉아먹는다. 그것들의 의도는 사람들이 가상의 꽃과 가상의 화폐에 돈을 쓰도록 속이는 것이다. 하지만 아직도 게임 관련 일을 한다고 사람들한테 말하면, "와우, 얼마나 운이 좋습니까. 당신은 매일매일 게임을 하고 게임을 제작하러 가는군요."라는 반응을 보인다.

그 회사는 폭발적으로 성장하고 있었다. 나는 스물여덟 살이었고 급여도 좋았으며 회사에 남아 있어야만 가치가 있는 회사 주식도 쌓여갔다. 하지만 그럴 수 없었다. 탈출구가 필요했다. 나의 일은 점점 더 주기적이고 반복적으로 되어 새로운 것이 거의 없었다. 어느 날 서점을 둘러보다가 《칸막이 나라에서 탈출하라 - 회사라는 감옥에 갇힌 죄수에서 유능한 기업가로Escape from Cubicle Nation - From Corporate Prisoner to Thriving Enterpreneur》라는 책을 집어들었다. 저자는 당신이 하는 일이 무엇이든 6개월이나 1년간 진정으로 행복하지 않다면 무언가 다른 것을 시도해야 한다고 주장하면서 그 방법을 이야기했다. 나는 그때 그 말을 믿었고 지금까지도 다른 사람들에게 "만약 당신이 행복하지 않다면 다른 것을 시도하세요."라고 말한다. 아주 간단해 보이지만 그 당시에는 아주 두려운 생각이었다.

나는 만약 점프를 하고 나서 잘되지 않으면 이전에 하던 일로 다시 돌아갈 수 있다고 스스로에게 말하는 것이 어렵지 않았다. 책의 저자인 파멜라 슬림Pamela Slim은 가장 최악의 두려움은 기회를 잡았지만 실패하여 결국 강가에 밴을 세워놓고 살게 되리라는 생각이라면서, 그것을 '강가에 밴을 세워놓는 순간'이라고 묘사했다. 잘 계획된 점프를 한다면 절대 그런 일은 일어나지 않는다. 우리는 점프를 너무 과장해서 스스로를 두려움에 빠지게 한다. 당신은 절대 그런 일이 일어나지 않도록 해야 한다.

나 역시 직장에서 행복하지 않았지만 점프를 결심하는 데는 아주 많은 시간이 걸렸다. 그 시점에는 전업으로 하고 싶은 사업을 일단 부업으로 시작하는 것을 염두에 두지 않았다. 그래서 남는 시간을 창의적인 프로젝트를 하고 재밌게 머리를 굴릴 수 있는 일을 시도하는 데 사용했다. 차에 수염을 달아주는 생각은 이렇게 시험한 것들 중 하나였다.

자동차에 수염을 달자

창의적인 것에 목말라 있던 어느 날 아침, 나는 일하러 가느라 US-101 고속도로를 따라 운전하고 있었다. 갑자기 머릿속에 아이디어가 떠올랐다. 앞에 가고 있는 차들이 얼굴처럼 보였고 그 얼굴들에 수염이 달려 있다면 아주 재미있을 거라는 생각이 들었다.

나는 누군가가 이미 그런 일을 했을 거라고 생각했다. 그것은 미스터 포테이토 헤드Mr. Potato Head(1950년대 미국 장난감 발명가 조지 러너가 만든 장난감으로, 이후 〈토이스토리〉 등 애니메이션의 인기 캐릭터가 되었다-역자 주)처럼 유명할 것 같았다. 그런데 말도 되지 않게 그런 것은 존재하지 않았다. 인터넷을 열심히 검색했지만 자동차에 수염을 만들어준 것은 찾아볼 수 없었다. 나는 충격을 받았다. 차안에서 나 자신에게 "대충 한 개 만들어서 내 차에 붙여보자. 그리고 어떤 일이 일어나는지 한번 보자."라고 말했다.

처음에는 가짜 머리카락을 사용하려고 생각했다. 그래서 샌프란시스코 미션 지구에 있는 미용실에 들어가 특이한 모양의 붙임머리 20개를 산 일을 절대 잊을 수가 없다. 그 당시 미용실 주인이 나를 바라보는 눈빛은 마치 '이 녀석이 지금 도대체 무얼 하려는 거지?' 하는 것 같았다. 나는 집에 와서 가짜 머리카락을 전부 엮어 수를 놓으려고 했다. 하지만 보기 좋게 실패했다. 그다음에는 인조 모피를 사용하기로 결정하고 재봉을 잘하는 내 여동생에게 들고 갔다. 몇 시간 후에 우리는 첫 번째 카스태슈를 완성했다. 아주 우스운 모양이었다. 그걸 내 차에 붙였고 반응은 엄청났다. 사람들은 도로에서 내 차 앞으로 뛰어들어 나를 멈춰 세우고 엄지손가락을 치켜들었다. 그리고 어디서 구했는지 물으며 사진을 찍었다. 정말 엄청난 일이었다. 마치 갑자기 도시의 유명인사가 된 것 같았다. 정말 짜릿한 기분이었다.

이제 나는 본업에서 완전히 흥미를 잃었고, 다른 무언가 사람들이 아주 좋아하는 특이한 것을 하는 사람이 되었다. 그때 결심했다.

'그래, 내가 이것으로 큰 사업을 할 수 있을지는 잘 모르겠지만 시도해보겠어. 한번 해보자.'

나는 아내에게 자동차에 수염을 붙이는 일을 하기 위해서 직장을 그만두는 것을 생각 중이라고 말했다.

아내는 내가 직장에서 행복하지 않다는 것을 알고 있었으므로 나를 지지해주었다. 아내의 부모님께 말씀드리는 것은 조금 더 힘든 일이었다. 나는 2년 전에 아내와 결혼했는데, 지금 좋은 직장을 그만두고 지하실에서 자동차에 다는 수염을 만드는 사람이 되겠다는 것이었다. 직장 상사는 내가 미쳤다고 생각했다. 하지만 나는 마음의 결정을 내렸다. 직장을 그만두었고 스스로에게 말했다.

"이것은 내 개성과 창의력이 반영된 것을 추구하는 일이야. 어디까지 나를 이끌게 되는지 끝까지 해보겠어."

그렇게 나는 점프를 했다.

아내와 나의 재정 상황은 한계가 있었다. 점심 먹을 돈이 없어지기까지는 4~5개월 걸렸지만, 언제나 그렇듯 나는 운이 좋았다. 우리는 소셜미디어에서 많은 관심을 받게 되었다.(세계적인 셀러브리티인 카다시안 가족 중 한 명이 카스태슈에 관한 글을 올렸고, 갑자기 내 발명품이 트위터에서 유행했다.) 그 후 나는 여러 곳에서 인터뷰를 하게 되었다. 외부에서 볼 때 당신은 아마 내 친구들이나 가족들이 그랬듯이 '오, 이든이 새로운 장난감을 만들었군. 그는 백만장자가 될 거야.'라고 생각했을 것이다. 하지만 현실은 그렇지 않았다. 여기저기 인터뷰 기사가 났지만 제대로 사업을 운영할 만큼 판매고를 올리지는 못했다. 많은 사람에게서 축하를 받기는 하지만, 한편으로 지불할 돈이 없다는 상황은 견디기 힘들었다.

나는 지하실에 진을 치고 일을 했다. 매일같이 그곳에서 애완견과 같이 앉아 활기차게 일하려고 노력했다. 나는 분산 전략이나 판매 실적을 올릴 수 있는 세부 계획을 세우지 못했다. 많은 사람이 재미있는 사진이라고 인정하긴 했지만 그뿐이었다. 실제로 그 수염을 자기 차에 붙이고 싶은 사람은 누굴까? 스포츠팀과 라이선스 계약을 맺어야 하나? 적당한 시장은 어디일까?

1년이 지난 후에도 나는 돈을 많이 벌지 못하고 있었다. 가족에게는 힘든 상황이었다. 아내는 가족을 부양했고 나는 현금을 조금 집에 가져오긴 했지만 이전 직장과는 비교도 할 수 없었다. 만약 그 사업을 더 키우려 한다면 더 많은 돈을 투자해야 했지만 그것도 쉽지 않았다.

내 머릿속에서는 계속해서 타협을 하고 있었다. '얼마나 더 해야 이 고비를 넘길 수 있을까? 이 사업을 유지하기 위해 얼마나 더 많은 돈을 은행에서 대출할 수 있을까?' 나는 엄청나게 많은 판매 전략들 사이에서 돈을 순환시켰다. 이 모든 것이 나를 정신적으로 지치게 만들었다. 점프를 하고 나서 모든 것이 완전히 좋아 보인다고 상상해보라. '맙소사. 이제 엄청나게 많이 팔릴 거야.' 얼마 후에 판매 상황을 보고 실망한다. 그러고 나서는 기다렸다는 듯이 비관적인 생각들이 비처럼 쏟아져 내린다. '기사가 많이 나오는 지금도 물건이 팔리지 않는데, 앞으로는 기사가 지금보다 더 적게 나올 텐데 물건을 팔 수 있을까?'

이제 다음으로 넘어가야 하는 단계였다. 나는 자동차 수염이 '이든 에일러가 부자가 되는' 벤처사업이 되지 않을 거라는 사실을 받아들이게 되었다. 그래서 그 일을 취미생활로 남겨두고 일정한 급여가 나오는 곳으로 나를 놓아주기로 했다. 이후 몇 년간 유통 과정을 간소화하고 브랜드를 라이선스화했으며 모든 것을 자동화했다.

그래도 점프를 한 나의 원래 결정은 가치가 있었다. 그 경험의 가치를 인정해 스스로에게 '허슬 MBA'를 주었다. 나는 정확하게 첫걸음부터 시작하는 사업을 했고 경영대학원을 가지 않고도 회사를 운영하면서 겪은 모든 상황을 정복해나갔으며, 10만 달러를 지출했다. 정신적으로 그 점프는 나에게 계속 점프할 수 있는 자신감을 주었다. 내 능력이 단지 창의적인 것뿐만 아니라 사업을 운영하는 것에도 있다는 신념도 갖게 해주었다. 또한 인생에서 내가 하고 싶은 것에 대한 우선순위들을 모두 바꾸어놓았다. 비록 첫 벤처사업이 잘되지는 않았지만 나는 카스태슈로 점프한 것을 항상 옳은 결정이라고 생각했다.

점프는 나의 창의력과 인격을 가장 잘 표현하는 방법

한번 점프를 해보았기 때문에 나는 다시 점프를 했다. 모바일게임 분야에서 새로운 사업을 시작했다. 그 회사를 운영한 지 몇 년이 흐른 어느 날 오후, 전화를 한 통 받았다.

리프트Lyft의 창업자였다. 그 회사는 몇 년 전 짐라이드Zimride라는 이름으로 카풀 서비스를 제공할 당시에 나의 자동차 수염을 몇 개 구매했다. 리프트는 주문형 차량 공유라는 새로운 기능을 포함한 앱을 출시하려고 했다. 그리고 분홍색 카스태슈를 모든 차량 앞에 붙이고자 했다. 첫 번째 주문량은 25개였고 곧 이어 50개를 추가 주문했다.

그 아이디어가 살아났다. 수십 대의 차량이 분홍색 자동차 수염을 달고 샌프란시스코 거리를 달렸다. 당시 그곳에 살았던 누구에게나 물어보면 알 수 있을 것이다. 사람들은 "무슨 일이 일어나고 있는 거지? 왜 저런 수염이 사방에 보이는 거야?"라고 말했다. 나로서는 믿기 힘든 현실이었다. 분명 그 당시에는 그렇게 많은 카스태슈가 거리에 돌아다니지 않았다. 그러나 이제는 수많은 카스태슈를 부착한 SUV, 중형차, 소형차들이 길목마다 튀어나온다.

50개이던 주문량은 100개가 되었고 곧 1,000개가 되었다. 우리는 그 속도를 따라잡을 만큼 물건을 만들 수가 없었다. 내가 더 이상 주문을 받을 수 없겠다고 느끼는 순간 사무실에 있던 직원들이 모두 나에게 열렬한 갈채를 보냈다. 카스태슈는 리프트 회사의 정체성과 성장에 연계되어 있다. 얼마 지나지 않아 리프트는 나의 카스태슈가 절대적으로 필요해졌다. 그들은 카스태슈가 준비되지 않으면 새로운 리프트 운전사를 추가할 수 없는 상태까지 되었다.

나는 카스태슈를 가지고 리프트에 전업으로 합류하는 계약을 성사시켰다. 현재 나는 시승 체험팀을 운영하고 있고 그곳에서 카스태슈를 빛이 나는 수염으로 바꾼 글로우스태슈Glowstache

로 발전시켰다. 그리고 최근에는 오늘날 모든 리프트의 자동차에서 볼 수 있는 새로운 장치인 앰프Amp로 발전시켰다.

나는 많은 사람에게 어떻게 점프를 했으며, 당장은 잘 풀리지 않는다고 말해왔다. 나중에 어떤 식으로든 일이 잘 풀리면 사람들은 "와, 당신은 정말 운이 좋았군요."라고 말한다. 하지만 나는 당신이 스스로 운을 만들고 스스로 운이 올 수 있는 위치로 가야만 한다고 굳게 믿는다. 카스태슈가 나를 리프트로 이끌게 될 것이고, 최종적으로 나에게 좋은 경력이 되리라고는 생각하지 못했다. 하지만 점프가 나의 창의력과 인격을 가장 잘 표현하는 방법이라는 사실을 알고 있었다. 그것만으로도 점프를 추구해야 하는 이유는 충분하다.

아이디어를 세상에 펼쳐놓고, 어떤 일이 일어나는지 확인하라. 어떤 것들은 즉시 성공할 것이고, 또 다른 것들은 아닐 것이다. 하지만 아이디어가 시간을 갖고 무르익어 나중에 어떤 식으로든 다시 돌아올 수도 있다. 어떻게 될지 지금은 알 수 없다. 하지만 아예 점프를 하지 않고 아이디어를 세상에 펼치지 않으면 그럴 가능성마저 잃어버리게 된다.

만약 어떤 일을 충분히 오랫동안 생각해왔고 믿는다면, 여러 가지 이유를 위해 시도해야만 한다. 만약 실패하더라도 세상이 당신 주변을 산산조각내지는 않을 것이다. 강가에 세워둔 밴에서 생활하게 되지도 않을 것이다. 당신은 그 길을 따라가면서 배우게 될 테니 말이다.

나는 자동차에 수염을 다는 정신 나간 생각을 했지만 세상에는 이보다 더 정신 나간 수많은 생각이 존재한다. 배움이란 시작한 것을 끝내는 것에서부터 시작한다.

시작은 작게 하라. 당신이 하는 것이 무엇이든 하나를 만들어 보라. 그것은 반드시 실물이 아니어도 되고, 원형이나 표본처럼 당신이 시험해볼 수 있는 것이면 된다. 사람들은 당신에게 사업계획을 세우라고 말할 것이다. 하지만 사업계획을 세우지 말라. 물론 당신이 만든 것을 사람들이 좋아할지 생각하는 정도의 정성은 필요하다. 나는 카스태슈에 대해서는 충분히 그러지 못했다. 그리고 그 일이 나에게로 돌아와 발목을 잡았다. 하지만 반대로 너무 심하게 분석하지 말라. 당신이 감당할 수 있는 만큼의 조각으로 점프를 나누고 한 번에 한 조각씩 처리하라. 점프를 시작하기 전, 첫 시작부터 마무리까지 포함하는 사업계획서를 작성할 필요는 없다.

만약 당신이 책상 앞에 앉아 지겨운 일을 하며 이 글을 읽고 있다면 당신이 성취할 수 있는 점프의 조각부터 시작해서 그 작은 조각을 밟아 나아가라.

첫 물건을 만들어라. '완벽한 계획을 세우고 모든 것을 완벽하게 해놓은 상태에서 점프를 해야만 해.'라는 생각에 당신 스스로를 옭아매기 쉽다. 하지만 그건 전혀 현실적이지 못하다.

나는 자동차에 수염을 다는 것이 말이 된다고 생각했다. 당신에게도 말이 된다고 생각하는 일들이 있을 것이다. 그것을 시작하라. 그 여정을 따라가면서, 그 길이 당신을 어디로 이끄는지 보라.

이든 에일러 Ethan Eyler

전직 비디오게임 마케팅 담당자였으며, 현재 '리프트 카스태슈 Lyft Carstache' 발명가이자 리프트의 시승 체험팀 책임자다.

내 길은 '나를 위해 사는 것'이다

보건 연구원에서 비영리단체 대표로

참된 나를 발견하게 해준 브레이크 댄스 경연대회

나는 오래전 미국 땅에 이주해 온 나이지리아 태생 부모님의 네 자녀 중 막내로 태어났다. 나이지리아에서 보낸 어린 시절에 아버지는 학교에 갈 형편이 안 되었다. 그래서 교실 창문 바깥에 앉아 있곤 했는데 이를 본 선생님에게서 쫓겨났다. 하지만 아버지는 다음 날, 또 그다음 날에도 다시 모습을 드러냈고, 급기야 학교 측에서 나의 조부모님에게 더 이상 여러 사람 성가시지 않게 아버지를 학교에 보낼 방법을 찾아보라고 했다. 두 분은 그 말대로 했지만 교복을 딱 한 벌 살 돈밖에 없었다. 그래서 아버지는 교복이 더러워지지 않게 조심스레 들고 학교에 가서 갈아입었다.

짐작하다시피 교육은 우리 가족에게 전부나 다름없었다. 부모님은 미국에서 기반을 다지기 위해 10년이나 서로 떨어져 살았다. 그 시절 우리 형제들은 각자 가족을 위해서 이루어내야 할 어떤 소명을 받은 것처럼 행동했다. 내 소명은 의사가 되는 것이었다. 내가 중학생 때부터 아버지는 "우리 아들 어느 대학 가고 싶니?"라고 물었다. 그러면 나는 아버지를 기쁘게 해드리려고 "저는 하버드 대학에 갈 거예요."라고 대답했다. 아버지는 우리가 그런 식으로 가족에 대한 존중을 보여주기를 바라셨다. 하지만 사실 나는 내가 무엇을 원하는지도 몰랐다. 그저 아버지를 실망시키지 않고 뿌듯하게 해드리는 것으로 족했다. 때가 되어 나는 하버드 대학에 지원했고, 그곳에 합격해서 입학하게 되었다. 다른 어떤 대학도 아버지의 성에 차지 않으리라는 것을 나는 알았다.

그런데 대학 4학년이 되어 졸업파티에 참석했을 때 나를 적잖이 당황하게 한 일이 있었다. 바로 내가 춤을 출 줄 모른다는 것이었다. 몇 달 후에, 한 친구가 교내 댄스 동아리에서 주최하는 브레이크 댄스 경연대회에 나를 데려갔다. 그 순간 깨달았다. 내가 그곳에서 참된 나를 발견했음을.

나는 친구들을 졸라 춤을 배웠고, 동아리 공개 연습에 참여했으며, 또 다른 댄스 동아리에 가입했다. 내가 춤을 추고 있다니 믿기지 않았다. 공부하는 시간 외에는 춤만 췄다. 밤낮으로 스튜디오에서 시간을 보냈다. 이윽고 내가 평생 춤을 추면서 살아갈 운명임을 확신했다. 이제야 그 잠재력을 깨우기 시작한 것이다. 나는 2년 동안이나 부모님께 춤 얘기를 하지 않았다. 집에 가면 방문을 닫은 채 음악을 틀고 몰래 연습했다. 결국 부모님이 이 사실을 알게 되었을 때 두 분의 반응은 명확했다. "춤이나 추라고 너를 하버드 대학에 보낸 게 아니다."

그 말이 내 마음을 뒤흔들었다. 다른 이민 가정의 아버지들과 마찬가지로, 내 아버지가 가장 두려워하는 것도 내가 아버지의 어린 시절처럼 어려운 환경에서 살면서 가난을 면치 못하게 되는 것이었다. 보건 분야 직업은 이런 두려움을 완전히 불식시켰지만 댄서라는 직업은 그렇지 못했다. 그렇기에 나는 부모님이 댄서가 된 나를 절대 인정하지 않으리라는 것을 알고 있었다. 부모님은 이렇게 말씀하셨다. "춤이라면 더 저렴하게 배울 수도 있다. 우리가 너를 하버드에 보낸 건 더 우수한 교육을 받으라는 뜻이었어. 우리가 이렇게 돈을 많이 쓰는 것도 그 때문이고." 두 분이 나를 위해 얼마나 많은 것을 희생하셨는지 알기에 실망시키고 싶지 않았다. 하지만 나는 평생 내 일부가 될 무언가를 찾았다는 것 역시 알고 있었다. 부모님 말씀을 따르면서 내가 원하는 것도 꼭 할 생각이었기 때문에 어떻게 하면 두 가지를 조화시킬 수 있을지 막막하기만 했다.

그래서 두 가지를 모두 했다. 춤을 추면서 의대 예비 과정을 마친 것이다. 나는 의대 지원서를 작성하고 나서야 오로지 이 길로만 갈 수는 없다는 사실을 스스로 받아들였다. 그래서 보스턴의 한 병원에서 2년 동안 HIV 및 AIDS 연구원 자리를 구했다. 오전 9시부터 오후 5시까지 일한 후에, 춤을 췄다. 10분 만에 병원에서 나와 스튜디오로 갔고, 매일 그렇게 했다. 그런 일과 덕분에 나는 춤의 세계를 들여다보면서 충분히 탐구할 기회를 가질 수 있었다.

나는 누구라도 어느 수준까지는 춤을 출 수 있다고 생각한다. 하지만 실현시키고 싶은 어떤 열정이나 도약과 마찬가지로 춤에도 전념을 다해야 한다. 새벽 2시까지 공부한 날에도 나는 중간에 짬을 내서 15분 정도 춤을 췄다. 하루도 빠짐없이 했다. 그 무엇도 점차 댄서로 성장해가는 나를 막을 수 없었다. 나는 보스턴과 워싱턴디시로 자동차 여행을 떠나 스튜디오 몇 곳에서 춤을 가르치고, 경연대회 심사를 하고, 행사를 몇 번 개최했다. X박스용 댄스게임이 출시되었고, 그 게임의 안무를 짜달라는 부탁 전화를 받았다. 내 관심사를 좇다 보니 기회들이 자연스레 나타났다.

한편 병원에서 연구하는 데는 모든 관심을 잃었지만 그래도 치료라는 인간적인 측면에 열정이 생겼다. 왜 특정 배경의 사람들에게서 유독 질병이 재발하는가? 이 사람들이 더 위험한 상황에 놓여 있고 건강이 나쁜 까닭은 무엇인가? 그래서 내 관심사에 좀 더 가까운 쪽으로 방향을 틀어 뉴욕시에서 공중보건학 학위를 받았다. 의대는 아니지만, 그 학위를 소지해도 의대에 갈 수 있다고 부모님을 설득했다. 이제는 지역사회에서 일어나는 일들과 관련된 공부를 하고 시험을 볼 수 있게 되어서 즐거웠다. 무엇보다 좋은 점은, 춤의 세계에서 중심부인 뉴욕에서 지내면서 춤을 추고 가르칠 수 있는 여유가 생겼다는 것이다. 나는 이 세계로 뛰어들었고 나에게 우선순위인 '지역사회, 치료, 춤'에 전념했다.

이제 의사가 되기는 글렀다는 것을 나 스스로도 알고 있었지만 도저히 부모님에게 그 말을 꺼낼 엄두가 나지 않았다. 부모님이 내게 원하는 것은 이 길이 아니라는 사실을 알고 있었기 때문이다. 처음은 연구직, 그다음으로 공중보건 일을 한다는 자체가 의사의 길로 들어설 방법이 차단되었음을 의미했다. 티핑포인트에 다다른 것이다.

나는 방에 앉아서 생각했다. '부모님께 말씀드려야 해. 말씀드려야 한다고.' 부모님은 의대에 지원한 건 어떻게 되어가는지 물어보실 테고, 더 이상 거짓말을 할 수는 없었다. 내가 평생 하고 싶은 일이 무엇인지 사실대로 털어놓는 순간은 내가 이 자리까지 오는 데 가장 큰 희생을 한 사람들을 실망시키는 순간이 될 터였다. 나는 부모님을 실망시킬 것이라는 부담감에 마음이 더없이 무거웠다.

결국 나는 아버지와 아주 긴 대화를 나누었다. 아버지는 말씀하셨다. "우리는 단 한 번도 네가 춤추는 사람이 되기를 바란 적이 없다. 그리고 우리는 희생할 만큼 했다. 뭐 해서 먹고살 거니?" 나는 대답할 수 없었다. 의학이 나를 행복하게 해줄 수 없을 거라는 사실만은 분명했다. 의사가 되기 위해 그 자리에 다다르는 데 필요한 모든 것을 할 수는 있겠지만 나는 불행할 것이다. 부모님이 그 당시 내 마음을 이해하셨는지 모르겠다. 지금도 여전히 이해하지 못하실 수도 있다. 하지만 그 고백으로 나는 마음의 큰 짐을 덜었다.

지금 모두 춤추라

이제 어떻게 해야 할까? 나는 두 가지 분야에 뚜렷한 관심이 있었지만 어떻게 그것들을 응용해서 실제적인 성과를 이루어내야 하는지 몰랐다. 스스로 많은 질문을 했다. "내가 도대체 왜 춤을 추는 거지?" 하는 질문은 내게 와 닿았지만 전업 댄서가 되고 싶지는 않았다. 전업으로 춤 강습을 하고 싶지도 않았다. 이건 뭘까? 나는 왜 이걸 하고 있을까? 답을 찾아 뱅뱅 맴도는 동안, 나는 춤을 이용해서 지역사회에 도움이 될 수 있는 방법을 찾기 시작했다. 그래서 지역에서 열리는 워크숍에 관련된 글을 포스팅했다. 이런 일들이 어떤 결과를 가져올지 몰랐지만, 그저 사람들을 한데 모아서 함께 춤추고 공동체에 속해 있다는, 우리가 하나라는 깨달음에서 오는 기쁨을 느끼고 싶었다.

나는 6~7개월 동안 이 워크숍을 주최했다. 이것이 바로 내가 원하는 것에 가까웠다. 하루는 5년 전에 알고 지내던 한 친구에게서 전화를 받았다. 그때 그녀는 12년 전 하버드에서 나를 춤의 세계로 처음 인도한 또 다른 친구와 막 사귀기 시작할 때였다. 그녀는 이제 힙합 춤 문화를 통해서 도시 청년들의 삶을 변화시키는 비영리단체 '지금 모두 춤추라!Everybody Dance Now!'의 전미 프로그램 책임자가 되어 있었다. 그녀는 향후 행사에서 서로 협력할 만한 방안에 관한 아이디어를 설명하더니 통화 마지막에는 이런 말을 넌지시 던졌다. "지금 우리 단체의 대표를 찾고 있어요. 당신이 하면 잘 맞을 것 같은데요."

바로 이것이었다. 나는 한동안 움직일 수 없었다. 공중보건과 지역 주민 건강에 대한 관심과 춤에 대한 열정을 결합해서 발산할 수 있는 수단, 그것이 바로 내가 기다려온 것이었다. 전화를 끊고 나서 멍하니 그 자리에 앉아 있었다. 내 두 갈래 인생길의 교차점을 만난 것이다. 나는 춤으로 재능기부를 해서 내가 원하는 방향으로 영향을 미칠 수 있다는 것을 알게 되었다. 지금이 바로 그 기회이고, 이 세상에 유일하게 나만이 채울 수 있는 빈틈새가 있다고 확신했다. 나는 운명적인 무언가를 향해 명확하게 나아갔기 때문에 점프할 수 있었다.

실제로 관련된 일을 해봄으로써, 점프할 시점을 명확히 결정할 수 있다. 두 도시와 두 종류의 판이한 프로그램을 거치면서 어떤 점프가 나에게 맞을지 이해하는 데 몇 년이 지나갔다. 이제 나는 우리 단체의 자원봉사자나 다름이 없다. 정말 쉽지 않은 일이다. 급여, 복리후생을 포함해서 그 무엇도 확실히 보장되지 않았다. 매일 아침 나는 이렇게 말한다.

"자, 내가 다시 돌아가서 원치 않는 일을 하지 않도록 이 일을 잘 해내야지."

그러고 나서 일에 착수한다.

나는 실패할까 봐 항상 두려워했다. 어린 나이부터 우리는 완벽해야 한다는 말을 듣고 자라기 때문이다. 이민자들은 너나 할 것 없이 학교에서 B학점을 받아서는 안 된다고 말한다. 나는 실수할까 봐 정말 두려웠다. 하지만 다른 사람들의 전기傳記를 읽을수록, '일어날 수 있는 가장 최악의 일은 무엇이지?'라는 의문이 생겼다. 지금 내 상황은 도전을 하기에 적합하다. 나는 결혼했지만 아이가 없다. 우리는 개를 키운다. 아내도 꽤 오래 일을 했고 저축한 돈도 있다. 내게 일어날 수 있는 최악의 경우를 생각해볼 때, 영향을 받는 것은 내 자아뿐이다. 지금 하는 일이 잘 되지 않으면 자존감이 떨어질 수 있겠지만, 나와 가까운 내 사랑하는 사람들 그 누구에게도 장기적으로 피해를 주지는 않는다.

이 비영리단체를 운영하기에 내게 지금보다 더 좋은 때는 없다.

가장 힘든 것은 다른 사람들이 어떻게 생각하는지 개의치 않는 일이다. 하버드 대학 동문회에 가면 여전히 그런 감정을 느낀다. 동창들이 하는 질문은 항상 "지금 하시는 일이 뭔가요?"이고, 대답은 대부분 "변호사예요."이거나 "은행가입니다." 같은 것들이다. 하지만 막상 내 차례가 오면 내 두려움은 기우가 된다. 내가 정말 열정을 가진 분야에 대해 말하면 사람들은 내 열정에 공감한다. 거부 반응을 예상하지만 호응을 얻는다.

당신의 점프가 무엇이든지 열정을 가지고 힘차게 나아간다면 아무도 당신을 막을 수 없다. 지금도 부모님은 내가 어떤 일을 하는지 혹은 왜 그 일을 하는지 완전히 이해하시지는 못한다. 하지만 두 분은 내가 말하는 것을 들으시고는 내가 옳은 길을, 그게 아니라도 최소한 내 길을 가고 있음을 아신다. 그리고 내가 배운 것은 바로 '자신을 위해서 살라'는 것이다. 아침에 일어나면 내 점프를 생각한다. 그리고 내가 왜 여기 있으며 왜 이 일을 하고 있는지 생각한다. 그러고 나서 음악 소리를 높인다.

올라쿤레 올라데힌 Olakunle Oladehin

컬럼비아 대학교 의학센터에서 폐 관련 연구원을 거쳐 현재 비영리단체 '지금 모두 춤추라!Everybody Dance Now!' 대표를 맡고 있다. 이 단체는 힙합 춤을 통해서 도시 청년들의 삶을 풍요롭게 하고 건강한 지역사회를 만들어가는 것을 목표로 활동하고 있다.

WHEN TO JUMP

진부한 말이지만 꼭 필요한 말, 당신의 직감을 믿어라

인력 개발 전문가에서 여행 보상 미디어 플랫폼 설립자로

행운은 다가오는 것이 아니라
자신이 직접 만드는 것

나의 가장 큰 두려움은 평범해지는 것이다. 고작 여행 블로그 하나 운영하는 그저 그런 사람이 될 생각을 하면 그 두려움이 엄습해왔다. 하지만 나에게는 타야 할 비행기도 있었고 예약해야 할 항공편도 있었고 포스팅 해야 할 글도 있었고 맡아야 할 자리도 있었다. 그리고 몇 년간 인력 개발 분야에서 사람들을 고용하고 해고하다 보니 한 가지 배운 점이 있었다. 커리어를 쌓아나가는 과정에서 행운을 얻기 위해서는 그 행운을 직접 만들어야 한다는 것이다.

나는 롱아일랜드 지역에 정착해서 아일랜드 가톨릭교를 믿는 중산층 대가족 집안에서 태어났다. 회사에서 아버지를 필라델피아 근처까지 배로 실어 나르는 것을 봤을 때, 여행이 내 삶에 침범하듯 들어왔다. 우리는 충격을 받았다. 여덟 살 때 나는 아버지의 여행 담당자가 되어 트래블로시티Travelocity에서 항공편을 예약해드리고 한 번에 10달러를 받았다. 나는 컴퓨터와 인터넷이라는 신세계에 흠뻑 빠져 있었다. 열두 살 때는 케이맨 제도Cayman Islands(카리브해에 있는 영국령 섬-역자 주)에 관한 책을 읽고 이제는 떠나야겠다고 결심했다. 나는 우리 가족이 쓰는 신용카드의 포인트를 모았고 얼마 후 정말 떠났다. 그때까지 우리 가족은 외국여행을 해본 적이 없었다. 가장 멀리 가본 곳이 올랜도(미국 플로리다주 중부에 있는 도시-역자 주)였다. 케이맨 제도는 환상적인 곳이었다.

20대 초 내 인생 계획은 뉴욕대에 입학해서 변호사가 되는 것이었다. 그래서 그 학교에 불합격했을 때 나는 당연히 크게 좌절했다. 나는 형제들이 있는 펜실베이니아에서 대학교를 다니게 되었다. 어머니는 "용 꼬리보다는 뱀 머리가 되는 게 낫지." 라고 말씀하셨다. 나는 그런 환경을 십분 활용했고, 졸업하기 전에 스페인에서 공부하는 동안 신용카드 포인트 제도를 이용해서 더 많이 즐기고 놀았다. 그리고 그때의 경험을 주제로 해서 개인 블로그를 운영했다. 나는 글 쓰는 일을 정말 좋아했고, 여행에도 매료되어 있었다. 블로그는 내가 처음으로 두 가지를 모두 경험할 수 있게 해주었다.

나는 항상 뉴욕시에 살고 싶어 했기 때문에, 대학 졸업 후 그곳에서 어렵게나마 직업을 구했다. 나는 로드 앤 테일러Lord & Taylor 백화점의 화장품 부서에서 바이어로 일했다. 2미터의 거구인 내가 여성들만 있는 사무실에서 몸을 굽혀 스프레드시트를 보면서 어떤 립스틱이 잘 팔리는지 물어보고 어떤 마스카라를 더 많이 구입해야 할지 궁리하는 모습은 정말 볼 만했다. 좁은 칸막이 안에 갇혀서 일한 대가로 연간 4만 5,000달러를 받았다.

끔찍했다. 나는 점프하는 것이 아니라 단지 한 걸음 내딛어서 여행이 내 일의 일부가 될 수 있는 직업을 갖고 싶었다. 그래서 인력 개발 분야로 진로를 변경했고, 대학을 방문해 4학년을 대상으로 채용 행사를 진행하는 월스트리트 회사에 일자리를 구하게 되었다. 돈도, 여행도, 시간도 없는 직업에서 세 가지 모두를 조금 더 가질 수 있는 직업으로 옮겨 간 것이다. 나는 2007년 8월, 시장이 곤두박질치기 시작한 바로 그 주에 입사했다.

나는 업무상 매달 10만 달러를 지출했는데 그 때문에 발생한 신용카드 포인트를 써서 비행기 1등석을 탔고(한번은 마돈나 옆에 앉았다), 세이셸Seychelles(아프리카 동부, 인도양 서부에 있는 섬나라-역자 주)행 항공편을 이용한 적도 여러 번이다. 순전히 신용카드 포인트 덕분에 재미있고 색다르게 살게 되었다.

여행 중 한번은 애인이 이렇게 말했다.

"당신이 잘하는 걸 다른 사람들에게 팔아보면 어때? 당신은 여행 가려고 예약하는 걸 즐기잖아. 컴퓨터 앞에 앉아 그 일을 할 때 당신이 얼마나 반짝거리는데. 모든 사람이 신용카드 포인트를 갖고 있지만 야무지게 쓸 줄 아는 사람은 많지 않아."

그 말에 나는 10달러에 도메인을 하나 사 들였고, 그 이름을 '포인트 가이The Points Guy'라고 짓고 친구들과 가족들에게 메시지를 보냈다. 며칠 후에 친구의 친구인 로레타에게서 첫 번째 이메일을 받았다. 그녀는 자신의 아메리칸 항공American Airlines 마일리지로 멕시코의 카보 산 루카스Cabo San Lucas를 여행하고 싶어 했다. 항공사 웹사이트에서는 그런 요청을 처리해줄 수 없지만, 나는 할 수 있었다.

수수료로 50달러를 받았을 때가 기억난다. 나는 제정신이 아니었다. "우와, 세상에 내가 이런 걸 할 수 있다니. 내가 좋아하는 일로 돈을 벌 수 있다니."

회사를 세우는 것은 생각만 해도 겁이 났다. 나는 워낙 일을 잘 미룬다. 첫 번째 든 생각은 이것이었다. '나는 서류 작업을 하거나 변호사를 고용하고 싶지 않아. 그럴 돈도 없어. 그건 너무 복잡한 일이야.' 그러고 나서 거울 속을 응시하고, 큰 컵에 커피를 따르고서 말했다.

"까짓것 어려우면 얼마나 어렵겠어?"

결과적으로 하나도 어렵지 않았다. 1시간쯤 후에 나는 페이스북에 '포인트 가이'에 대한 글을 포스팅했다.

"혹시 항공 마일리지를 어떻게 써야 할지 도움이 필요한 분들을 위해서, '포인트 가이'가 문을 열었습니다."

처음에는 작게 시작한 일이었다. 몇 주 후에는 직장 동료들이 조언을 구하러 내 칸막이 안으로 찾아오기 시작했다.

하지만 그다음에는 어떤 일이 생길까? 열정은 컸지만 당시 상황은 어수선하고 예측 불가능했다. 여기서 50달러, 저기서 50달러, 이런 식으로 돈이 두서없이 들어왔다. 더 심각한 문제는 나 스스로 한계를 뛰어넘을 수가 없었다는 것이다. 사람들은 한밤중에 내게 전화를 걸어 "내 딸은 아메리칸 항공을 선호하지 않아요."라든가 "루프트한자 항공을 이용했는데 짐이 사라졌어요."라고 하소연했다. 아버지는 나를 불러 앉히고는 "잠자면서도 돈을 벌 수 있는 방법을 연구해야 한다."고 이야기했다. 진짜 이 일을 하고 싶으면 나는 여기에 올인all in해야 했다.

하루 만에 1년치 연봉을 벌다

직장에서의 어떤 순간들 때문에 더 크게 점프해야겠다는 생각이 강해지기도 했다. 당시 내 업무는 하루 종일 사무실에서 직원들을 해고하는 일이었다. 어느 날, 나는 팀장과 함께 그 팀의 절반을 해고했다. 다음 날, 나는 그 팀장을 해고했다. 그 일은 잔인하고 악랄했지만, 내게 교훈도 주었다. 그 교훈은 바로 자기가 스스로를 돌보고 챙겨야 한다는 것이다. 어느 누구도 그 일을 대신 해줄 수는 없다. 점프를 하려면 만반의 준비를 하고 최대한 멀리 뛰어야 한다.

그때 한계가 찾아왔다. 나는 승진이 확정되었고 실제로 승진했지만, 약속받은 만큼의 급여를 받지 못했다. 그러자 내 상사는 이렇게 말했다. "아직 스물일곱 살이지? 때를 기다려봐. 나는 30대가 되어서야 돈을 벌기 시작했는걸 뭐." 그러고 나서 상사는 내게 앱솔루트 보드카 한 병을 주었다. 모욕스럽고 분통이 터졌다. 그날 나는 스스로에게 말했다.

"나는 전력을 다해서 당당하게 점프할 거고 점프에 성공하는 데만 집중할 거야. 나는 꼭 해낼 거야. 나 빼고 나를 챙겨줄 사람은 아무도 없으니까."

나는 모두에게 내 점프에 관해서 알렸다. 예전 직장 동료이자 친한 친구가 내게 전화를 해서 스태튼 아일랜드Staten Island에서 저녁을 먹자고 했다. 그녀의 남편은 검색 엔진 최적화라고 불리는 분야의 전문가였다. 두 사람은 내 복잡한 심경과 내가 이루려고 하는 점프를 이해했고 나를 도와주고 싶어 했다. 그날 저녁이 내 인생을 바꾸었다. 테이블 위의 미트볼을 먹으면서, 열정을 소득으로 연결하는 방법, 글쓰기와 여행을 융합하고 광고를 이용해서 그것을 지속적인 무언가로 만들어내는 방법 등을 들었다. 전문가에게서 듣는 특강이나 다름없었다. 2010년 6월 7일, 내 첫 번째 블로그가 탄생했다. 나는 향후 어떤 일이 있어도 단 하루도 빠짐없이 블로그 활동을 할 것이라고 스스로 다짐했다.

팔로워가 몇백 명으로 늘어났다. 블로그는 몇 달이 지나서야 관심을 받기 시작했지만 그래도 좋았다. 글을 써서 이야기를 들려주고 남들과는 다른 독특한 관점을 드러낼 수 있는 방법을 찾은 듯해서 짜릿했다. 광고와 콘텐츠에 전념하고 있을 때 또 다른 변화가 찾아왔다. 대학교 동창에게서 연락이 왔는데, 그 친구는 전부터 만나자고 연락을 해오던 차였다. 내가 시간을 내지 못했지만 친구는 포기하지 않고 계속 연락했고 이런 내용의 이메일을 보냈다. "나와 남편이 휴가를 가려고 하는데 네 도움이 필요해. 그런데 너 정말 멍청하다. 너는 신용카드에 대해서 블로깅하고 나는 신용카드 회사에 다니잖니. 돈이 될 거라는 생각 안 해봤어?"

나는 블로그에서 이미 신용카드 홍보 글을 집중적으로 올리고 있었고, 이제 오랜 대학 동창의 전문성까지 얻었다. 사람들은 내 조언을 따랐고 나는 엄청난 변화를 맞이하게 되어다. 요렁이 붙기 시작할 무렵 〈뉴욕 타임스〉 기자가 연락을 해 왔다. 결정적인 행운이었다. 기자의 이메일은 스팸 메일 폴더에 숨어 있었다. 그 메일에는 "당신이 신용카드 포인트 전문가라고 들었습니다. 그런데 알뜰한 여행객들에게 포인트가 얼마나 도움이 되는지 잘 모르겠습니다. 어떻게 생각하세요?"라고 적혀 있었다. 나는 이렇게 대답했다. "완전히 반대로 생각하셨네요. 만나서 얘기합시다." 우리는 만나서 4시간 동안 대화했다. 나는 그를 완벽하게 설득했을 뿐 아니라 그가 브라질 여행을 무료로 다섯 번 갈 수 있게 예약까지 해주었다.

그리고 소소하게 찾아온 이 모든 행운의 기회들(광고, 마케팅, 언론)이 합쳐져서 선풍을 일으켰다. 〈뉴욕 타임스〉에 쓴 글이 발표될 예정이던 바로 그 주에, 체이스Chase사는 영국 항공British Airways 사상 타의 추종을 불허하는 10만 마일리지를 자사의 최신 신용카드 혜택으로 제공하고 있었다. 그리고 내 소개로 카드 신청이 이루어질 때마다 나는 건당 100달러를 받았다. 이렇게 3자 모두의 관심사가 합치되었다. 독자들은 신용카드를 최대한 활용하는 방법에 관한 콘텐츠를 원했다. 신용카드 회사들은 내 경제 기사를 읽는 독자들에게 카드를 노출시키고 싶어 했다. 그리고 〈뉴욕 타임스〉는 그 모두에게 신뢰성을 더해준 것이다.

기사가 발표되자 해당 기사를 읽으려고 웹사이트에 방문자들이 폭주했고, 내 웹사이트에서 추천한 체이스 카드를 수천 명이 사러 갔다. 나는 브루클린에 있는 아파트 욕실에 앉아서 내 소개로 이루어진 카드 구매 총 건수를 헤아려보면서 생각했다. "우와, 오늘 하루 만에 내 1년치 연봉보다도 더 많은 돈을 벌었어." 나는 좋아서 어쩔 줄 몰랐다. 그리고 곧 월 수십만 달러를 벌게 되었다.

'포인트 가이' 사업이 일으킨 붐은 참으로 기현상이었다. 처음으로 100만 달러를 벌었을 때 나는 여전히 인력 개발 업무를 하던 내 칸막이로 갔다. 정신 나간 짓이었다. 직장생활은 분명 개인 사업에 방해가 되었다. 하지만 부모님께 직장을 그만두겠다고 말씀드렸을 때 두 분은 내게 부사장 승진이 코앞인데 회사를 떠나려고 하다니 말도 안 된다고 하셨다. 어머니는 "경기 불황도 이제 거의 끝물이잖니. 회사에서 크게 보상해줄 텐데 어떻게 그걸 버릴 수 있단 말이냐?"라고 말씀하셨다. 나는 당당하게 말했다. "어머니, 대기업에서 일해야만 그런 수당을 받을 수 있는 건 아니에요. 그 정도는 저 스스로도 충당할 수 있다고요." 분명한 사실이지만, 나를 포함해서 우리 중 그 누구도 그것을 생각해본 적이 없었다.

나는 〈뉴욕 타임스〉 기사가 나온 날 사직했고, 신규 인턴들의 다음 업무가 끝날 때까지 머물렀다. 그리고 나서 회사를 떠나 내가 원하는 삶을 살기 시작했다. 포인트 가이의 전업 사업가가 된 것이다.

내가 인력 개발 분야에서 다년간 일한 덕분에 포인트 가이가 현재까지 존재할 수 있다고 전적으로 확신한다. 내 고객은 신용카드 회사들, 곧 대형 금융 회사들과 그 회사의 회계 감사 부서 및 경영진들이다. 나는 그들의 업무 진행 흐름에 훤하고 그들과 관계를 발전시키는 방법을 알고 있다. 바로 내가 그 세계에 발을 담갔었기 때문이다. 나는 법무 부서와도 친숙하고, 고용 분야에도 감각이 있다. 나는 점프하기 전의 경력을 소중하게 여긴다. 그 경력이 오늘의 나를 만든 밑바탕이 되어주었기 때문이다.

고위험과 고보상이 공존하는 것이 점프의 핵심

현재 하고 있는 일에서 점프하기 전에, 한 번에 두 가지 일을 할 수 있다는 것을 기억하라. 그리고 그렇게 해야만 한다. 나는 절벽 아래로 점프하기를 권하지 않는다. 내 동작은 계획된 것이었고, 그것은 점프하는 대부분의 사람들에게도 마찬가지다. 스스로 무엇을 좋아하는지, 어떻게 그 일로 다른 사람들에게 도움이 될지, 그 일이 어떻게 필요를 충족시킬지 생각해보라. 당신의 급여가 아직은 그 일에 좌우되지 않을 때 미리 브레인스토밍을 하여 이런 생각들을 해보라. 생각하고 확인해볼 여유가 있는 시기에 여러 모형들을 이것저것 시도해보라. 내가 생각하는 점프의 개념은 내가 블로그를 시작한 시점부터 사직한 시점까지 시간이 흐르면서 완전히 달라졌다.

당신이 점프를 시작할 때 대부분의 사람들은 당신에게 뻔뻔하고 활동적인 자기 홍보가가 되어야 한다고 말해주지 않는다. 전략적으로 하라. 철면피가 되라. 내 주위에는 더할 나위 없이 최고의 재능을 가진 음악가 친구들이 있지만, 그들은 홍보를 잘 못한다. 나는 그들에게 이렇게 말해준다.

"장기자랑 행사에 가서 사람들에게 연주를 들려주게. 어떤 분야에 있든지 적극적이어야 해. 또 월스트리트에서 인턴을 하고 싶다면 그것을 이룰 수 있도록 밀어붙여야 해. 나가서 자네를 점프에 한 발 다가갈 수 있게 해줄 사람들을 만나게."

점프 과정에서 가장 자주 간과하는 것이 바로 이렇게 밀어붙이는 부분이다.

무엇보다 행운을 얻기 위해서는 점프해야만 한다는 것을 기억하라. 당신의 가장 열띤 지지자도, 당신이 가장 존경하는 사람도, 그 누구도 당신이 점프할 적절한 시점을 결정해줄 수 없다. 모두 의견이 다를 것이다. 나는 그 부분에서 사람들의 의견이 만장일치가 되기를 수없이 시도했다. 150명의 영리한 사람들이 나에게 저마다 다른 방향을 제시하고 각자 다른 이야기를 했다. 진부한 말이지만 당신 스스로의 직감을 따르라. 스스로 능숙하면서도 사람들에게 반향을 일으킬 수 있는 일에 집중하고, 그것을 당당하게 설명해서 납득시켜라. 그러고 나서 붙여둔 반창고를 떼어내고 점프하라. 아무도 당신을 대신해서 그 일을 해주지 않을 것이다.

스태튼 아일랜드에서 미트볼을 먹고 내가 블로그에 첫 포스팅을 했을 때부터 수년이 흘렀다. 이제 우리는 20명이 한 팀으로 일하고 있다. 신용카드 회사들과 제휴해서 신상품을 홍보하고, 글로벌 자선 단체들과 노벨 평화상 수상자들과 협력해서 우리 여행이 선한 목적으로 이용되도록 하고 있다. 상상도 못한 일이다.

자유롭다는 느낌보다 더 좋은 느낌은 없다. 매일 아침 일어나서 두근거리는 마음으로 이메일 수신함을 열어보게 된다. 단지 재정 측면의 자유를 말하는 것이 아니다. 가장 순수한 의미의 자유다. 일단 점프에 확신을 갖게 되면, 원하는 것이 무엇이든 그것을 할 능력이 당신 안에 있음을 알게 된다. 맞다. 위험은 현실에 늘 도사리고 있다. 언젠가 하루아침에 물거품이 되어버릴 수도 있기 때문이다. 포인트 가이는 내일 문을 닫아야 할 수도 있다. 소비자금융보호국에서 나와 "더 이상 블로그에서 신용카드 마케팅을 할 수 없습니다."라고 말할 수도 있다. 어떤 점프든 위험 부담을 안고 있지만 그것이 점프의 핵심이기도 하다. 점프는 그 특성상 고위험과 고보상이 공존한다.

몇 주 전 나는 서아프리카에서 한 독지가와 함께 자선 프로젝트를 진행했다. 그 마을 사람들은 나를 부족장이라고 부르면서 나에게 머리끝부터 발끝까지 부족 의상을 입혔다. 도저히 믿을 수 없었다. 나는 가나에 있는 시골 마을의 무대 위에 꼿꼿이 앉아 있고 부모님은 이 장면을 구경하고 계시다니! 내가 어떻게 여기에 이르게 되었을까? 나는 평범해질까 봐 죽을 만큼 두려워하던 중학교 시절을 회상했다. 나는 부모님을 바라보았고, 우리는 서로 미소를 지어 보였다. 그러고 나서 또다시 비행기에 올랐다.

브라이언 켈리 Brian Kelly

월스트리트 금융서비스 기업에서 인력 개발 전문가를 거쳐 현재 여행 보상 미디어 플랫폼인 '포인트 가이The Points Guy' 설립자 겸 운영자다.

WHEN TO JUMP

무슨 일이 일어날지 알 수 없을 땐, 최선이 무기다

변호사, 저널리스트, 에너지 사업가에서 정치인으로

운과 우연이 우리 삶에서 하는 역할

나는 직업을 바꾸려고 할 때마다 5년에서 10년 정도 앞을 내다보면서 스스로에게 "나중에 이때를 회상해본다면 내 결정에 대해 어떤 느낌이 들까?" 하고 묻는다. 그러고 나서 어느 방향으로 가는 것이 최선인지 결정한다. 나는 이 질문을 변호사가 되기 전에, TV 앵커 일을 하기 전에, 법조계를 떠나 대체에너지 분야로 진출하기 전에, 정계에 발을 들이기 전에 스스로에게 했다. 그다음 무엇을 해야 할지 짐작해보지만 그건 정말 그냥 짐작에 불과하다. 운과 우연이 우리 삶에서 하는 역할을 과소평가해서는 안 된다. 정말이다. 나는 현재 미국 상원의원으로 활동하고 있는데 이것이 내 아홉 번째 직업이다. 여기까지 오게 된 것은 정말이지 경험에 근거한 짐작, 기이한 우연, 스스로 통제할 수 없는 사건들의 총합이라고밖에 설명할 수 없다.

예를 들어 내가 다트머스 대학교에 가게 된 것은 고등학교 3학년이 되기 직전에 누나가 다트머스 대학교를 갓 졸업한 사람과 결혼했기 때문이다. 결혼식에서 본 남자들은 멋졌다. 그래서 나는 생각했다. 여기가 나를 위한 곳이라고. 그 전까지는 한 번도 가본 적 없는 곳이었다. 만약 누나가 버지니아 대학교나 노스캐롤라이나 대학교나 하버드 대학교를 졸업한 사람과 결혼했다면 내 삶이 완전히 달라졌을 것이다.

그 후 버지니아 대학교 법학대학원에 진학했다. 나는 공직에 매력을 느꼈다. 1968년 학내에서 로버트 케네디 대통령 선거운동 본부장을 맡았다. 그가 암살되던 날 밤을 똑똑히 기억한다. 나는 큰 충격을 받았다. 얼마 후 국립법률서비스 프로그램에 합류해서 메인주로 발령받았다. 가본 적도, 아는 사람도 없는 곳이었다. 포틀랜드주로 발령 날 줄 알았는데 아니었다. 나는 스코히건Skowhegan이라는 작은 마을에 있는 '파인 트리 법률 원조단Pine Tree Legal Assistance'에서 일했다. 1969년 가을이었다. 스코히건은 생각보다 꽤나 큰 동네였다. 주민이 5,000~6,000명 되었다. 그곳에서 고객들을 도우며 2년 반 동안 머물렀다. 스코히건은 저소득 지역이었다. 2주마다 한 번씩은 인접한 여러 작은 마을을 방문해서 소방서와 주민센터와 법원 대기실에서 고객들을 만났다. 그들은 다양한 문제에 관해 조언을 구했다. 비단 법률과 관련된 것뿐만이 아니었다. 그들은 교육, 건강, 주거 등 갖가지 문제를 안고 있었다. 나는 그저 법률 문제만 도와줄 수 있었다.

정치야말로 모든 문제를 해결하도록 도와줄 수 있는 길이었다. 그래서 나는 메인주에서 상원의원에 출마한 사람의 선거운동을 하기로 했다. 그의 상대 후보는 20세기 중반 메인주의 전설 같은 존재인 마거릿 체이스 스미스Margaret Chase Smith 상원의원이었다. 아무도 그가 이길 것이라고 생각하지 않았다. 하지만 그는 당선되었고, 나는 워싱턴으로 거처를 옮겨 2년 반 동안 그의 밑에서 일을 했다. 사람들은 에드먼드 머스키Ed Muskie, 제이콥 재비츠Jacob Javits, 월터 먼데일Walter Mondale 같은 의원들이 활약한 1970년대 중반의 상원을 '마지막 훌륭한 상원'이라고 일컫는다. 참 살맛나는 세상이었다.

하지만 나는 줄곧 메인주로 돌아가고 싶었다. 2년 반 넘게 워싱턴에 머무르게 되면 그곳이 나를 자석처럼 끌어당겨 영원히 묶어둘 수도 있겠다는 생각이 들었다. 연금도 나오고 하니 아예 거기에 뿌리를 내릴까 하는 유혹이 밀려왔다. 그래서 그곳을 떠나 메인주로 복귀해서 변호사로 개업했다. 당시 결혼한 상태였고 아이도 셋 있었다. 돈을 벌어야 해서 메인주 브런즈윅Brunswick에서 개인 사무실을 차렸다. 인구가 2만 명 정도 되는 도시였다. 수입이 나쁘지 않았다.

그때 예전에 상원의원 선거운동을 함께 한 친구에게서 연락이 왔다. 그는 메인주의 공영 방송사 프로그램 앵커였는데, 2주간 신혼여행을 간다고 했다. 그는 나에게 자기 자리를 대신해줄 수 있는지 물었다. 나는 그런 일은 해본 적이 없을뿐더러 생각조차 해보지 않았다. 그런데 그 일을 하면 한 주에 25달러가 지급될 것이라고 했다. 내가 변호사가 되고 나서 받은 첫 월급이 100달러 정도 되었을 것이다. 그가 제안한 일을 하면 적지 않은 돈이 들어오는 것이다. 나는 승낙했고, 2주간 방송 일을 했고, 그것으로 끝이었다. 변호사로 복귀했다.

그 후 이 앵커 친구는 의회 의원에 출마했기 때문에, 그가 진행하던 프로그램 프로듀서가 나에게 전화해 이렇게 말했다. “지난 번 2주 동안 정말 잘하시더라고요. 계속 해주시면 어떨까요?” 그렇게 해서 나는 방송 일을 하게 됐다. 변호사 일을 계속하면서 파트타임으로 했지만 17년 동안이나 방송을 했다. 방송 일을 할 때 나는 메인주의 짐 레러Jim Lehrer였다. 인터뷰, 토론, 다큐멘터리까지 다양한 방송을 경험했다.

몇 년 후 내가 변호사로 개업한 지 6~7년 되었을 무렵에, 한 고객이 나에게 자기 회사의 사내 변호사로 일해달라고 부탁했다. 당시 나는 그 회사 일을 거의 상근으로 하는 것이나 다름없었다. 그들은 뉴잉글랜드 지역에서 대체에너지 관련 사업을 하고 있어서 나는 메인주에 머물 수 있었다. 그래서 승낙했다.

지금까지 내게 일어난 우연을 되짚어보자. 누나의 남편이 다트머스 대학교를 다녔다. 케네디 대통령이 암살당했다. 내가 선거운동을 한 상원의원 후보가 당선되었다. 방송 앵커 친구가 신혼여행을 갔다. 그 친구가 의회 의원에 출마했다. 내 고객이 사내 변호사가 필요하다고 했다. 이 모든 일은 내가 통제할 수 없는 것이었고, 각 사건이 내 삶을 크게 바꾸었다.

다음 순간에 어떤 일이 일어날지 전혀 알 수 없는 것이 인생이다

에너지 기업에 들어가서 나는 법률 관련 일과 비즈니스 업무를 함께 했다. 수력 프로젝트와 대규모 생물량 프로젝트가 진행되었다. 그곳에서 여러 가지를 배웠다.

1988년 나는 그 회사의 이사회에 참석했다. 이윤이 계속 하락하고 수력발전소의 설비를 개선하기 위한 투자가 적자를 발생시켜 이대로 가다가는 도산하겠다는 결론에 이르렀다. 당시 나는 에머리 로빈스Amory Lovins라는 과학자가 쓴 글을 떠올렸다.

《포린 어페어스Foreign Affairs》에 기고한 글에서 그는 전력을 발전시키기보다는 보존하는 데 투자하는 쪽이 더 저렴하다고 주장했다. 기본적인 발상이지만 당시로서는 참신했다. 나는 그 잡지에 실린 다른 기사를 읽을 수도 있었지만, 하필이면 그 글을 읽었다.

어쨌든 우리 회사는 도산할 테고 더 잃을 것이 없어 보여서 나는 말이나 한번 해보자는 생각에 의견을 냈다. "이 기사에 따르면 전력을 발전시키는 쪽보다는 보존하는 쪽이 훨씬 더 저렴하다고 합니다. 우리 회사도 보존 사업에 착수해서 보존한 에너지를 기존 방식처럼 판매하면 어떨까요?"

회사 경영진인 노르웨이인들은 그것이 정말 정신 나간 생각이라고 했다. 하지만 그들은 내게 제안서를 작성할 시간을 주었고, 나는 연구 조사를 거쳐 제안서를 썼다. 그러자 우리의 주요 전기사업체 중 한 곳에서 보존 아이디어를 구체적으로 명시해 달라는 내용의 제안 요구서를 보내왔다.

우리 모두 1988년 크리스마스 파티 자리에서 해고당했다. 그날은 내 인생에서 가장 기이한 날 중 하나였다. 나는 계약이 1년 연장되었고, 경영진이 나를 방으로 불러 이렇게 물었다. "혹시 원하는 게 있나요? 계약 협상을 해봅시다." 그 말에 나는 "연봉을 반으로 줄이고 대신 보존 아이디어에 관한 권리들을 제게 주십시오."라고 대답했다. 그들은 그 아이디어를 시시하게 생각했으므로 기꺼이 내가 하자는 대로 해주었다.

다음 해 1월에 나는 '노스이스트 에너지 매니지먼트Northeast Energy Management'라는 회사를 설립하고 한 전기사업체와 계약을 맺었다. 그러고 나서 조명 장치를 교체하고 양수기를 바꾸는 등의 방법으로 그들이 에너지를 절약할 수 있게 도와주었다. 그때까지 그런 프로젝트는 어디서도 시행된 적이 없다시피 했다. 프로젝트는 대단히 큰 성공을 거두었다. 우리는 이후 4년 동안 약 1,200만 달러 규모의 보존 프로젝트들을 실시했다. 그 후 다른 주의 어떤 사업체에서 에너지 보존에 관심을 보였고 우리 회사를 인수했다. 그 결과 나는 백만장자가 되었다. 천 년 동안 우리 가문에서 이보다 더 큰돈을 만져본 사람은 없을 것이다.

내게 갑자기 돈과 시간이 생겼다. 그때도 나는 여전히 TV 프로그램을 진행했다. 하지만 메인주의 정치에 답답함을 느끼던 차였다. 공화당 소속인 주지사와 민주당 하원의원들이 옥신각신하는 통에 주정부 폐쇄 사태까지 벌어졌다. 하루는 상공회의소장과 한 환경단체장이 참여한 패널 토론에서 사회를 보게 되었는데, 점심식사 자리에서 그들은 내게 "주지사에 한번 출마해보면 어때요?"라고 말했다. 그들이 그 말을 꺼내지 않았다면 나는 아마 생각조차 하지 않았을 것이다. 하지만 완전히 반대 입장의 두 사람이 입을 모아 좋은 생각이라고 하자 그 제안을 진지하게 고려해보게 되었다. 그리고 결국 출마하기로 결심했다.

나는 무소속으로 당선되었고 한 차례 연임했다. 주지사로서 성공적인 8년을 보낸 듯했다. 하지만 끝난 건 끝난 것이었다. 아내와 나는 RV 차량을 한 대 구입해서 아이들을 데리고 약 5개월 동안 전국을 여행했다. 아이들은 홈스쿨링으로 교육했다. 정말 근사했다.

나는 은퇴한 것이 아니었다. 단지 정치활동만 접었을 뿐이다. 그 후 메인주의 보든 칼리지Bowdoin College와 베이츠 칼리지Bates College에서 강의를 했고 에너지 관련 일도 했다.

2012년에 메인주의 상원의원인 올림피아 스노Olympia Snowe가 돌연 의원직을 사퇴하겠다고 발표했다. 스노 의원은 의회의 당파싸움에 지칠 대로 지친 듯했다. 주지사 시절 나는 무소속 출신이기 때문에 때때로 당파 간 의견 차를 좁힐 수 있었고, 그렇다면 의회로 진출해서 비슷한 역할을 할 수도 있겠다는 생각을 했다. 앞으로 5년이나 10년 후에 지난날을 되돌아보면서 의회에서 국가에 봉사하는 것과 RV를 타고 전국을 여행하는 것 중 어느 쪽이 더 좋은 선택이었다고 생각할지가 내게는 중요한 판단 기준이었다. 그렇게 생각하니 답은 이미 정해져 있었다.

나는 운 좋게도 또다시 선출되었고, 지금 이 순간에 이르렀다. 내 경험에서 말해줄 점이 있다면, 다음 순간에 어떤 일이 일어날지 전혀 알 수 없다는 것이다. 무엇이 찾아오든지 잘 대비하는 것이 우리가 할 수 있는 최선이다. 전 레드 삭스의 강타자 데이비드 오티즈David Ortiz는 등판하면서 자신이 세 번 공을 치면 두 번은 아웃당할 수 있다는 것을 알고 있었다. 실패 가능성과 불확실성을 가득 안고 있었던 것이다. 그는 배트를 휘두를 때 자신이 안타를 칠지 못 칠지 알지 못했다. 그래도 그는 계속 배트를 휘둘렀다.

그리고 나도 그렇다.

앵거스 킹 Angus King

이전에 변호사, 저널리스트, 에너지 사업가로 활동했고, 1995년부터 2003년까지 메인주의 제72대 주지사를 지냈다. 2013년 메인주 최초로 미 의회의 무소속 상원의원으로 선출되어 현재까지 재직 중이다.

WHEN TO JUMP

점프에는 희생이 따른다. 그 보상은 좋아하는 일을 하며 사는 것이다

폐기물 수거원에서 고급 가구 디자이너이자 제작자로

내가 원하는 일에 과감하게 점프해도 괜찮을까?

나는 캘리포니아 중부의 한 복숭아 농장에서 자랐다. 농장은 내 아버지 소유였고, 아버지는 수년 전 우편배달부 일을 그만두고 농장 일을 시작하셨다. 농부가 되기 위해 아버지는 장애와 싸워야 했다. 어느 날 아버지는 "이제 내 마음이 시키는 대로 농사를 지어야겠어."라고 말씀하셨다. 아버지는 아주 근사한 농장을 지으셨다.

아버지는 형과 내가 고등학교를 졸업하고 나서 그 농장을 물려받기를 바라셨지만, 나는 내가 사는 곳을 벗어나고 싶었다.

나는 캐나다에 있는 대학교에 진학해서 성서학 학위를 받았다.

대학 졸업을 눈앞에 둔 20대 초반에 나는 신혼이었고 취업을 해야 했다. 우연찮게 문을 제조하는 업체에서 목재를 재활용하는 일자리를 구하게 됐다. 지게차 운전을 하면서 폐기물을 내던지는 일이었다. 우리 부부는 마지막 대학 등록금을 내야 해서 집에 가구를 사 들일 수 없는 형편이었다. 그래서 직장에서 목재 조각을 모아 집으로 가져와 스스로 가구를 만들어보았다.

정말 조악한 가구였다. 쓰레기장에서 주워 왔다고 해도 믿을 정도였다. 하지만 그 경험이 내 마음에 불을 지폈다. 무언가를 만들어내고 목재를 가지고 일하는 것을 내가 좋아한다는 사실을 깨닫게 된 것이다. 목재에는 뭔가가 있었다. 자연스러운 아름다움이 있고, 조각이나 부분을 모아서 다른 무언가로 재탄생시킬 수 있다는 특성이 있었다. 나는 지게차를 타는 시간을 제외하고 깨어 있는 모든 순간을 목재를 만지면서 보냈다.

나는 목공 일을 계속했지만 그것이 직업으로서 실용성이 있다는 생각은 들지 않았다. 첫째, 나는 그 일에 재능이 그다지 없었다. 둘째, 목공 일이 어떻게 직업이 될 수 있는지 몰랐다. 그래서 그 일을 취미 삼아 했고, 대학을 졸업하고 나서는 내가 일하던 문 제조업체에서 사무직으로 근무했다. 대학까지 졸업했으니 그런 일을 하는 게 맞는다고 생각했다.

컴퓨터 앞에 앉아서 스프레드시트와 숫자를 들여다보는 일을 하다 보니 즐거움이 차츰 사라져갔다. 생기를 불어넣는 일이 있는가 하면 앗아가는 일도 있다. 내 일은 후자였다. 나는 목공일을 부업으로 계속해나갔고, 그러던 어느 날 "내가 사랑하는 일을 찾았어. 그걸 꼭 할 거야."라고 스스로 인정했다.

회사 근처 캐비닛 가게의 목수들이 우리 사무실에 와서 새 캐비닛을 설치해주는 모습을 보게 되었다. 나는 그중 한명에게 조용히 다가가서 이렇게 물었다. "저, 혹시 사람 뽑으시나요?" 그는 기다렸다는 듯 답했다. "오, 당연하죠. 마침 직원이 한 명 필요해요." 며칠 후 나는 사무직을 그만두고 그 캐비닛 가게에서 일을 시작했다.

최고의 직업은 아니지만, 나는 그곳에서 1년을 버티면서 기술을 배웠고, 농산물 직판장에서 내가 만든 물건을 팔기 시작했다. 그러던 중 이 일을 잘하려면 기술을 더 길러야겠다는 생각이 나를 또 다른 삶의 전환점에 이르게 했다. 그래서 캘리포니아에 있는 명문 목공학교에 지원했지만 합격하지 못했다. 나는 좀 더 나은 작품을 만들어 이듬해에 다시 지원했고 입학을 허가받았다.

2년 후에 나 스스로 기술 좋은 장인이라는 자신감을 가지고 목공학교를 졸업했다. 나는 상상할 수 있는 것은 무엇이든 만들어낼 수 있었다. 하지만 이윽고 현실이 눈앞에 닥쳐왔다. 우리 부부는 학자금 대출로 빚에 허덕였고 우리에게는 갓난아기까지 있었다. 그리고 내가 버는 돈이 우리 가정의 주요 수입원이 될 것이다. 나는 안전한 직업을 찾아서 현실적으로, 모두가 권하는 '옳은' 방식을 따라 살아야 할까? 아니면 내가 원하는 일에 과감하게 점프해도 괜찮을까?

나는 과감해지기로 했다. 목공학교를 졸업한 후 바로 점프했다. 내게는 엄청난 빚과 몇 가지 수공구와 갓난아기와 전업주부인 아내가 있었고 저축한 돈은 없었다. 처음 사업을 시작했을 때 통장에 고작 몇백 달러밖에 없었다. 2008년 경기 침체가 시작될 무렵이었다.

제정신이냐고 하겠지만 나는 올인해야만 했다. 내가 목공학교에서 배워야 할 것을 전부터 알고 있었다. 실력을 갖춰 이 분야에서 성공하려면, 나 자신에게 모든 것을 걸어야 한다는 사실이다. 사업을 시작하고서 처음 6년 동안 나만의 가구 디자인을 창조하고 내 작품을 판매할 만한 모든 방법을 시도하면서 보냈다. 하지만 마침내 내 마음에 흡족한 가구 작품들을 모아놓고 판매 경험을 쌓기 전까지는 제대로 이룬 것이 없었다.

가장 힘든 점은 우리가 너무 가난했다는 것이다. 우리는 최소한의 안전망도 갖추지 못했다. 자동차에 기름이 떨어지면 한번에 4분의 1만 채웠다. 딱 가구 하나 만들 수 있을 만큼만 목재를 구입했고, 그 한 점을 만들어 팔아야 새 가구 하나를 만들 목재를 살 수 있었다. 이 점프를 한다는 것은 그야말로 0에서 출발하는 것이나 다름없었다. 나는 당장의 힘겨운 싸움이 장기적으로 보면 어떤 방법, 모양, 형태를 취하고 있는 내 열정을 향해 나를 이끌어줄 사물이나 사람을 만나게 됨으로써 보상받을 것이라 믿었다.

솔직하게 말하면, 그 불확실성에 동반되는 심적인 리스크가 어마어마했다. 나는 정말 절실하게 느꼈다. 잠 못 드는 밤이 허다하게 찾아왔고, 처음 6년 동안은 나 자신을 의심하는 순간이 적지 않았다. 내가 능력이 있을까? 내가 해낼 수 있을까? 현실적인 직업 선택이 아니라고 충고하던 다른 사람들의 말을 들어야 했나? 부족한 수입을 채우기 위해서 파트타임 일을 해야 할까? 진짜 직업을 찾아야 하나?

사실 나는 일자리, 그것도 평범하지 않은 일자리에 지원했다. 그중에는 목재 골조를 짜는 일도 있었고, 꽃가게에서 꽃을 배달하는 일도 있었다. 다행히 어느 곳에서도 채용되지 못했다. 전화번호부를 집집마다 배달하는 일까지 했지만, 그리 잘 풀리지는 않았다.

그럼에도 주의가 분산되지 않고 집중할 수 있어서 좋았다. 나는 점프하기 위해서 미리 준비했고 저돌적으로 실행에 옮겼다. 준비가 되어 있다고 해도, 발을 반만 담근 상태라면 결과는 별 볼일 없어지고 만다. 계획은 끝냈더라도 계획에서 점프로 가는 도중의 회색지대에 갇혀 움직이지 못하게 되기 쉽다. 스스로 확신이 있는지 확인하고, 할 수 있는 한 최고로 실력을 갖추고 나면 바로 움직여라. 이런 접근법은 현실성이 부족해 보일 수 있지만, 꿈이란 원래 항상 현실적이지만은 않다. 꿈을 향해 뛰어들기 위해서는 위험을 감수해야 하고 자신에 대한 믿음이 있어야 한다.

힘든 선택에 뛰어들면
거기서부터 '행운'을 찾을 수 있다

몇 년 후, 내 점프의 결과는 나쁘지 않았고 그것으로도 괜찮았다. 가족을 부양할 수 있었고 생계를 이어갈 수 있었다. 6년이 지나자 나는 습관적으로 내 존재를 잡지사와 웹사이트에 알리고 있었다.

하루는 한 디자인 블로거에게 내 소개를 담은 이메일을 보냈는데, 그는 긍정적인 답장을 해주면서 자신의 블로그에 내 작품들을 특집으로 해서 포스팅했다. 그 글은 인터넷상에서 삽시간에 퍼져나갔고, 곧 전 세계의 수많은 방송사, 신문사, 잡지사의 주목을 받았다. 하룻밤 새 나는 인터넷에서 선풍적인 인기를 끌게 있었고 내 작품들은 수천만 명에게 소개되었다. 불과 조금 전까지만 해도 나는 괜찮은 가구를 많이 만들고 있었지만 그 가구를 본 사람도, 산 사람도 거의 없었다. 하지만 순식간에 유명 장인이 되었고 주문이 산더미처럼 밀려 들어왔다.

운이 정말 좋았기 때문에 이 자리에 이를 수 있었다. 열심히 노력한 덕분에 얻은 성과도 있지만 한편으로는 이 모든 것이 엄청난 축복이라는 생각이 든다. 몇 년 전 아버지가 돌아가신 이후에 나는 하루하루가 선물처럼 느껴진다. 매일 내가 좋아하는 일을 할 수 있는 것은 축복이다. 한 달 수입으로 생활비만 겨우 충당하며 간신히 생계를 꾸려나가던 시절이었지만, 내가 성취한 모든 것이 축복처럼 느껴졌다. 어떻게든 먹고살려고 아등바등할 수 있어서 축복이었고, 또 이제는 꽤 넉넉하게 살아갈 수 있어서 축복이다. 단순히 '행운'의 문제는 아니었다.

점프할 때 나는 실패할 가능성은 생각조차 해보지 않았다. 될 때까지 밀어붙여볼 생각이었다. 생각해 보니 그런 태도는 아버지에게서 물려받은 듯하다. 농장을 처음 시작하셨을 때 아버지는 실패할 가능성은 생각조차 하지 않으셨다. 나도 점프하면서 그랬다. 중간에 돈이 필요하면 돈을 구할 수 있는 방법을 찾으면 찾았지 가구를 제작하는 생업을 그만두어야겠다고 생각해 본 적은 단 한 번도 없다. 그것이 바로 내가 사랑하고 열망하는 일임을 알았기 때문이다. 그 정도로 간단한 문제였다.

현재 나는 태평양 연안 북서부 지역의 초원에서 살면서 일하고 있다. 105년 된 농장을 개조해 거기서 아내와 세 아이와 함께 산다. 삼면이 라즈베리 밭으로 둘러싸여 있고, 완만한 언덕이 저 멀리 삼림지대까지 부드럽게 이어진 곳이다.

나는 작업실의 설계와 건축을 직접 맡았다. 삼나무를 자재로 쓰고 창문과 채광창을 많이 설치한, 헛간의 현대적 버전이다. 벽을 따라 원목 판이 높이 쌓여 있고 나는 그것들로 실용적인 제품을 만들면서 하루를 보낸다. 아내는 아이들을 홈스쿨링으로 교육하고 내 일터는 집에서 뜰을 가로질러 10초 거리에 있다. 아이들은 종종 내 작업실에 와서 자전거를 타고, 나는 집에 가서 아이들과 점심을 함께 한다. 오후에는 쉬면서 아이들과 자전거를 타거나 함께 놀아주기도 한다.

아등바등 힘들게 살던 시절과는 삶이 많이 달라졌다. 하지만 그때와 다름없이 일한다. 여전히 내가 좋아하는 일을 하고 그 일을 통해서 우리 가족을 부양한다. 하지만 지금은 생계를 걱정해야 하는 스트레스는 없다. 그 덕분에 내 작업에 더 많은 에너지를 불어넣을 수 있게 되었다.

지금의 내가 그렇듯이 새로운 기회가 찾아오면 자신이 애초에 점프하고자 한 이유를 되새겨보는 것이 중요하다. 요즘 나에게는 직원을 채용하고 제품 생산량을 늘려달라는 요구가 빗발쳐 들어오지만 그것은 내가 이 점프를 한 이유가 아니다. 나는 돈 때문에 이 일을 시작한 것이 아니다. 가족들과 함께 점심을 먹고, 오후에는 아이들과 놀아주고, 아름다운 작품을 만들어서 생계를 이어가고 싶은 마음에 점프한 것이다. 점프한 이유를 잊어서는 안 된다.

하루하루 삶이 지나간다. 당신이 좋아하는 분야에 점프하면 스스로 놀랄 일이 생기고, 점프를 하지 않았다면 결코 없었을 또 다른 기회를 만나게 된다. 당신의 열정이 세차하는 일이든 스프레드시트를 분석하는 일이든 쿠키를 굽는 일이든 그 열정을 따르라. 당신을 앞으로 나아가게 하는 어떤 것이든 시작하고, 그 일을 추구하라. 내 경우에는 그것이 뒤 베란다에서 가구를 만드는 일이었다.

하지만 점프에는 어떤 희생이 따름을 기억하라. 나는 점프하는 과정에서 수년간 스트레스와 가난을 겪었다. 그것은 점프하려는 사람이 지불해야 할 비용이다. 쉽게 점프하기를 바라는 것이 인간의 심리다. 하지만 점프하고자 하는 열망만으로는 안 된다. 점프가 힘들고 생각한 대로 잘 풀리지 않을 수 있음을 인정해야 한다.

점프하는 사람들이 "난 수월하게 했어. 잃은 것도 없었고."라고 말할 것이라 생각하지 않는다. 그런 말은 잘 들어보지 못했을 것이다. 정반대이기 때문이다. 지금 자신이 좋아하는 일을 하는 사람들은 그 과정에서 아등바등하며 힘든 싸움을 해야 했을 것이다. 그리고 이 때문에 점프가 그 가치를 지닌다고 생각한다. 좋아하는 일을 할 수 있다는 것은 그 희생을 감수한 데 대한 보상이다. 그러니 그 힘든 선택에 뛰어들라. 거기서부터 당신은 자신의 '행운'을 찾을 수 있을 것이다.

그레그 클라센 Greg Klassen

이전에 폐기물 수거와 지게차 운전 일을 했고, 현재는 고급 가구 디자이너이자 제작자다.

"아이디어를 세상에 펼쳐놓고, 어떤 일이 일어나는지 확인하라. 어떤 것들은 즉시 성공할 것이고, 또 다른 것들은 아닐 것이다. 하지만 아이디어가 시간을 갖고 무르익어 나중에 어떤 식으로든 다시 돌아올 수도 있다. 어떻게 될지 지금은 알 수 없다. 하지만 아예 점프를 하지 않고 아이디어를 세상에 펼치지 않으면 그럴 가능성마저 잃어버리게 된다."
_이든 에일러

"당신이 좋아하는 분야에 점프하면 스스로 놀랄 일이 생기고, 점프를 하지 않았다면 결코 없었을 또 다른 기회를 만나게 된다." _그레그 클라센

"일단 스스로 무엇을 원하는지 알고 계획을 세우기 시작하면, 머지않은 곳에서 행운과 맞닥뜨릴 것이다. 실제 점프를 하기 전까지 그 행운을 거머쥘 수는 없지만 당신에게 유리한 우연들이 나타난다."
_마이크 루이스

"무엇보다 행운을 얻기 위해서는 점프해야만 한다는 것을 기억하라. 당신의 가장 열띤 지지자도, 당신이 가장 존경하는 사람도, 그 누구도 당신이 점프할 적절한 시점을 결정해줄 수는 없다. 스스로 반창고를 떼어내고 점프하라. 아무도 당신을 대신해서 그 일을 해주지 않을 것이다."
_브라이언 켈리

DON'T LOOK BACK

4단계

뒤돌아보지 말라

"점프를 선택했다는 사실만으로
당신은 변화할 것이다."

- 제이콥 릭트 Jacob Licht

점프는 자신, 오로지 자신을 위한 것

"마이크, 혹시나 해서 말씀드리는 건데요. 5월 24일자로 건물 출입카드가 인식이 안 될 거예요. 이메일 계정도 못 쓸 거고요. 메시지가 반송될 거예요. 더 이상 저희 직원이 아니신 거죠."

흠. 작별인사를 그렇게 할 수도 있겠다 싶다. 인력 개발팀 직원이 내 퇴사와 관련된 사항들을 설명해줄 때 나는 조용히 고개를 끄덕였다. 나는 뉴질랜드행 비행기 티켓과 대강의 계획과 해결되지 않은 질문 백만 개를 갖고 있었다. 하지만 인력개발팀에서는 내 점프에 관해서 아무런 질문도 하지 않았다. 회사의 관점에서, 나는 곧 떠날 사람이기 때문이다.

순간적으로 나는 "농담이에요!"라고 말하고서 다시 내 자리로 돌아가 퇴사는 꿈에도 생각해본 적 없는 척하고 싶은 충동을 느끼기도 했다. 내 책상 위에 '복귀 가능'이라는 문구가 붙어 있어서 내가 원하면 다시 돌아올 수 있기를 바랐다. 며칠 후에 인력 개발팀장에게 만약에, 정말 만약에, 내가 떠났다가 회사로 돌아올 경우에 내 이메일 계정을 다시 활성화하는 일이 실질적으로 가능한지, 건물 출입카드는 어떻게 되는지까지 물어보았다. 팀장은 웃으며 "불을 다시 켜는 것과 같아요."라고 대답했다. 내 자리에 와서 이메일을 확인할 수 있다는 것이 그때만큼 매력적으로 다가온 적이 없다. 나는 불을 다시 켜게 되기를 그다지 바라지는 않았지만, 그것이 가능하다고 믿음으로써 어떤 안도감을 느낀 것 같다. 내 일은 내 정체성의 큰 부분이었다. 사람들은 나를 베인 캐피털의 어소시에이트 컨설턴트로 알고 있다. 퇴사 후에 나는 어떤 사람이 되는 것일까?

남들이 자기를 어떻게 보는지에 대한 우리의 생각은 중요한 문제다. 우리 안의 어떤 부분이 친구들, 동료들, 가족들이 우리를 어떻게 바라보는지 신경 쓰고 있으며 앞으로도 그럴 것이다. 그것은 자연스러운 현상이다. 그리고 우리가 내심 특정한 학교, 직업, 거주 지역을 통해서 똑똑하고, 성공한 사람이고, 부유하다는 인상을 주고 싶어 하는 것처럼, 점프를 통해서도 자신이 용기 있고, 대단하고, 멋진 사람임을 보여주고 싶어 한다. 무리에 속해서 그 안에서 존경받고 남들이 자신을 숭배하기까지 바라는 것은 인간의 본성이다. 이 모두가 당연하고 정상적인 것이지만, 남들에게 비칠 자신의 이미지 때문에 점프를 하거나 점프를 못 해서는 안 된다. 점프는 당신, 오로지 당신을 위한 것이라는 점을 명심하라.

베인 캐피털에서의 마지막 날 일과를 시작하기 직전에, 오랜 동료가 나를 자기 사무실로 데려갔다. 그는 성공한 매니저였다. 나는 그에게서 엄한 꾸지람을 들을 거라고 예상했지만, 문이 우리 뒤에서 부드럽게 미끄러지듯 닫히자 그는 자신의 이야기를 시작했다. 국제 비영리기구에서 1년간의 펠로우십 프로그램에 참여하도록 제의받았지만 이를 거절하고 경영대학원에 진학했다. 그는 몸담고 있는 프로그램이나 커리어에서 '뒤처지고' 싶지 않았기 때문에 계속 앞만 보고 나아가야 한다는 압박감에 시달렸다.

"나는 지금 여기서 하는 일을 즐기지만, 내가 깨달은 것은 결국 점프를 했더라도 달라지는 건 없었을 거라는 점이야. 1년만 해보고 나서 이곳으로 다시 돌아올 수도 있었을 텐데."

창밖을 내다보면서 그는 말했다.

"점프를 해보지 않은 것이 내 커리어에서 가장 후회되는 일이야. 정말 그게 가장 후회돼. 여기까지만 할게."

점심시간에 나는 사무실을 한 바퀴 돌면서 작별인사를 했다. 예전에는 이런 순간이 영화 속 한 장면 같을 것이라고 상상했다. 지나치게 감상적인 작별의 순간. 눈물을 흘리면서 등을 토닥여주는 모습. 밝은 미래를 향해 떠나는 나를 위해 누군가 박수갈채를 보내는 장면까지도 그려보았다.

하지만 현실은 달랐다. 동료들은 각자의 삶에 치여서 바빴고, 당연히 나에게 건투를 빌어주었지만 그날 꼭 처리해야 할 일이 있었다. 그들은 점심시간 중에 내게 "멋져요! 행운을 빌게요! 우리 연락하고 지내요!"라고 인사했다. 그러고는 다시 일하러 갔다. 삶은 계속됐다. 관심을 가져준 사람들이 있기는 했지만, 이 점프와 거기서 파생하는 일련의 일들은 나, 오직 나에게만 중요한 것이었다. 내가 지금부터 직면하게 될 모든 이익과 손해, 도전과 두려움, 여러 단계들은 나 자신의 배움과 경험, 그리고 삶의 여정을 형성해나갈 것이다.

엘리베이터를 타고 내려가는 중에, 나는 베인 캐피털에서 쌓은 내 탄탄한 커리어가 담긴 판지 상자를 품에 안고 있었다. 나는 점프할 것이고 뒤돌아보지 않을 것이며 내가 성공할지 실패할지 궁금해하지도 않을 거라고 나 자신과 약속했다.

대학교 시절 찰리 윌런Charlie Wheelan 교수님은 학생들에게 인생에서는 최종 순위라는 것이 없다는 말을 자주 해주셨다. 교수님은 부고장이 "존이 3,123등으로 삶을 마감했다."라는 말로 끝나지는 않는다고 종종 말씀하셨다. 또 다른 연극학부 교수님은 극장이든 다른 곳이든 무대에 설 준비를 하는 어떤 학생에게나 조언해주시는 "본연의 네가 되어라."라는 말을 나에게도 자주 해주셨다.

나는 그날 엘리베이터에서 내리는 순간 본연의 내가 되는 데 집중했고 사회적 기대에 동요하지 않았고 내가 남에게 어떻게 보일까 하는 두려움과 혼란에 영향받지 않았다고 말할 수 있다면 좋을 것이다. 하지만 그렇지 못했고, 그것은 지금도 마찬가지다. 회사 건물 밖으로 걸어 나오기 전에 나 자신과 약속을 하나 했다. 나중에 뒤늦게 비판하지 말자고. 이 점프는 할 만한 가치가 있었다. 나는 거기에 올인했다.

나는 비행기에 올랐고, 뒤를 돌아보지 않았다

당신이 나 같은 사람이라면, 여기까지 읽는 동안 이렇게 생각할 수도 있다. '당신은 점프에 성공했으니까 사람들이 어떻게 생각하느냐는 중요하지 않다고, 뒤돌아보지 말라고 쉽게 말할 수 있겠지.' 나도 똑같이 생각했다. 하지만 도약을 위한 마지막 단계에서 나를 가장 많이 격려해준 지지자들(가장 큰 목소리로 응원해준 치어리더들, 가장 열띤 옹호자들)은 자신들의 열정을 좇았다가 표면적으로 가장 처참하게 실패한 사람들이었다. 이런 '실패한' 점프 경험이 있는 이들이야말로 바로 가장 흔들림 없이 단호하게 점프의 가치를 신봉하는 사람들이었다. 예전 상사가 내게 한 말처럼, 점프는 불확실할 수 있지만 계획을 잘 세우면 잃는 것이 그리 많지는 않다. 그 과정에서 사람들을 만나고, 스토리를 갖게 되고, 교훈을 얻게 되기 때문에 어떤 일이 일어나든 관계없이 점프는 추구할 만한 가치가 있는 경험이다. 따라서 뒤돌아보면서 시간 낭비를 하지 말라.

여전히 확신이 없다면, 이 테스트를 한번 해봐도 좋다. 점프를 함으로써 발생할 수 있는 '최악의' 결과를 생각해보라. 그리고 그것이 얼마나 나쁜지 생각해보라. 내 경우에는 이런 것들이다. 직장을 그만두고 아침에 뉴질랜드에서 눈 뜨는 것, 참가하는 경기마다 지는 것, 돈이 다 떨어지는 것, 경기하는 도중에 발목을 삐는 것, 다리를 절면서 집으로 와서 부모님과 함께 사는 것. 내가 상처를 회복한 후 누군가가 나를 고용해줄 것이다. 그리고 내가 아주 좋아하는 어떤 것을 좇으려 노력하던 시절의 재미난 이야기가 언제까지나 남을 것이다.

그 최악의 시나리오는 그 대안인 '향후 50년간 매일 아침 눈 떠서 과거에 어쩌면 일어났을 수도 있는 일을 궁금해하는 것' 보다는 훨씬 덜 무시무시하다. 내 친한 친구 머를(1단계 '작은 목소리에 귀 기울여라'에서 자신의 점프에 관해 이야기한 머를 R. 세이퍼스테인)은 임종을 앞둔 어르신들을 정기적으로 방문하는 호스피스 자원봉사를 한다. 모든 환자가 하나같이 표현하는 감정은 무엇일까? 해보지 못한 것에 대한 후회다. 당신이 정말 하고 싶은 것이 있어서 매일 생각이 나고 밤에 잠을 자려고 누웠을 때나 아침에 눈을 떴을 때나 잊을 수 없다면, 그것을 하지 않음으로써 나중에 느끼게 될 고통은 그것을 시도하고 실패해서 생기는 고통보다 항상 더 클 것이다. 예외 없이 그러하다.

베인 캐피털을 사직하고 나서 며칠 후에 미국을 떠날 시간이 다가왔다. 비행기가 이륙하기 전에 친구 몰리는 작별의 의미로 점심식사를 사주었다. 몰리는 내가 초기에 점프의 롤 모델로 삼은 사람들 중 한 명으로, 야외 모험활동에 열정이 있어서 관련 분야로 점프하고 이를 바탕으로 회사를 운영하고 있다. 스파게티를 한 입 삼키고 나서 몰리는 마지막 조언을 해주었다.

"이곳에서의 일과 삶에서 점프해 모든 혼란스러운 것을 내려놓을 때, 너를 행복하게, 진정으로 행복하게 만드는 것이 무엇인지 잘 살펴봐. 그리고 다시 그 혼란이 찾아오고 삶이 바빠질 때 널 행복하게 만드는 게 무엇인지 기억해내렴."

식사를 마친 후, 나는 빈 접시 위로 몸을 숙이고 몰리에게 혹시 다음에 어떤 일이 일어날지 알고 있는지 물어보았다. 나는 몰랐기 때문이다. 그녀는 검지를 들어 올려 비스듬히 위로 향하는 선을 그었고 허공에는 계단 모양이 그려졌다. "커리어라고 하면 다들 보통 이런 식으로 생각하지." 나는 그 실체 없는 계단을 보면서 그날 밤 내가 거기서부터 멀리 날아가서 어떤 심연 속으로 떨어지는 모습을 그렸다. 그다음으로 몰리는 손가락으로 두 번째 선을 그었다. 이번 것은 어지럽고 구불구불하며 지그재그로 위로 갔다 아래로 갔다 하는 W 모양이었다. "이게 바로 현실과 가장 흡사한 진로이자 삶의 여정이야."

그렇게 된 것이다. 내 점프는 일어나는 중이었고 그 결과는 나에게 중요했지만 훨씬 더 중요한 것은 비행기에 오르는 일이었다. 나는 비행기에 올랐고, 뒤를 돌아보지 않았다.

실패할 때까지는 진정으로 성공한 것이 아니다

IT 컨설턴트에서 스페셜올림픽 디지털 디렉터로

내가 승리하기를,
승리할 수 없다 해도 용감하게 시도하기를

어릴 적 나는 직업을 갖고 싶었다. 내 유년 시절은 그리 여유롭고 안락하지 않았다. 우리 가족은 수치상으로 따졌을 때 극빈층으로 살아갔다. 정말 힘든 시간이었다. 어머니는 마약 중독으로 재활시설을 들락날락했고 나는 한동안 외할아버지 외할머니와 함께 살았다. 어머니가 정상으로 회복된 후 나는 다시 어머니와 살게 되었다. 하지만 어머니는 한 가지 일을 진득하게 하지 못하고 이 일 저 일을 전전했다.

좋은 직업을 갖는 것은 나의 최종적인 꿈이었다. 나는 대학 졸업 직후에 돈을 많이 벌지 못했지만, 내가 대학교에 다니는 4년 동안 어머니가 번 돈을 합친 것보다는 더 벌었다. 외할아버지와 외할머니 모두 '프록터 앤 갬블Proctor & Gamble'에서 은퇴하셨지만, 외할아버지는 1년에 3만 6,000달러 넘게 벌어본 적이 없었다. 30년 넘게 일했는데도 말이다. 큰돈은 아니지만 우리는 생계를 이어나갈 수 있었다. 우리는 오하이오주의 작은 마을 출신이다. 사람들은 그 정도로도 먹고 살았다.

나는 어머니와 형 캐머런과 함께 살았다. 형은 다운증후군을 앓고 있었다. 내가 대여섯 살 되었을 때 어머니와 나는 형이 스페셜올림픽 경기에 출전해서 활약하는 모습을 지켜보았다. 나와 형은 트로피 진열장 하나를 나누어 썼다. 진열장에는 형의 메달도 있고 내 메달도 있었다. 스페셜올림픽의 모토는 '내가 승리하기를, 승리할 수 없다 해도 용감하게 시도하기를.'이다. 우리 형제는 그 말을 믿는다.

대학을 졸업하고 몇 년 후에 나는 캘리포니아로 이주해서 안정적인 직업을 찾아보았지만 쉽지 않았다. 오랫동안 운동선수로 살아왔지만 스포츠와 관련된 어떤 직업도 구할 수 없었다. 그때 나는 사귀던 여자친구와 함께 살고 있었고 우리는 어떻게든 살아보려고 아등바등했다. 라면으로 끼니를 때우고 여자친구의 차를 팔아 월세를 마련했다. 가끔씩은 집에 전화하기도 부끄러울 때가 있었다. 내가 독립해서 LA에서 살겠다고 했을 때 가족들이 그다지 찬성하지 않았기 때문이다. 그들의 생각이 맞은 것 같았다.

LA에서 1년 정도 지낸 후에 나는 안정적인 일자리를 찾았다. 급여와 각종 수당과 그 외에 모든 조건을 갖춘 직업을 얻은 것이다. "좋았어, 이제 경제적인 기반이 좀 잡히겠어." 마침내 집에 전화도 할 수 있게 되었다. 이제야 어깨를 짓누르고 있던 무거운 짐을 내려놓았다. 그리고 당신의 아들이 잘 해냈다고 오하이오에 계시는 어머니를 안심시킬 수 있었다. 나는 독립해서 학위를 받고 캘리포니아에 갔지만 실패해서 오하이오에 있는 어머니 집으로 다시 들어가 살 수밖에 없는 사람이 되지 않았다는데 처음으로 안도감을 느꼈다. 나는 정말 그런 사람이 되고 싶지는 않았다.

내가 새로운 직장에 막 적응하고 있을 때, 우연히 '곧 다가올 스페셜올림픽을 함께 준비하실 분을 찾습니다.'라고 적힌 안내문을 보게 되었다. 첫 번째로 든 생각은 '이게 사실일까?'였다. 직무 설명 부분이 내 이력과 너무 비슷했고 내 관심 분야와 딱 맞아떨어졌기 때문이다. 이 일에 나보다 더 적격인 사람은 없을 것 같았다. 한 가지 문제가 있다면 20개월 후에 일어날 일이기는 하지만 세계대회가 끝나면 나는 무직 상태가 될 거라는 점이었다. 들뜬 마음이 불확실성에 대한 염려로 빠르게 변해갔다.

좀 더 성취감 있는 일을 할 수 있겠다는 생각만으로 지난 2년간 노력해서 힘들게 얻은 안정성을 포기해도 괜찮을까?

하지만 나는 그 일에 지원하고 싶었다. 그냥 흘려보낼 수 없는 기회였다. 스페셜올림픽은 1984년 올림픽 이래 LA에서 열리는 최대 규모의 행사였기 때문이다. 이런 행사는 자주 열리지 않는다. 게다가 내가 LA로 온 이유는 내 꿈을 좇기 위해서, 멋진 프로젝트 작업을 하기 위해서, 그리고 내가 원하는 미래를 만들기 위해서였다.

내 역할은 내가 알고 있는 것들, 곧 IT 기술, 스포츠와 마케팅에 관한 흥미, 인류애와 스페셜올림픽에 대한 열정의 집합체였다. 채용 면접을 진행한 사람은 나처럼 흑인들 사이에서 명문대로 통하는 곳을 졸업했고 우리는 죽이 잘 맞았다. 왠지 내가 뽑힐 것 같았다. 내가 너무 자만하나 싶은 생각이 들었지만, 솔직히 말하면 그것은 내가 더 이상 통제할 수 없는 선택처럼 느껴졌다. 내 진로에 대한 두려움이 있고 경제적인 걱정이 컸지만, 내면의 더 큰 목소리가 다른 모든 것을 압도했다.

"이것이 바로 네가 해야만 하는 것이다. 그러니 가서 그것을 해라."

현실적으로 점프는 내가 설계해둔 진로를 다시금 불확실하게 만드는 일이었다. 내가 그만둔 일자리는 금방 채워질 테고, 스페셜올림픽이 끝나고 며칠 후면 이 완벽한 새 일자리도 공중

분해될 것이다.

어쨌든 나는 점프했다. 이 자리는 내가 열정을 가진 분야일 뿐만 아니라, 내 발판이 되어줄 것이라 생각했다. 177개국 선수들과 3만 명의 자원봉사자가 참여하는 국제적 스포츠 행사를 성공적으로 개최한다면, 나는 이 올림픽위원회 혹은 그와 유사한 기관에서 내가 그들과 함께 일할 자격이 충분하다고 설득할 것이다. 게다가 나는 대기업 직원들, 그리고 잘나가는 사람들과 어깨를 나란히 한 채 일할 것이다. 내 일이 다른 일과 접목될 수밖에 없고 그 과정에서 사람들을 알게 되고 그들은 나를 또 다른 사람에게 소개해줄 수 있을 것 같았다. 구체적으로 어떻게 될지 아직 알 수는 없었지만 왠지 일이 잘 풀릴 거라고 생각했다. 나는 내 확신에 자부심을 느꼈고 큰 신뢰감을 부여했다. 내 직감을 믿었다.

자신이 무엇을 원하는지 알고 있다면
그것을 가질 수 있을 때까지 멈추지 말라

스페셜올림픽 일은 순조롭게 진행되었고 나는 그 일을 통해 정말 많은 것을 배우고 있었다. 하지만 내가 바라던 인맥이나 인적 네트워크 형성 측면에서는 별다른 진전이 없었다. 세계대회

이후로 나는 몇 달 동안 안정적인 직업을 구하지 못했다. 최종 단계에서 고배를 마시는 경우가 잦았다. 스타트업 회사에서 전일제 일자리를 구했지만 회사 측에서는 방침을 바꾸어 내 자리를 시간제 임시직으로 바꾼 뒤 나를 해고했다. 그래서 나는 1인 컨설팅을 시작했고, 내가 따낸 첫 번째 큰 계약은 9개월 후에 끝났다.

다음 해가 시작되었을 때, 나는 직업도 없었고 맡고 있는 프로젝트도 없었다. 참고 버티거나 집에 돌아가는 수밖에 없었다. 정말 그런 사람이 되고 싶지는 않았다. 나는 여기저기 이메일을 보냈고, 국제 스페셜올림픽 위원회에도 연락해서 혹시 나를 채용할 의사가 있는지 알아보았다. 거절당하거나 아예 답을 못 받거나 둘 중 하나였다. 그런 시간들이 지나고 마침내 세계대회 사무실에서 일할 때 내 옆 자리에 있던 사람에게서 이메일을 받았다. 그는 스페셜올림픽 위원회 뉴저지 지부의 전일제 직원이기도 했다. 그들은 나 같은 사람을 찾고 있었다.

그로부터 몇 달이 지났다. 나는 스페셜올림픽 위원회에 합류해서 전국적으로 통용되는 IT 인프라를 구축하는 일을 하게 되었다. 내가 하고 싶어 하던 일과 정확히 일치하지만, 아직은 단일 주州 수준의 걸음마 단계에 있었다. 나는 발을 들여놓았다.

가끔은 바로 다음에 어떤 일이 일어날지 모르는 상태로 도박을 해야 한다. 하지만 무엇을 위해서 점프하고 그 점프가 당신을 어디로 데려다줄지 확신이 있다면 괜찮다. 결과와는 별개로, 당신이 흥미를 가진 분야와 당신에게 의욕을 불어넣어주는 사람들에게 더 가까이 다가가게 될 것이다. 나는 정말 열렬히 좋아하는 분야를 선택했기 때문에 중간에 고난들이 찾아왔지만 감수할 만했다. 이 경험은 나 자신에 대해 정말 많은 것을 가르쳐주었고, 내가 점프하지 않았다면 이 귀중한 것들을 모르고 지나갔을 수도 있다. 미래는 여전히 가능성들로 가득하고, 점프하고 난 후의 나는 그 가능성들을 끌어안을 준비가 더 잘되어 있는 상태다.

당신의 가치를 알라. 당신이 할 수 있는 것을 믿고 더욱 집요하고 끈기 있게 밀어붙여라. 점프를 통해 나는 처음으로 나 자신을 진정으로 신뢰했다.

실패할 때까지는 진정으로 성공한 것이 아니다. 상투적이지만 맞는 말이다. 당연하다. 나도 아직은 안전하지 않지만(그 근처에도 가지 못했다) 내가 무엇을 원하는지 알고 있으며 내가 그것을 가질 수 있을 때까지 멈추지 않을 것이다. 내가 쓰던 냉장고는 말 그대로 텅텅 빈 적이 있다. 나는 에어컨 없이 습한 중서부 지역의 여름을 이겨냈다. 사람들과 교제하며 즐겁게 지내고 싶은 마음과 너무나 가난해서 그들과 어울리지 못하는 내 상황 사이에서 균형을 잃어버리고 두문불출한 적도 있다. 나는 이미 그런 현실을 겪어보았고, 그 상황이 얼마나 힘든지 누구보다 잘 알고 있지만, 우리 가문의 다음 세대 사람들은 결코 그런 것을 이해하지 못할 것이라고 단언한다.

카일 배틀 Kyle Battle

이전에 IT 전문가이자 2015년 LA 스페셜올림픽 디지털 디렉터였으며, 현재는 IT 컨설턴트, 작가, 영화 제작자로 활동하고 있다.

실패의 창피도 담담히 이겨내라

비서에서 사진작가로

더 이상 잃을 것이 있을까?

나는 인생을 재미있게 살도록 장려하는 창의적인 가정에서 자랐다. 나는 예술에 빠졌고, 사진에 취미를 붙였으며, 내가 원하는 시간과 장소에서 사진을 찍으며 나 자신을 위해서 일하는 세상을 꿈꿨다. 그래서 도전했고, 모든 게 잘 풀렸다.

흠, 그다지 그렇지는 않았다.

우리 세대는 자기가 하고 싶은 것을 원 없이 하면서 살라는 말을 듣고 자랐다. 그래서 대학 졸업 후에 완벽한 직업들이 우리를 기다리고 있을 것이라고 굳게 믿었다.

그다지 그렇지는 않았다.

나는 경기가 바닥을 치기 직전인 2007년에 대학을 졸업했다. 나는 필름 사진(디지털이 아니라 필름)을 전공했다. 고전적인 구식 필름 말이다. 졸업장을 받던 날, 우리 학교의 필름 연구실이 철거될 계획이라는 말을 들었다.

경제가 점점 더 불황으로 접어들자, 사진 분야에서 유망하다고 생각하던 직업들이 증발해버렸다. 그 빈 자리에는 냉혹한 현실이 들어앉았다. 세상에, 빚도 많은데 일자리는 못 구하겠고 내 전공으로는 어디도 못 들어가게 생겼다. 하지만 나는 차세대 애니 리버비츠Annie Leibowitz(패션잡지 〈배너티 페어Vanity Fair〉, 〈보그Vogue〉, 음악잡지 〈롤링스톤Rolling Stone〉 등의 사진작가로 널리 알려진 미국 사진작가-역자 주)가 되겠다는 장대한 꿈을 버리지 않았다. 그다음에는 어떻게 되었을까?

나를 채용한 첫 번째 직장에 입사했다. 토지 수용권 회사의 시간당 10달러짜리 비서직이었다. 내가 하는 일은 개인의 토지를 매매하는 것이었다. 세상에서 최악으로 더러운 직업이었다. 나는 허름한 아파트에서 별 볼일 없는 남자친구와 함께 그저 그런 일을 하면서 살았다.

오로지 사진만이 내 출구였다. 나는 남는 시간에 프리랜서로 활동했고 내게 주어지는 프로젝트 수도 점점 늘어났다. 주말에는 보조작가로 일하기 위해 어딘가로 가서 6시간씩 사진을 찍었고 때로는 그렇게 해서 500달러까지 벌기도 했다.

이 시점에서 내 점프가 출현했다. 나는 사진작가라는 나만의 일을 시작하여 이 지독히도 끔찍한 삶에서 벗어날 수 있다고 생각했다. 그렇게 하려면 부모님 집으로 다시 들어가서 살아야 했다. 그리고 끊임없이 공부해야 할 것이다. 비즈니스가 아니라 예술을 전공했기 때문이다. 특히 그 시점의 경제 전망을 고려해 볼 때 실패할 가능성이 높아 보였다.

나는 리스크를 따져보면서 생각했다. 나는 중고품 판매점에서 산 가구로 가득 채워진 아파트에서 살고, 별 볼일 없는 남자 친구는 나만큼이나 스스로 무엇을 하고 싶어 하는지 모른다. 이런 내가 더 이상 잃을 것이 무엇인가?

그래서 나는 점프했다.

그다음으로 일어난 일은 모든 실패한 사업에서 공통적으로 일어난 일이다. 사람들의 시선을 끌 만한 작품을 충분히 만들어내지 못했고, 수입은 적었다. 어딘가에서 일이 삐거덕거렸다. 나는 사람들을 충분히 만나지 않았고, 사람들은 나에 대해서 충분히 알지 못했다. 어떤 마법 같은 것이 빠져 있었지만 내가 찾을 수는 없었다. 혼자 힘으로 먹고살기 위해서는 작품을 더 많이 만들어내야 했지만 나는 그러지 못했다.

주말에 하던 부업이 진짜 직업으로서의 역할을 하지 못한다는 것은 잔인한 현실이었다. 취미를 생계 수단으로 삼으려면 건강 보험료, 운영비, 장비 값을 충당할 돈이 필요했다. 나는 그 일을 계속 유지할 수 없었고 빚은 계속 쌓여갔다. 도무지 탈출구가 없었다.

우리 사회에서는 실패를 굉장히 당황스러운 것으로 여긴다. 많은 사람이 실패라는 관념을 받아들이지 않으려 하고, 한번 실험해보라고 권하지 않는다. 그러다 실제로 실패하기라도 하면 '내가 왜 더 잘하지 못했지?' '어떻게 내가 이 일을 해내지 못할 수가 있지?'라고 생각하면서 스스로를 자책한다. 나는 회사의 잘못을 개인적인 것으로 받아들여서 필요 이상으로 당황하고 절망했다. 나에게 일어난 일을 그 누구와도 이야기하고 싶지 않았다. 하지만 불과 몇 년 후인 지금, 그때의 경험은 중대하고 필수적인 것이 되었다. 그리고 나는 그 이유를 공유하고 싶다.

상황을 수습하고 원점으로 돌아가서 다시 일자리를 구해야 했다. 하지만 이번에는 상황이 달랐다. 예전의 그 보잘것없는 인생으로 다시 돌아가지 않고 직업을 구할 때 훨씬 넓은 시각을 갖기로 결심했다. 그때까지 나는 아주 좁은 시야(상상한 것이나 TV에서 보는 것)로 인생을 보았고 그 범위 너머의 것은 경험해본 적이 없었다. 그런 실수를 다시는 저지르지 않겠다고 다짐했다.

나는 두 가지 큰 교훈을 얻었다. 첫째, 완벽하지는 않지만 미래의 점프를 위한 기틀을 쌓아줄 직업을 구해야겠다는 것이었다. 그리고 둘째, 내가 그다음에 무엇을 하든지 그것을 믿어주어야 한다는 것이었다. 무기력하고 스스로가 실패자처럼 느껴지고 부모님 집 지하실에서 아무것도 하지 않으며 지내더라도, 자신이 처한 상황을 통제하는 것이 중요했다. 내가 원하는 것이라면 무엇이든 할 수 있었다.

점프를 시도하는 사람에게
그 여정은 언제나 가치 있다

나는 사진 외에도 다른 산업 분야를 조사해보았다. 무슨무슨 로펌의 또 다른 비서로 정착하지 않았다. 시간을 갖고 내가 좋아하는 것과 연관이 있는 것들을 찾았다. 마침내 화보 촬영 현장에서 일하는 임시직을 구했다. 멋진 일은 아니었다. 나는 그곳에서 사진작가가 아니었다. 뒤에서 소품을 들고 있으면서 사진 촬영을 보조하는 역할이었다. 하지만 그 일을 즐겁게 했다. 내 관심과는 별로 관계없는 일을 하고 있었지만, 시작이 나쁘지 않았다. 나는 스스로에게 이렇게 말했다.

"이건 내가 하고 싶은 일을 찾아가는 여정 중에 거쳐 가는 멋진 단계야. 나는 이곳에서 역대 최고로 소품을 잘 들고 있는 사람이 될 거야."

운 좋게도 나중에 그곳 사람들이 나의 소품 드는 기술을 눈여

겨보고는 나를 정규직으로 전환해주었다. 그것이 내 인생의 큰 목표는 아니었지만, 그 일에서도 마음에 드는 부분이 있었다. 나는 스스로 "일단 '예스'라고 말하고 나서 나머지를 해결하자." 라고 말했다. 그것은 정말 내가 지금까지 내 인생에서 한 최고의 선택이었다.

점프할 때 가장 필요한 것을 우선순위에 놓고 그 사항들을 먼저 해결하라. 내 목록의 상위에는 '각종 생활비 해결하기'와 '행복해지기'가 있었다. 더 아래에는 '독립적으로 살아가기'가 있었다. 새 일을 시작했을 때 나는 위에 있는 것을 먼저 해결하고 아래 있는 것은 보류해두었다. 그렇게 해도 괜찮다. 1순위가 먼저 해결되지 않는 한 8순위는 중요하지 않기 때문이다.

한 번에 모든 것을 얻으려는 욕심을 버리기란 정말 힘들다. 하지만 희생은 원하는 것을 얻기 위해서 절대적으로 중요한 비결이다. 점프는 하루에 이루어지지 않는다. 하지만 그게 사실이라고 해도 몇 년 안에, 아니면 지금부터 6개월 안에 이루어질 가능성도 있다. 어떻게 될지 알 수 없다. 정말 그렇다.

이 분야에서 나보다 20년이나 더 오랜 경험이 있는, 나보다 10배 더 똑똑한 사람들과 함께 회사생활을 하면서 내가 새로운 분야에 대해서 미처 알지 못했던 것을 이것저것 많이 배웠다. 혼자서는 절대 배울 수 없었을 것들이다. 그곳에서 배운 디지털 브랜딩 덕분에 나는 능력이 아주 높아져서 다른 회사에 헤드헌

팅으로 채용되었다. 나는 한 닷컴 기업으로 이직했고 그곳에서 디지털 미디어 회사로 다시 한 번 점프하기 위해 필요한 자금을 모았다. 이번에는 훨씬 더 현명해져 있었다. 이번에는 준비가 되어 있었다.

내가 처음에 점프를 해서 실패해보지 않았다면 이 모든 일은 일어나지 않았을 것이다. 지금 당신의 삶을 살펴본 후, 만약에 점프하지 않을 경우에 비참한 직장, 혹은 끔찍한 남자친구, 혹은 발을 들이기조차 싫은 아파트(혹은 세 가지 중에 최소 두 가지가 있는 상태)를 벗어나서 앞으로 나아갈 수 없다면, 점프하지 않는다는 것은 말이 안 된다. 결과는 차치하고라도 점프는 행복을 향한 움직임이고, 행복에 도달하지 못한다고 해도 최소 한 발짝이라도 뗐으니 의미가 있다.

지금보다 덜 비참할 것이다. 그리고 점프를 통해서 얻게 될 것들은 실패로 인한 수치심에 비할 수 없다. 정말이다. 임종을 앞둔 시점에서 당신은 그 신물 나는 일을 계속했다는 사실에 기분 좋을 것인가? 기회가 있었는데도 잡지 않은 것에 침울할 것인가? 당신은 "나는 스스로 뿌듯한 삶을 살기 위해서 내가 할 수 있는 한 최선을 다했어."라고 말하면서 행복해할 것인가?

내가 현재 하는 일이 100퍼센트 성공적이라는 보장은 없다. 어떤 것에도 보장된 것은 없다. 중요한 것은 내가 현재 스스로 원하는 삶을 살고 있다는 것이다. 점프를 시도하는 사람에게 그 여정은 항상 가치 있다는 것을 결코 의심하지 않는다.

당신이 점프에 실패하더라도 새로운 기술과 경험을 얻고, 구직 시장에서 당신의 가치는 점점 더 높아질 것이다. 그렇다. 실패하면 창피할 수 있다. 하지만 담담히 이겨내라. 일단 실패하는 데 익숙해지면, 다시 말해 실패의 전문가가 되면 전보다 훨씬 덜 두렵다.

행복에 대한 두려움을 낮춰라. 내 부모님은 이제 은퇴하실 나이고, 좀 더 생각이 많아지셨다. 두 분은 지금보다 더 젊었을 때 점프하지 않을 걸 안타까워하신다. 나중에 이런 후회를 하지 말라.

돌아보니 우리 세대를 위한 고상한 약속(우리를 기다리는 꿈의 직업과 성취감 있는 커리어가 있다)이 어쩌면 사실일지도 모른다는 생각이 든다. 각자 자신의 목표에 도달하기 위해서 우리는 점프(가끔 실패하더라도 다시 점프)해야 한다.

엘리자베스 헤이그 Elizabeth Hague

이전에 비서, 사진작가, 화보 촬영 현장의 소품 담당자였고, 현재는 디지털 브랜딩 전문 풀서비스 스튜디오인 '와일드캣 에코 Wildcat Echo' 공동 설립자이자 소유주다.

WHEN TO JUMP

점프를 하지 않는 것은 어쨌든 손해

유통 사업 분석가에서 치즈 전문 숍 대표로

치즈가 너무 좋아

미국 중서부 위스콘신주에서 보낸 어린 시절, 활기 넘치는 이탈리아계 우리 가족은 함께 둘러앉아 식사를 하곤 했다. 어머니의 원칙 때문이었다. 우리 가족은 저녁을 늘 같이 먹었고 대부분 집에서 직접 요리를 해 먹었다. 그래서 나는 항상 식사시간이 좋았다. 그냥 맛있어서가 아니라 식사를 하려고 사람들이 한자리에 모이고, 또 그렇게 기억에 남는 진정한 시간을 보낼 수 있기 때문이었다.

대학을 졸업하고 나는 위스콘신을 떠나 서부로 향했다. 졸업

직후 바로 일을 시작해야 한다는 압박감에 캘리포니아의 대형 체인 유통업체에서 비즈니스 분석 일을 구했다. 늘 일해서 직접 돈을 벌고 싶어 한 만큼, 졸업하고 곧장 일을 시작할 수 있어서 신이 났다. 기분이 좋았다. 그러나 1년 반이 지나자 내 인생의 다음 단계는 무엇인지, 내가 열정을 가진 분야가 무엇인지 자문하게 됐고 이런 물음들은 결국 요리로 이어졌다. 최상의 토마토를 먹을 때, 또 아주 맛있는 타코를 맛볼 때 등 사소하지만 깨달음을 주는 순간들이 있었다. 너무나 맛있는 그 모든 제철 음식들을 먹고 마시면서 나는 더더욱 음식의 세계에 빠져들었고, 급기야 나파Napa에 있는 요리 학교의 입학 설명회에 다녀오면서 요리를 하며 인생을 보내야겠다는 생각을 하기에 이르렀다. 나는 점프를 결심했다. 요리 학교에 들어가고, 그런 다음 요리사가 되는 것이다.

요리 학교에 가려면 주방이 실제로 어떻게 돌아가는지 알아야 해서, 하루 휴가를 내고 시내의 식당 곳곳을 돌아다니며 견습 자리를 구했다. "경험을 쌓고 싶습니다. 보수는 주시지 않아도 되고요." 그중 한 셰프는 나에게 '여기서 내가 뭘 하고 있는 건가?' 하고 생각하게 될 거라고 장담한다고 했다. 그래도 그분 덕택에 식당 주방에서 무보수로 주말 근무를 하게 됐다.

그렇게 일한 지 4개월째 되었을 때 식당에서 급여를 주겠다고 했다. 시간당 10달러를 벌 수 있다니, 들뜬 마음에 회사를 그만두고 캘리포니아 북부에 있는 레스토랑 '자르디니에르 Jardinière' 주방에서 풀타임으로 일을 시작했다.

그때까지 나는 주방에서 일을 하느라 자유시간이며 주말을 전부 포기하고 살았다. 점프를 결심한 건 이 때문이기도 했다. 항상 사람들에게 하는 말이 있다.

"일단 시작해보세요. 생각해둔 일이 있으면 그 일을 직접 해보면서 내가 정말로 그 일을 좋아하는지 확인해보세요."

나는 조사를 했고, 새로운 경험이 좋았고, 그래서 그 길로 나아가기로 했다. 어머니는 그런 나를 보며 매일 밤 베갯잇을 적실 정도였다. 대학 나온 딸이 안정된 직장을 집어치우고 요리학교에 간다며 식당에서 일하면서 제대로 된 수입은커녕 근근이 밥벌이를 하는 것이다. 하지만 나는 이 세계를 향한, 최소한 이 세계를 탐험해보고 싶은 내면의 욕구를 느꼈다. 딱히 성인으로서 책임져야 할 부담이 없었기 때문에 그리 어려운 일은 아니었다. 당시 나는 룸메이트 6명과 한 집에서 살고 있어서 집 때문에 대출금을 갚을 일도 없었다. 탐험에 나설 때였다.

점프를 할 때에는 별다른 복지나 혜택도 없이 시간당 급여 10달러만 받아도 아무렇지 않았다. 터무니없는 액수지만 그 부분에 대해서는 전혀 신경 쓰지 않았다. 나는 하루 12시간 일했지만 급여는 8시간치만 받았다. 그리고 명성 있는 식당의 주방에서 일한다는 데서 오는 특혜가 분명 있고 (그리고 진짜 멋있는 일이고) 또 어느 정도까지는 희생을 감당할 가치가 있는 일이라고 생각했다. 하지만 한편으로 그 정도 급여로는 실제 생활을 꾸려 가기에 턱없이 부족했다.

무엇보다 모아둔 자금이 없어서 더 힘들었다. 대학을 졸업한 지 겨우 1년 반이었으니 따로 돈을 모을 여유가 없었다. 또 시간 문제도 있었다. 매일 낮 12시부터 밤 12시까지 주방에 있으니 친구들을 만날 수가 없었다. 생일파티에도 가지 못했다. 친구들이 이 업계 사람이 아니라 어울려 시간을 보낼 수 없었고, 사실 하루 열두 시간을 일하다 보면 누굴 만날 시간도 거의 없는 게 현실이었다.

끔찍한 얘기고 실제로도 참 괴로웠다. 그러나 점프를 하면서 좋은 부분도 많이 있었다. 이를테면 나는 스스로에게 적절한 질문을 던지는 법을 배웠다. 내가 원하는 삶의 방식은 무엇인지? 혹은 좀 더 기본적인 질문들도 있었다. 매일매일 직장에서 어떤 대화를 나누고 싶은지? 언성을 높이는 사람들을 대하는 건 괜찮은지? 성인다운 대화를 하고 싶은지? 야간이나 새벽에 일하는 건 괜찮은지?

레스토랑에서 일하면서 내가 정말로 음식을 좋아한다는 것을 깨달았다. 다만 나에게 맞는, 장기적으로 내가 행복할 수 있는 방법을 찾아야 했다. 나는 열정과 경제적 안정, 어느 쪽도 놓치지 않는 법을 배웠다. 점프를 하고 나서 재정 상태를 관리하는 부분에 대해서는 아무도 말해주지 않았다. 나는 먼 미래를 생각했다. 나도 나중에는 가정을 꾸리고 싶고 계속 이렇게 룸메이트 6명과 함께 살고 싶지는 않았다. 점프가 성공하려면 이런 문제들을 해결해야 했다.

이때 점프해서 얻은 가장 중요한 성과는 사랑에 빠진 것이었다. 상대는 치즈였다.

우리 레스토랑의 치즈 컬렉션은 정말 훌륭했다. 그 치즈들을 보면 행복했다. 어느 날 굴을 열 개 정도 까는데 시간이 너무 오래 걸린다고 혼이 났다. 가장 우울했던 그 시기에 나는 가끔 기분 전환을 하러 치즈를 보러 갔다. '아, 진짜 좋다. 치즈가 너무 좋아.' 그렇게 생각하면 기분이 나아졌다.

치즈를 만드는 사람들이 바로 '내 사람들'

어린 시절에는 아주 평범하게 체다 치즈를 먹었다. 어머니는 이탈리아 슈퍼마켓에서 거의 아시아고Asiago 치즈를 사 오셨고 우리 집에서 먹는 치즈는 딱 한 종류였다. 주방에서 일하면서 나는 세상에 온갖 다양한 종류의 치즈가 있고 그 치즈들이 전부 똑같은 재료로 만들어졌다는 데 폭 빠져버렸다. 발효라는 개념 때문에 관심조차 없던 화학, 과학, 미생물학에 흥미를 갖게 됐다. 과학을 좋아한다고 생각해본 적이 한 번도 없었다. 그렇지만 정말 호기심이 생겨서 발효 과정과 우유가 이렇게 다양한 음식으로 바뀌는 원인을 배우기로 결심했다. 그리고 더 나아가 치즈와 치즈를 만드는 사람들에 대해서도 알고 싶었다.

치즈 업계 사람들은 진정 이 세상에 소금 같은 존재들이다. 이 사람들과 어울리고 싶었다. 직장 사람들 대부분은 경제적인 부분을 가장 중요시했고, 그런 사람들과는 친해지기 어려웠다. 여자 동료들은 마치 '목표 달성'이라도 했다는 듯 커다란 다이아몬드 약혼반지를 끼고 나타났다. 나는 그런 데 조금도 관심이 가지 않았다. 나는 '내 사람'들과 함께하고 싶었다. 내 사람들은 '환경'과 '다른 사람들'에게 관심을 가진 사람들이다. 서로 돕고 사랑스럽고 소박한, 그런 사람들 말이다. 치즈 관련 일을 시작하게 된 가장 강력한 계기는 치즈 자체를 넘어 치즈를 만드는 바로 그 사람들이었다.

나는 식당을 그만두고 사무직 일자리로 돌아갔다. 겉으로 보면 요식업을 떠나 의류업체 갭Gap에서 일하게 됐으니 다시 유통업계로 돌아간 셈이었다. 하지만 실패했다는 생각은 들지 않았다. 나는 주방에서 얻고자 한 승리를 맛본 느낌이었고, 앞으로 주방에서의 경험을 여러 가능성 중에서 제외하고 새로운 일을 시도해볼 수 있게 됐으니 진일보였다. 내가 다시 일반 사무직 일을 시작하자 어머니는 아주 기뻐하셨다. 친구들도 진심으로 지지해주었다.

사무실 내 자리에 앉아 있으니 마음이 편안했고 안도의 한숨이 흘러나왔다. 이제 다시 돈을 벌었고 다음 점프를 위한 시간을 벌었다. 그리고 그 시간은 가치를 매길 수 없을 정도로 소중했다. 5년간 갭에서 일하는 동안 처음 2년 반은 재고관리를, 그 후 2년 반은 상품기획을 맡았다. 엑셀 전문가인 멘토에게서 나는 비즈니스 운영과 관리를 배웠다. 곧 물품을 구매하고 트렌드를 예측하고 사람들이 좋아할 만한 것을 뽑아내는 일에 능숙해졌다. 그런 경험이 없었더라면 어떻게 내 사업을 성공적으로 운영할 수 있었을까 싶다.

회사 일을 하면서 한편으로는 치즈를 향한 내 열정을 계속해서 시험했다. 뉴욕 출장길에 요식업계를 둘러보았고 모든 면면에서 폭 빠져들었다. 파머스 마켓에 나가 비영리 캘리포니아 아티장 치즈 조합California Artisan Cheese Guild에 가입해 일을 도왔고, 여력이 되는 한 자원봉사를 했다. 치즈에 대한 이 애정이 취미로 만족할 만한 수준인지 그 이상인지를 알아야 했다.

확인 결과 취미 그 이상이었다.

갭에서 일하는 5년 동안 나는 치즈 업계를 움직이는 단체들과 사람들에 스며들었다. 점프를 하려면 이 그룹이 나를 받아들여줄지 알아야 했다. 다행히 이 그룹은 나를 환영해주고 친절했고 기꺼이 도움을 주었다. 여러 경험을 거쳐 나는 마침내 이렇게 말할 수 있었다.

"바로 이거야. 내가 원하는 게 이거야. 이 사람들에게 보탬이 되고, 이 그룹 사람들이 하는 일을 나도 하고 싶어. 이 사람들이 내 사람들이야."

마지막 단계는 미국치즈연합American Cheese Society의 연례행사에 참석하는 것이었다. 네트워크 구축, 치즈 쇼와 경연대회, 사람들과의 사교 시간 등 치즈 업계 사람들에게는 꿈같은 곳이었다. 이 행사를 통해 나는 유럽에서 2주간 머물며 역사적인 치즈 명소들을 방문했다. 여행을 마치고 돌아왔을 때 아직도 나에게 열정이 남아 있다면 회사를 그만두겠노라고 스스로 되뇌었다.

그리고 2주 후 나는 회사를 나왔다.

다시 한 번 가장 어려운 부분에 맞닥뜨렸다. 바로 부모님과의 갈등이었다. 부모님 세대는 직장을 구하면 그게 곧 자기 일인 세대였다. 부모님 세대는 딱히 일에 열정적일 필요가 없었다. 일은 그저 일일 뿐이었다. 조부모님은 대공황 시절 고생을 많이 하셨고, 부모님은 자기 아이들은 자신들보다 더 나은 삶을 살기를 바라셨다. 어머니는 나를 이해하지 못하셨다. "일은 일이지. 무슨 일을 하든 그냥 일일 뿐이라고." 하지만 내 생각은 달랐다. "그 말은 전혀 받아들일 수가 없어요."

결국 부모님은 나의 가장 든든한 지원자가 되어주셨지만 여전히 걱정은 많으셨다. 다행히 나에게는 캘리포니아 사람들이 있었다. 위스콘신에서 사람들에게 내 계획을 이야기하면 거기선 "그래, 재밌겠다." 하는 반응이 전부였다. 하지만 캘리포니아에서 주변 사람들에게 계획을 이야기하면 여기선 "맞아. 넌 그 일을 해야 해. 한번 해봐."라고 응원해주었다.

한 친구는 직설적이었다. "넌 네 일을 좋아하지 않잖아. 나이는 계속 들어가고. 너한테 의지하는 가족도 없지. 어떤 자서전을 쓰고 싶어? 나중에 과거를 돌아보면서 이럴 거니? '이곳에서 20년을 더 일했지만 딱히 의미 있는 일은 아니었죠. 그럭저럭 재미있었어요.' 아니면 다른 이야기를 쓰고 싶어?"

내 이야기는 다르기를 바랐다.

마음속 깊숙이 나는 생활이 안정되면 최선을 다하지 않는 사람이란 것을 알고 있었다. 도전을 해야 하는 상황이면 고생스럽고 정말 힘들고 엄청나게 스트레스를 받지만, 결국 그게 내가 갈 길이라고 생각한다. 최선을 다하려면 점프를 해야 했다.

돈 문제가 다시 수면 위로 떠올랐지만 이번에는 여유 자금이 있었다. 돈을 아끼려고 룸메이트 여러 명과 같이 살지 않아도 되었다. 조금 힘들어도 불가능한 일은 아니었다.

스스로를 시험에 몰아넣지 않는 한 아무것도 배울 수 없다

회사를 나온 뒤 두 달 반 동안 미국 전역을 여행하며 치즈 농장을 찾아다녔다. 자기네 치즈를 시장에 내놓는 데 어려움을 겪는 사람들을 많이 만났다. 치즈를 만드는 것에서부터 상품으로 만들어 판매 실적을 거두기까지, 어느 누구에게든 쉽지 않은 일이었다. 그러나 치즈 농가 사람들은 치즈를 정말 좋아하기 때문에 헌신적으로 일했다. 나는 이 사람들에게 대변인 역할을 할 사람이 필요하다고 생각했다. 미국 전역을 돌아다니는 동안 치즈에 대한 내 열정을 깨달았다. 치즈를 만드는 사람들에 대한 열정도 깨달았다. 그리고 누군가 이들의 이야기를 공유하고 들려줘야 한다는 사실에 활기가 돌았다.

2011년 나는 치즈 전문 숍 '미션 치즈Mission Cheese'를 열었다. 내가 너무나 아끼는 직원들이지만 처음 직원들을 뽑았을 때는 치즈에 대해 아는 게 전혀 없어서 한참을 공부해야 했다. 나는 쉴 틈 없이 일했지만 계속 그럴 수는 없었다. 언제까지고 하루 15시간씩 일할 수는 없었다. 6개월쯤 지나자 나는 꽤나 지쳐 있었다. 친구들이 "너도 여기 왔으면 좋았을걸." 하며 공원에서 찍은 사진을 보내면 그걸 보고 곧바로 울음이 쏟아지던 정말 우울한 시기도 있었다. 제대로 먹지도 못했고 잠도 부족했다.

정말 힘들었지만 나는 한 걸음 한 걸음 서서히 물러섰고 이 점프와 그 성공에 대해 다른 사람들을 믿기 시작했다. 2년 반이 지난 후에는 이제 가정을 꾸려도 되겠다는 생각이 들었다. 나는 아이를 가졌고, 임신과 육아라는 내 인생에서 너무나도 색다른 일 때문에 사업에서는 완전히 손을 떼야 했다. 어머니 역할을 하는 동시에 스스로 점프할 수 있다고 믿어야 했다.

많은 사람이 카페나 매장, 자기 사업을 운영하는 데 로맨틱한 환상을 갖고 있다. 그냥 매장에 나가 있으면 되고, 모든 것이 잘되고, 손님들과는 친구가 되고, 매장이 제2의 집이고, 그런 환상 말이다. 실상은 그렇게 로맨틱하지 않다.(점프가 그렇게 호락호락 할 리가.) 그러나 나로서는 그게 적절한 선택이었다. 점프를 통해 뭘 얻고 싶은지 확실히 해야 한다. 내가 원한 건 영향력이었다. 18평 남짓한 이 매장에서 우리는 사람들을 돕고 우리가 필요한 사람들에게 대변인을 자처한다. 원래 세운 이 목표를 달성했다는 생각이 들면 새로운 목표를 세울 것이다. 그리고 다음 점프는 그전의 점프, 그보다 먼젓번 점프와도 다를 것이다. 그래도 괜찮다.

점프를 하기 전에 충분히 조사해보길 권한다. 한국식 반찬 가게를 열고 싶어 하는 친구가 있었다. 나는 그 친구에게 그 업계에서 일하면서 스스로 그 일을 좋아하는지 확인해보라고 했다. 친구는 한국에 다녀왔고, 결국 매장을 열지 않았다. 일단 나가서 직접 손에 흙을 묻혀봐야 한다. 그것이야말로 정말 내가 그 일을 좋아하는지 알 수 있는 유일한 방법이다. 그렇게 해야만 매일매일 해야 하는 일이 머릿속에서 그림만 그려본 환상이 아니라 정말 내가 좋아하는 일인지 알 수 있다.

점프가 좋은 점을 하나 꼽자면, 점프를 해본 사람들은 기꺼이 도움을 주고 싶어 한다는 것이다. 누군가 나에게 치즈 매장을 열고 싶다고 한다면 우리 매장에 와서 시간을 보내면서 이 일을 좋아하는지 확인해보라고 할 것이다. 나는 이게 정말로 점프하기 전 가장 중요한 부분이라고 본다. 먼저 맛을 보고, 그다음 발을 디뎌보고, 계획을 짜보고 현실을 직접 보라는 것이다. 무엇이 보이는가? 겁이 나는 부분이 있다면 이렇게 해봄으로써 다 헤쳐 나갈 수 있을 거라고 생각한다.

그리고 점프가 두려울 수도 있겠지만, 그래서 점프를 하지 않는 선택은 더 나쁘다. 좋아하지 않는 일에 더 오래 머무르는 만큼 더더욱 덫에 갇힌 기분이 들 것이다. 우리 인생은 한 번뿐이고 나만 해도 벌써 서른다섯 살이다. 어쩌면 앞으로 35년을 더 일할 수도 있을 테고, 35년이면 내가 그동안 살아온 만큼의 시간이다. 나는 그 시간을 즐기고 싶고 내가 좋아하는 일을 하고 싶다. 그리고 내 아들이 관심도 없는 일을 하는 엄마를 보며 자라는 것은 원치 않는다.

점프를 하지 않는 것은 스스로에게 해가 된다. 새로운 일을 시도하지 않으면 좋아하거나 좋아하지 않는 일을 절대 알 수 없다. '미션 치즈'가 좋은 것도 이 때문이다. 좋아하는 것과 좋아하지 않는 것, 나를 이끄는 동력과 나에게 동기부여를 해주는 것에 대해 이미 아주 많이 배운 만큼, 나는 내일 당장 매장 문을 닫는다고 해도 잘 지낼 수 있다. 어려움을 무릅쓰고 스스로를 시험에 몰아넣지 않는 한 아무것도 배울 수 없다.

세라 드보르작 Sarah Dvorak

이전에 유통사 비즈니스 분석, 요식업계 주방 근무, 유통사 상품기획 등을 했으며, 현재 미국 아티장 치즈 Artisan Cheese를 소개하는 치즈 전문 숍 '미션 치즈 Mission Cheese'를 창립해 대표를 맡고 있다.

WHEN TO JUMP

두려움은 창조의 필수 불가결한 요소다

배우에서 교육 전문 기업가로

아이디어가 나를 사로잡아 앞으로 나아가도록 잡아끌다

나는 저소득 편모 가정에서 어린 시절을 보내며 이 세상에서 성공하려면 나 스스로 새로운 것을 만들어야 한다고 생각했다. 나는 처음부터 스스로를 변화의 요인으로 생각했다. 변화는 그냥 내 손에 쥐여지지 않는다는 것을 알고 있었다. 변화는 내가 실현해야 하는 것이다.

나는 아역 배우였고 극장을 좋아했다. 공연 예술 학교에 들어간 뒤 프랑스로 건너가 연기 공부를 했고, 이후 뉴욕으로 돌아와 연기를 계속했다. 교사 집안에서 자라며 보고 들은 것이 있어, 연기를 하며 용돈벌이로 개인 지도를 시작했다. 나는 어디든 가서 지도했다. 뉴욕 최고의 명문 사립학교에서부터 주변 환경이 위험한 학교의 방과후 수업 보조교사로도 일했다.

연기를 계속 했지만, 어느 순간이 되자 이 길이 더 이상 내 길이 아니라는 것을 깨달았다. 이러한 깨달음은 큰 고통으로 다가왔다. 내 정체성은 배우라는 생각이 너무나 강했기 때문이다. 그러나 나는 그 이상을 원했다. 인간은 상처를 치유하며 살아간다. 그래서 가정교육을 통한 가르침이나 지도가 부족했던 내 경험이 어쩌면 내게 교육계의 지도자 역할을 희망하도록 만들었는지도 모른다. 점프라고 하면 흔히들 지루한 사무직 업무를 그만두고 예술가나 배우 같은 일로 뛰어드는 것을 생각한다. 그러나 내 경우에는 그 반대였다.

생계를 유지하기 위해 남는 방을 에어비앤비Airbnb로 임대하면서, 나는 사업 아이디어를 짜냈다. 위대하고도 세상을 변화시킬 아이디어들도 있었지만, 구체적이면서 실용적인 아이디어를 추구하는 것이 더 쉬울 것이라 생각했다. 그래서 여름 캠프를 만들어 한 무리의 학생들에게 사회적 기업가 정신에 대해 가르치기로 했다. 캠프는 수월한 일이었다. 생계 수단으로 보면 완벽했다. 16명의 학생을 모집해 캠프 참가비를 받으면 되었다. 그러나 캠프는 내가 기대한 만큼의 사회적 파장을 가져다주지는 못할 것이다.

나는 다시 처음으로 돌아갔다. 무엇을 해야 할지 더 많은 아이디어를 얻기 위해 캘리포니아에서 열리는 학회에 참가하려고 비행기 표를 샀다. 비행기 옆자리에 앉은 남자가 자신이 얼마나 뉴욕을 벗어나고 싶은지 이야기하기 시작했다. 딸아이의 교육 때문에 걱정이 크다면서, 사립학교는 학비가 너무 비싼 반면 공립학교는 지나치게 표준화된 데다 학생 수가 너무 많다는 것이었다. 나는 교육에 대한 내 생각을 말했다. "제가 교육계에 수년간 몸담았는데, 교육에는 다른 선택지도 있어요. 뉴욕에는 교사도 많고 아이들을 가르칠 장소도 많죠. 이 사람들을 한데 모을 장소만 있으면 돼요."

그가 답했다. "그런 장소는 만들면 되죠."

너무나 분명했다. 교육의 장을 만들면 학부모와 교사가 직접 학교나 수업, 워크숍 등을 만들어 가족과 지역사회 각자의 다양한 요구를 충족시킬 수 있을 것이다. 이러한 사업으로 점프하는 것은 이 세상, 그리고 내가 관심을 갖고 있던 분야에서 꿈꿔온 지도자 역할과 일치했다. 비행기에서 내리지도 않았는데 아이디어가 샘솟았다.

나는 흥분을 가라앉힐 수 없었다. 이제껏 여름 캠프같이 누구나 생각할 만한 아이디어에나 기대를 걸고 있었는데, 하늘 위 어딘가에서 웹 기반 교육사업을 구축할 운명을 만나게 된 것이다. 이 점프는 내가 선택한 것이 아닌 듯했다. 아이디어가 나를 사로잡아 앞으로 나아가도록 잡아끌었다. 내게 다른 것을 선택할 여지가 없다는 생각이 들었다.

나는 성격이 느긋한 편이지만 이 아이디어가 떠오른 날부터 몇 주간 두려움에 사로잡혔다. 두려움은 너무나 강렬해서 매일 밤 식은땀을 흘리며 잠에서 깨어났다. 내 인생 그 어느 때보다 더한 불안감을 느꼈다. 수년간 명상과 심리 치료를 받고 난 이후의 일이다. 나는 논리적으로 생각하려 했다. '어떻게 되어가는 거지? 이 점프가 그럴 가치가 있을까?' 샌프란시스코에서 이런 생각들을 하던 중, 길에서 포춘 쿠키 속 점괘를 보게 되었다. 거기에는 "두려움은 창조의 필수 불가결한 요소다."라고 쓰여 있었다. 나는 이를 그대로 나아가도 된다는 신호로 받아들였다.

인생을 통틀어
나 자신에 대해 가장 많이 배운 시간

내 점프가 가능한 것은 남는 방을 임대했기 때문이다. 재정적인 압박 때문에 사업을 밀고 나갈 수밖에 없었는데, 방을 임대함으로써 충분한 수익을 얻을 수 있었고 밖에 나가서 다른 일을 하지 않아도 됐다. 다른 부업을 했다면 점프를 실현하는 것이 불가능했을 것이다. 나는 언제나 하루 종일 일하며, 야근도 불사한다. 게다가 다른 부업에 할애할 시간이나 관심이 없다.

힘든 시간이었다. 많은 사람이 처음으로 창업하는 것을 별일 아니라며 가볍게 본다. 좌절감을 느낄 수도 있다. 업계 최대 경쟁 업체는 자본금 1억 3,300만 달러를 모금했는데, 나는? 아무것도 아닌 존재다. 또 하나 힘든 점이 있다면 여성 사업가라는 점이다. 여성 사업가를 어린아이 취급하면서 이들이 내는 아이디어를 여자 같다고 생각하거나 도움도 되지 않는 조언을 쏟아내는 사람이 많다. 그렇기 때문에 창업을 하려면 내적인 버팀목이 든든하게 서 있어야 한다.

혹시나 언젠가 상황이 변해 사업이 실패한다면 어떻게 될까? 나는 실패란 존재하지 않는다고 믿는다. 내 인생을 통틀어 올해가 나 자신에 대해 가장 많이 배운 시간이었다. 이 점프로 인해 나는 더욱 빠르게 스스로를 교육할 수 있었다. 내가 원하는 사업의 발전 방향과 내가 원하는 삶의 모습을 깨달았다.

편견이 당신의 앞을 가로막지 못하도록 하라. 점프를 하면 신기하게도 유리한 상황이 당신을 뒤에서 밀어주는 경험을 하게 될 것이다. 내 경우에는 홈페이지 서비스를 개선해야 했으나 자금이 부족해 곤란한 상태였는데, 그래픽 디자이너로 능력을 인정받고 있던 당시 세입자가 돈도 받지 않고 도움을 주었다. 그 후에도 사업을 함께 추진할 컴퓨터 과학자를 찾느라 백방으로 노력하던 시기가 있었다. 당시 세입자가 컴퓨터 공학자라 나는 그에게 매일 아침 30분가량 넋두리를 늘어놓은 뒤, 자리에 앉아 아침을 먹으며 사업을 어떻게 추진하면 좋을지 의견을 구했다. 사업 자금은 은행 대출이나 투자자 없이 순전히 임대 수익으로만 충당했으니 이러한 작은 행운들이 큰 도움이 된 것이다.

나는 이 아이디어가 나를 선택하여 놓아주지 않으며 돌아가는 길은 없다고 믿는다. 지금 하고 있는 일이 아닌 다른 일을 하는 내 모습은 상상할 수도 없다. 내가 참여한 카드게임마다 내가 뒤집어주기만을 기다리는 또 다른 카드들이 생겨났다. 아이디어는 내 속에 머물기 시작했고, 나는 단지 아이디어의 동인일 뿐이었다. 이제 나는 굳건한 의지를 지니고 있다. 다른 사람들이 나에게 이 일은 내 일이 아니라거나 내가 이 일을 할 능력이 부족하다고 말할 수 없게 장기 계획과 단기 계획, 일일 계획을 마련했다.

점프를 하기 전, 스스로의 가치관을 명확히 파악하라. 너무 높은 이상과 지나치게 암울한 현실 사이에서 한쪽으로 치우쳐서는 안 된다. 두 가지 모두 필요하다. 점프 후 당신의 일상이 어떤 모습일지를 중요하게 생각하라. 파이를 좋아하는 사람이 파이 가게를 차리겠다고 결심했다고 치자. 점프를 하고 나니 매일 파이를 굽는 것이 무척 힘든 일이라는 것을 깨닫게 된다. 파이를 만드는 것도 이렇게 끔찍한 일이 될 수 있다.

자신의 감정에 솔직해져라. 당신이 점프하려는 이유는 무엇인가? 다른 사람 밑에서 일하기 싫어서인가? 그렇다면 스스로에게 엄격한 상사가 되지 않도록 조심해야 한다. 한 번에 하나의 목적을 설정하고, 각각의 성공을 자축하라. 작은 성공일수록 더욱 중요하게 여겨야 한다. 그러나 현실에 대한 냉철한 판단을 잊어서는 안 된다.

나는 2015년 1월에 사업을 구상하여 그해 11월 마침내 창업했다. 현재까지 400퍼센트의 성장률을 기록하고 있으며, 등록된 교사만 해도 5,000명이 넘는다. 수익성 있는 사업이라는 점도 좋지만, 더욱 중요한 것은 우리가 교육계에 진정한 변화를 이끌고 있다는 점이다. 지금까지의 여정은 경이롭다고밖에 표현할 수 없다.

매니샤 스노이어 Manisha Snoyer

전직 배우이자 여름 캠프 운영자로, 현재는 미취학 아동부터 고등학생까지 대상으로 하는 커뮤니티 교육기관인 '코티지 클래스 Cottage Class' 설립자 겸 CEO다. 코티지 클래스는 교사와 학부모가 학교와 수업, 홈스쿨링 프로그램, 캠프 등을 만들어 기존 지역사회에서는 불가능했던 교육적 요구를 충족할 수 있도록 해준다.

WHEN TO JUMP

내 운명을 내 손안에 쥐는 법

기업 법률자문 변호사에서 미국 법무부 검사로

보수보다 중요한 실제적인 가치, 경험

나는 덴마크에서 이민을 와 LA에서 어린 시절을 보냈는데, 미술을 좋아했고 누군가와 논쟁할 때 기쁨을 느꼈다. 학창 시절에는 이 두 가지 사이에서 많은 고민을 했다. 대학에 가서는 법학부를 지망했지만 회화에 심취해 있었다. 예술 대학으로 진학할까 고민했지만 미술가이자 사진작가인 아버지의 모습을 봐왔기에 예술가로서의 삶을 유지하는 것이 얼마나 어려운지 알고 있었다. 아버지의 노력과 그 과정에서 얻는 행복은 존경하면서도, 현실적인 면이 점점 더 크게 다가왔고 변호사가 되면 안정적인 진로를 보장받을 것이라 생각했다.

나는 법대에 진학했다. 대단히 만족스러운 결정은 아니었기에 진로를 바꾸기 위해 노력했다. 나는 도시계획 학위도 취득하여 졸업 후 부동산 중개업에 종사했다. 내 나이 서른 살이었고, 결혼한 지 얼마 되지 않은 시기였다. 2009년이 되어 부동산 시장이 폭락하자 나는 높은 이상과 이익을 포기하고, 발 빠르게 기업 법률자문 업계로 옮겨 와 에너지 기업들의 환경 이익을 보호하는 일을 했다.

매일 하는 일에 목적의식을 갖고자 안달이 난 사람은 많지 않을 것이다. 그러나 기업의 법률자문은 앞으로 30년간 나의 목적의식을 지탱할 수 없으리라는 것이 하루가 다르게 명확해졌다. 셰일가스를 시추하기 위해 수압 파쇄법(고압의 액체를 주입하여 지하의 암석을 파쇄하는 기술로, 환경에 미치는 영향이 크다는 반발을 사고 있다-역자 주)을 실시하는 기업의 리스크를 최소화하는 일을 이 지구상에서 내가 하고 있다는 사실을 믿기 어려웠다.

완벽하게 다른 인생을 찾으려고 한 것은 아니다. 나에게 법은 여전히 매력적인 부분이 있었기 때문에 이 부분을 좀 더 파고들기로 했다. 마침 미국 법무부에서 검사를 모집한다는 공고를 발견했다. 소송에 흥미가 있었기 때문에 나에게는 기회가 될 것이라는 생각이 들었다. 더 중요한 것은 이 일을 통해 나쁜 이들을 처벌하는 데 조력할 수 있다는 점이었다. 법률을 통해 내가 이루고 싶어 한 영향력은 바로 이런 것이었다. 법조계에 계속 몸담으면서도 방향만 바꾼 것이다.

단 하나 단점이 있다면 무보수의 인턴직이라는 것이었다. 인턴직 종료 후에는 정규직 전환이 불가능했다.

당시 나는 두 아이를 둔 서른네 살의 아버지였다. 다행히도 아내가 직장을 다니고 있어 아내의 수입으로 생계를 유지할 수 있었다고는 해도(물론 이 때문에 무보수 일자리를 고려 대상에 넣을 수 있었다), 이런 점프를 결심한 것은 대단한 일이었다. 나는 두 가지 학위가 있었으며, 보수도 괜찮은 편이었다. 계속해서 기업 법률자문 업계에 몸담는다면 잘나가는 대기업의 임원 자리도 보장되었다. 이 모든 것을 포기하고 무보수로 일하다니 제정신이 아닌 듯 느껴졌다. 동료들에게 털어놓았더니 다들 같은 반응이었다. "인턴인 데다 무보수라니 어쩌자는 거야?"

법무부에서는 해당 인턴직 종료 후 정규직 전환은 전혀 보장되지 않는다고 솔직하게 밝혔다. 연방 정부가 예산 위기를 겪고 있는 상황이었기 때문에 모든 분야에서 정규직 고용 계획이 없었다. 많은 동기들이 비난했지만 가족들은 내게 큰 힘이 되어주고자 했다. 그러나 '밖에 나가서 돈을 벌어야 한다는 걸 알잖아. 어떻게 돈을 벌고 싶지 않을 수 있지?'라는 압박감은 항상 기저에 깔려 있게 마련이다.

나는 혼란스러웠다. 이 '일'에 지원을 해야 하나? 이걸 일이라고 부를 수 있나? 일이란 무엇일까? 나는 아내에게 말했다. "좀 극단적이긴 해도 정말 좋은 경험이 될 거야. 그런데 가능성이 희박하다는 걸 나도 잘 알고 있어." 이때 아내가 한 대답이 나를 점프하게 만들었다. 하지 말라고 할 이유가 수백만 가지였는데도 아내는 단번에 답했다. "당신, 그 일에 지원해야 해."

이 말로 아내에 대해 많은 것을 알 수 있다. 수년간 에너지 기업에서 일하며 만족하지 못하던 나를 보아온 아내는 이 일을 하면서 내가 추구해나갈 방향이 어디인지 새롭게 생각할 수 있으리라 본 것이다. 기업 법률자문은 분명 내가 추구하는 방향과는 거리가 멀었기 때문이다.

아내의 지원이 많은 힘이 되었지만 잘 짜인 전략도 필요했다. 먼저 그 해에 내 상사가 될 사람을 알아내어 내가 지원한 업무가 내 기대에 부응할 만한지 파악했다. 보수를 받지 않더라도 미국 정부를 대변하는 소송 전담 변호사로서의 경험이라는 실제적인 가치를 얻고 싶었기 때문이다.

자신을 행복하게 하는 직업을 갖는 데는 절대 가격을 매길 수 없다

나는 여러 일을 했기 때문에 점프를 하기 전에 어떤 점을 알아봐야 하는지 알고 있었다. 어떻게 보면 스물네 살이 아닌 서른네 살에 점프를 하는 것이 다행이었다. 내가 스물네 살이었다면 '내가 맡을 직책이 정확히 어떠한 것인지', '상사는 어떤 식으로 내 업무를 관리하며 어느 정도의 자율성이 보장되는지', '해당 경험으로 내가 얻을 수 있는 것은 무엇인지' 등을 먼저 파악해야 한다는 사실을 몰랐을 것이다. 비슷한 직책의 검사 몇 명에게 이런 것들을 물어봤다. 잘된 경우도 있고 그렇지 못한 경우도 있었지만 마침내 나와 똑같은 점프를 한 사람을 찾을 수 있었다. 그는 사소한 것들까지 이야기해주었고, 그 덕분에 내 역할을 확실히 알게 되었다. 내가 받을 직책은 특별 연방 검사로, 여기서 '특별'이라는 용어는 '무보수'라는 의미로 통용되었다.

나와 아내는 아내의 수입에만 의존할 경우 우리 집의 재정 상태가 어떻게 변할지 점검해보았다. 현금 흐름은 어떻게 변할 것인가? 예산을 줄여야 하는 항목은 무엇인가? 내 소득이 가계 전체 수입의 절반 이상을 차지하는데, 60퍼센트 줄어든다면 어떻게 생활할 수 있을까? 우리의 일상에 변화를 주는 희생이 필요할 것이다. 이러한 질문들은 점프를 하기 전 마지막으로 확인해야 할 사항이었다.

인턴직이 정규직으로 전환될 가능성은 매우 낮았다. 그러나 의회에서 예산이 통과되고, 추가로 배정된 예산을 법무부가 연방 검사 신규 고용에 편성한다는 데 내 운을 맡겨보기로 했다. 그리고 이 두 가지 일이 동시에 일어난다면 내가 무보수로 이 일을 한다는 사실이 보통 200 대 1의 경쟁률을 보이는 연방 검사 자리를 거머쥐는 데 조금이라도 유리할 것이라 기대했다.

만약 내 점프의 유일한 목적이 정규직 일자리를 얻는 것이라면, 몇 가지 가정이 실현되어야 하는 낮은 가능성 때문에 이 일은 포기했을 것이다.

그러나 내 점프에서 성공은 다른 의미였다. 이 경험으로 내가 하고 싶은 일을 하는 데 한 발짝 다가갈 수 있다면 인턴직 종료 후 정규직 전환 여부와는 무관하게 성공이라고 생각했다. 법률사무소에서 일하던 수년간 내 머릿속에는 이런 생각만 자리했다. '변호사를 계속해야 할지 모르겠어. 즐겁지도 않고 의미도 없어. 나중에 뭐가 되고 싶은지 모르겠어.'

이러한 물음에 대한 답을 얻는다는 것은 점프하려는 이유로 충분했다. 어떤 일을 하고 싶은지, 무엇을 하며 시간을 보내고 싶은지 알아가는 것 말이다. 내 점프는 내가 직업적으로 더 잘 알고 있는 방향으로 나아가도록 할 것이며, 이러한 확실성이 높아지는 것만으로도 위험을 감수할 가치가 있었다. 당장의 결과는 그다지 중요하지 않았다. 이렇게 말하면 안이하고 거만해 보일 수 있지만, 몇 년이 지난 뒤 되돌아보니 '특별' 연방 검사로 일한 그 1년간은 내가 법조계에 몸담은 그 어떤 시기보다 내 직업에 대한 열정에 더 큰 확신을 갖게 해준 시간이었다.

점프는 그 자체로도 당신의 운명을 당신의 손안에 쥐여줄 것이다. 성공했건 실패했건 그것과는 무관하게, 점프를 선택했다는 사실만으로 당신은 변화할 것이다. 무엇보다도 나는 앞일을 예측하지 못할 경우에도 점프를 통해 내 운명에 대한 통제력을 새로이 갖게 되었다. 나는 행복하지 않았지만 "내 이야기 좀 들어봐. 난 변화할 거야. 어떻게 될지는 모르지만 지금 이 자리가 내 자리가 아니라는 것을 알고 있어."라고 말할 수 있었다. 이러한 통제력이야말로 가장 중요하다.

배우기 위하여 점프하라. 내가 법률 사무소에서 고객들을 상대할 때는 배움이 점점 줄어들어 거의 아무것도 배우지 않는 것과 같았다. 경력 초반일 경우라면 배움은 당신이 하는 일에서 가장 우선되어야 한다. 급여보다 더 중요하며 안정성보다 더 중요하게 여겨야 한다. 초기에 익혀놓은 기술은 항상 같은 일을 반복하는 일상에 갇혀 있는 다른 이들보다 당신이 더 빠르고 더 멀리 나아갈 수 있도록 날개를 달아줄 것이다. 배움을 최우선 순위로 정하라.

가족과 친구들 몇 명에게는 안타까운 일이었지만 나는 30대에 무보수로 연방 정부 내 인턴직으로 점프했다. 예산 동결은 해제되었고, 나는 정규직 연방 검사로 전환되어 보수를 받을 수 있게 되었다(이제 '특별' 딱지에서 해방되었다).

이제는 아버지의 경력을 볼 때, 아버지가 불안과 위험성을 무릅쓰고 왜 소신대로 밀어붙였는지 더 잘 이해할 수 있게 되었다. 당신을 행복하게 하는 직업을 갖는 것에는 절대 가격을 매길 수가 없다. 그것만으로도 점프할 가치가 있다.

제이콥 릭트 Jacob Licht

전직 기업 법률자문 변호사로, 현재는 미국 법무부 검사로 일하고 있다.

WHEN TO JUMP

점프로 잃는 것은 아무것도 없다

투자은행가에서 패션 사업가로

직감이 외치는 소리를 들어라

나는 런던에서 인도계 세 자매 중 하나로 태어났다. 부모님은 두 분 다 동아프리카에서 태어나셨는데, 사업을 시작하기 위해 조부모님들이 인도에서 그곳으로 이주하셨기 때문이다. 진정한 사업가라 할 수 있다. 정세가 나빠지면서 양가는 순식간에 피난민 신세가 되었다. 이주 공고를 받은 지 하루 만에 아무런 재산도 계획도 없이, 그저 반드시 성공하겠다는 굳은 결심만을 품은 채 영국으로 도피했다. 그 외에 달리 선택지가 없었다.

어머니의 가족은 런던 교외의 작은 시골 마을에서 맨몸으로 시작했다. 나는 그림과 패션, 춤, 기타 모든 예술적인 것에 푹 빠져 자랐다. 재단사이던 할머니를 가까이에서 지켜보는 일은 언제나 즐거웠다. 할머니는 특별한 인도 행사에 온 가족이 입을 옷을 전부 만들어주셨다. 어머니의 결혼식 의상도 할머니의 작품이었다.

아버지는 천에 인쇄하는 기계를 장만해 스포츠 물품 소매업을 창업하셨다. 나는 일고여덟 살 때부터 벌써 나이키나 아디다스의 새 디자인을 보는 것을 좋아했지만, 그보다도 내가 본 것을 끼적이고 새롭게 디자인하고픈 욕구를 항상 느꼈다. 10대 초반에는 학교에서 점심시간이면 옷부터 여행 가방, 네온 구두 레이스까지 온갖 잡다한 것들을 친구들에게 팔러 다녔고, 이후에는 학교 여행이나 휴일에 입을 옷을 직접 프린트했다. 이때의 경험으로 내 창조성을 판매 기술에 적용하여 사람들이 살 만한 물건을 만들어낼 수 있다는 걸 깨달았다.

언제나 일종의 숨은 압박감을 느꼈다. 사실 압박감이라기보다는 우리 집안에 깊이 새겨진 것으로, 뭔가 좋은 게 있으면 그것을 꽉 붙들고 놓지 않으려는 심리다. 언제 그게 사라져버릴지 모르기 때문이다. 성공을 향한 가족들의 분투기를 들으면서 나 역시 성공해서 부모님께 보답해야 한다는 마음이 강해졌다. 어쨌든 부모님은 우리에게 최고의 성장 환경과 교육을 제공해주기 위해 힘들게 일하셨으니까.

이러한 성공을 향한 열망 때문에, 나는 일찍부터 금융계에 발을 디뎠다. 런던 대학 경제학과에 입학하기 위해 열심히 공부했고, 그곳에 들어간 뒤로는 온갖 인턴십을 따내기 위해 더욱 노력했다. 골드만삭스에 들어가고 그 후 JP 모건에서 일하면서 이런 일도 가능하다고, 내가 해낼 수 있다고 느꼈다.

투자은행은 내가 되고자 한 이상과 썩 잘 맞았다. 인도인 사회에서 추천받는 직종이란 회계사, 의사, 변호사, 은행원 등이었다. 대충 그랬다. 결혼식이나 어떤 모임에서 사람들이 "어떤 일 하세요?" 하고 물었을 때, "투자은행가예요."라고 답하면 10점 만점에 10점짜리 완벽한 대답이다. 그것만으로 마치 신뢰가 가고, 가치 있고, 완벽한 배우자감인 양 여겨지는 것이다. 내가 아는 인도 아이들은 늘 최고의 자리에 올라야 한다는 태도를 보였다.

내가 최고의 자리에 오르기 위한 길을 좇은 지 2년 정도 지났을 무렵, 배우자인 바이팬이 힘겨운 거래를 끝내고 돌아왔다. 그 역시 투자은행에서 일했다. 자리에 앉아서 그는 절망스럽게 말했다. "왜 사람들은 그저 흑백으로 분명해질 수 없는 걸까?" 거대 기업 환경에서 으레 다 그렇겠지만, 은행에도 사내 정치가 있었고 바이팬과 나는 그 부분에 그다지 적성이 맞지 않았다. 우리는 의문을 가졌다. 왜 좀 더 직설적으로 할 수 없을까? 왜 사람들이 좀 더 솔직하지 못할까? 그 점에서 바이팬과 나는 정말로 흑백이 분명하고, 솔직하고 정직하다는 개념을 실제로 보이는 것 따위는 없다고 생각하게 되었다.

우리는 둘 다 직설적인 사람이다. 그리고 우리가 되어야 한다고 생각한 이상을 이루기 위해 달려오느라 지친 상태였다. 우리는 "이런 솔직한 메시지를 위해 싸우고 실제로 어떤지 말하는 것을 두려워하지 말자."고 했다. 어떻게 해야 그럴 수 있을까? 바로 그때 내 직감이 외쳤다. 의류 브랜드. 그 메시지를 직접 입는 것보다 더 나은 투쟁 방법이 있겠는가.

그토록 오랫동안 내가 원한다고 생각하던 분야를 떠나는 것은 별로 어렵지 않았다. 나는 열다섯 살 무렵부터 성공적인 투자은행가가 되기 위해, 아마도 회사 파트너 자리까지 올라서(그게 내 야망이었다) 런던 심장부에 있는 화려하고 넓은 사무실에서 일하기 위해 정말로, 무척, 굉장히 노력해왔다. 여기 그 목표까지 7년간 달려오던 나는 그 열망이 사라지는 것을 목전에 두고 있었다. 그 꿈은 끝났고, 이를 받아들여야 했다. 부모님과 다른 이들에게 내가 굉장한 직장을, 훌륭한 급여를 포기했다고 하자 그들은 물었다. "정말 그러고도 살아남을 수 있겠니?" 그랬다, 나는 살아남으리라고 굳게 믿었다.

나 자신의 믿음과는 별개로, 내가 해온 은행 일로 관련 산업 지식을 쌓게 되었다. 주식 관련 소비자 전문가로 일하는 동안 내 주위에는 온통 P&G, 로레알, 코카콜라 등의 브랜드 정보가 가득했고, 이 회사들이 성공을 거둔 이유가 무엇인지 알아내기 위해 정보를 접하는 것이 내 일이었다. 그리고 이 정보를 활용하여 시장에서 빠진 것이 무엇인지, 인기 있는 분야가 무엇인지, 앞으로 성장할 분야가 무엇인지 파악해야 했다.

수개월 동안, 나는 소비자계 정보를 직접 정리하여 동료와 고객들에게 보내왔다. 이제 내 안목과 미지의 창의력을 활용하여 그 세계에 더욱 가치를 불어넣고 싶었다.

회사에서 상여금을 받은 날, 나는 점프했다. 은행을 떠나자 굉장한 안도감이 느껴졌다. 공식적으로 정해진 것이라곤 아무것도 없고, 가진 것이라곤 그저 스케치북에 휘갈긴 디자인 몇 개뿐이었지만, 마침내 쉽고 좋아하는 일에 시간을 온전히 쏟아부을 수 있게 되어 흥분했다. 금융계의 젊은 인도 여성이라는 정해진 역할 하나에 머무를 필요가 없다는 것을 마침내 세상에 증명할 수 있게 된 것이다. 바이팬과 함께 그만두기로 했기에 결단을 내리기가 더욱 쉬웠고, 그래서 온전히 내 힘으로만 이룬 일은 아니었다.

점프하기로 한 내 결정에 친구들은 그다지 놀라지 않았다. 심지어 내가 은행 일에 몰두하는 동안에도 그들은 "그림을 팔고 옷을 디자인하는 일도 계속 병행해야 해. 갤러리에서 작품을 전시할 수도 있잖아. 다른 일들도 할 수 있어."라고 말했다. 그들은 언제나 내가 창조적인 유전자를 사무실에서 썩힌다고 믿었다.

나와 바이팬, 그리고 우리의 흑백 콘셉트에 협조적이고 가능한 한 우리를 돕기 위해 무엇이든 해준 가족과 친구들에게 기대었다. 최고의 생산사를 찾기 위해 전 세계를 누볐고, 아무런 자료도 없이 우리만의 천을 만들고, 웹사이트를 만들고, 프로그램 짜는 법을 스스로 익히고, 수출입 규정을 머리에 들이밀고, 길에서 발탁한 모델과 사진을 찍고, 그 외 많은 일을 했다.

아침에 벌떡 일어나게 만드는 대상을 찾아 점프하라

점프하기로 결정한 날부터 바로 지금 이 순간까지, 정말 수많은 등락이 있었다. 수없이 행복한 비명을 지르고, 수없이 분노하고, 수없이 밤을 지새우고, 수없이 절망하고, 수없이 추측하고, 수없이 많은 감정을 느꼈다. 초반에 가장 힘든 일 중 하나는 사람들에게서 이런 말을 듣는 것이었다. "패션에 대해서는 아무것도 모르잖아. 패션 디자이너도 아니고. 패션 관련 학위도 없어. 디자이너를 고용해야 해. 네가 직접 할 수는 없어." 이런 모든 비판을 이해하기는 했지만, 그런 부정적인 시각 때문에 내 능력을 의심하는 일은 결코 없었다.

인내야말로 자기 사업을 시작하기 위해 가장 중요한 기술이다. 한 번만 시도할 수는 없다. 계속, 계속, 계속해서 시도해야 한다. 처음에 우리는 거의 불가능해 보이는 목표를 세웠다. 가능한 한 가장 유명한 사람, 우리 메시지를 구현해줄 여성인 롤 모델과 접촉하는 것이었다. 우리는 그녀에게서 영감을 받은 운동복 상의를 가지고서 온갖 수단을 동원해 그녀와 접촉했다.

수차례 시도한 끝에, 그녀의 팀에게서 응답을 받았다. 춤추는 이모티콘이었다.

우리는 멍해졌다. 답이 왔어! 틀림없이 뭔가 이유가 있어서 응답했을 것이다. 그런데 저 춤추는 이모티콘은 무슨 뜻일까? 어떻게 답을 해야 하지? 이건 좋은 뜻인가? 나쁜 뜻인가? 이 상품을 원하는 걸까? 이런 생각들이 머릿속에서 질주하고, 마음은 시속 수백 마일로 달렸다. 어느 때보다 이성적으로 행동해야 했지만 너무나 흥분되었다. 나는 그녀의 엄청난 팬이었다. 하지만 내 마음속 소녀 팬이 내 경영 마인드를 휘어잡게 놔둘 수는 없었다.

그래서 그녀의 팀에게 우리의 이야기를 펼쳐 보였다. 우리가 믿는 가치를 추구하기 위해 치른 희생과 세상을 위해서 무엇을 만들어내고자 하는지. 그들에게 우리 상품을 보냈고, 그로부터 몇 주가 지났다.

그 일이 일어난 그 순간, 우리는 힘겨운 날을 보내고 있었다. 점프에 으레 딸려오는 자아성찰적인 시기였다. 무언가 다른 것을, 좀 더 가시적인 것을 해야 한다고 느꼈다. 하지만 대체 뭘 해야 하지? 바이팬과 내가 우리 계획의 세부사항을 하나하나 재고하던 와중에 노트북 화면에 창 하나가 켜졌다.

미국 친구 한 명이 페이스북 포스트에서 우리를 축하해주었다. 그리고 그곳에, 바로 그 장면이 보였다. 퀸 비Queen Bee 비욘세Beyoncé가 우리 운동복 상의를 입고 있었고, 그 옷에는 우리의 슬로건이 선명히 수놓아져 있었다. "퀸 비 : 명사. 내가 지휘한다. Queen Bee : noun. I call the shots."

세계 최고의 저명인사, 패션, 음악, 팝 문화에서 가장 상징적인 인물이 우리 브랜드를, 우리 콘셉트를 지지해주고 있었다. 내가 디자인한 옷을 입고서.

나는 충격에 빠졌다. 바이팬이 환호하고 소리를 지르고 펄쩍펄쩍 뛰는 동안 아무 말도 하지 못했다. 우리 웹사이트는 접속 폭주로 다운됐고, 모든 재고가 팔려나갔다. 비욘세는 인스타그램, 웹사이트, 페이스북, 텀블러에 사진을 여러 개 올렸고, 세계가 열광했다.

환희는 혼란으로 바뀌었다. 자리에 딱 붙어 앉아 컴퓨터 화면을 응시하고서 즉시 모든 트윗과 메시지, 코멘트에 답변을 달았고, 비욘세가 입고 있는 옷이 무엇인지 궁금해하는 매스컴들과 접촉했다. 단 둘이서 어떻게 저 수백만 명에게 답변해야 좋을지 전략이라곤 생각도 하지 못한 채 그저 밤새도록 일했고, 사흘 동안 잠을 자지 못했다.

온 사방에서 두들기는 기분이었다. 승리감에 젖어야 했지만, 모든 것이 혼란스럽기만 했다. 그 며칠간 신체적으로 지쳤고 중압감을 느꼈다. 이런 일생의 성공을 거둔 뒤 겪으리라고 생각하던 것과는 달랐다.

비욘세가 상품을 입어주고 바로 그다음 날 백만, 억만 달러 가치의 브랜드로 성장했다면 얼마나 좋았을까. 안타깝게도 그리 쉽지 않았다. 단 한 명의 사람, 사건, 이정표로 점프가 효과를 보기를 바랄 수는 없다. 더욱 열심히 밀고 나가야 한다. 그리고 우리는 그렇게 했다. 가만히 앉아 그 순간을 즐기지 않은 덕분에, 우리 브랜드는 이제 30여 개국에서 신중히 선발한 수십 개 매장에서 판매된다. 하지만 아직 세 번째 컬렉션을 선보였을 뿐이고, 앞으로도 세상에 보여줄 물건들이 가득하다. 모든 사람이 우리가 창조해낸 콘셉트를 믿고 우리 브랜드가 이 콘셉트를 상징함을 알아주기를 바란다. 해낼 수 있다고 내가 생각하는 지점까지는 아직도 갈 길이 멀다.

아침에 벌떡 일어나게 만드는 대상을 찾아 점프하라. 점프하기 전에 그 길이 원하는 점프의 일부인지 확실히 확인하라. 나는 은행가가 되려는 '꿈'에서 행복을 찾을 수 없다는 것을 제법 빨리 깨달았다. 돈을 추구하는 것에서는 행복을 얻을 수 없었다. 그런 삶을 원하지 않았다.

일이 순탄히 흘러가지 못하리라는 것을 알고 대비해야 한다.

사람들이 점프를 방해하려 들 것이다. 해낼 수 없다고 말할 것이다. 기술이 없다고, 절대 해낼 수가 없다고. 그러나 단단한 외벽을 쌓아 아무도 점프를 막을 수 없게 만들어야 한다.

점프로 잃는 것은 아무것도 없다. 기술을 얻고, 매력적인 사람들을 만나고, 이력서에 더할 수많은 것을 얻을 수 있다. 점프를 했다는 사실이 그 사람 성격의 많은 부분을 알려준다. 위험을 무릅쓸 줄 아는 사람이며, 무엇보다도 자신이 믿는 것, 자신의 열정을 대변하는 것에 두려움이 없는 사람임을.

아누프릿 렌시 Anoopreet Rehncy

전 투자은행 전문가로, 현재는 2014년 바이팬 아후자와 공동 설립한 패션 브랜드 '블랙 앤 화이트 스토리A Black And White Story(ablackandwhitestory.com)' 광고 제작 감독이다. 그녀와 바이팬 모두 2017년 〈포브스Forbes〉의 '30세 미만 30명30 Under 30'(유럽 : 유통 & 전자상거래Europe : Retail & Ecommerce 부문)에 선정되었다.

때로는 상처가 남아도 가치 있고 아름다운 일

변호사에서 소방관으로

영화 소재가 되고 싶은 것이 아니라
소방관이 되고 싶었다

점프의 끝이 좋지 않은 경우도 있다. 이것을 시도하지 않기 위한 변명이라고 오해하지는 않기 바란다. 나는 사람들을 돕기 위한 길을 걷던 와중에 전 세계에서 가장 강력한 기관 중 하나에 정면으로 저지당했다. 점프하려는 결단은 내 인생을 바꿨지만, 실제 대가 역시 치러야 했다.

나는 1950년대 미니애폴리스 교외의 중산층 가정에서 스포츠를 좋아하는 활달한 소녀로 자라났다. 우리 부모님 세대에는 아무도 대학에 가지 않았고, 여자애라면 으레 고등학교를 졸업하고 비서가 되었다. 아니면 간호사나 교사가 되었다. 무엇이든 별 상관없었다. 일단 결혼해서 임신하면 일을 그만둘 테니까. 집으로 돌아오게 되는 것이다.

나는 그것을 받아들일 수 없었다. 어린 시절 나는 언젠가 우리 사회를 위해 일하기로 결심했고, 소방관이 되는 것으로 꿈을 모았지만 여자가 들어갈 영역이 아니라는 이유로 포기하게 되었다. 학기가 끝난 어느 여름날, 나는 법학을 발견했다. 소방관이 되어 사람들을 도울 수 없다면, 법학이 사람들을 돕기 위한 차선책이 될 수 있으리라 여겼다.

그 여름에 나는 뉴욕에서 소방관 노조를 위해 일하는 변호사를 만났다. 그를 통해 소방관들을 만났다. 그들이 얼마나 자기 직업을 사랑하는지 알 수 있었다. 로스쿨을 마치기 위해 돌아오는 와중에도 계속해서 그 느낌에 사로잡혀 있었다. 그리고 졸업을 불과 몇 달 앞두었을 때, 뉴욕시는 여자도 소방관이 되기 위한 시험을 칠 수 있도록 허가하겠다고 발표했다.

졸업 이후 법 관련 일을 바로 할 수 있었지만, 나는 소방관 시험을 치기로 결심했다. 그런데 말도 안 되는 일이 벌어졌다. 어떤 여자도 통과할 수 없도록 시험을 바꾸어버린 것이다. 시험을 재고해달라는 항의를 시가 무시하자, 변호사가 될 예정이던 나는 재빠르게 반응했다.

"이거 소송도 가능하겠는데."

나는 소방관 업무를 잘할 수 있으리라고 생각했다. 그리고 정말로 사회를 위해 공헌할 기회를 얻고 싶었다. 소방관보다도 더 희생적인 직업이 어디 있겠는가? 불타오르는 건물 속으로 들어가고 자동차 사고 현장으로 뛰어들어 사람을 돕는 일이다. 위험에 처한 사람이 누군가에게 의지할 수 있는 일이다. 내가 그렇게 해주고 싶었다.

그리고 다른 이유도 있다. 나는 여자이기 때문에 할 수 없다는 말을 듣는 것에 질려 있었다. 그 말은 늘 멍청하게 들렸다. 야구를 하고자 하는 열정이 있다면, 여자애라고 해서 리틀 리그에 들어가지 못할 이유가 어디 있단 말인가? 어머니는 나를 리틀 리그에 입단시키려 했지만, 여자라는 이유로 허가받지 못했다. 야구 실력이 나빠서가 아니라(나는 야구를 썩 잘했다) 내가 여자애라서 그랬다. 이런 일은 바뀌어야 한다.

변호사 일을 시작하면서 곧장 소송에 돌입하여 처음부터 두 가지 일을 동시에 착수했다. 5년 뒤 소송에서 판결이 났다. 나는 만약 소송에서 이긴다면 변호사직을 그만두고 소방관직을 택하기로 법원에서 맹세해야 했다. 시 측에서는 내가 과격 시위 페미니스트로서 떠들썩한 선전을 하려고 이런 일을 벌일 뿐이며, 정말로 소방관이 되고 싶어 하는 것이 아니라고 주장했다. 그래서 나는 그 안을 받아들여 승소한다면 소방관이 되겠다고 맹세했다. 왜 변호사가 자기 일을 버리고 소방관이 되겠는가? 많은 사람이 말도 안 되는 일이라고 여겼다. 절대로 말도 안 되는 일이라고.

뉴욕 소방국은 가장 거칠고, 힘들고, 마초적인 집단으로 알려져 있다. 나 같은 작고 보잘것없는 여자가 1만 명의 남성만으로 이루어진 소방관 집단에 도전한다는 것은 많은 관심을 모았지만, 내가 원하던 관심은 아니었다. 나는 소방관이 되고 싶었다. 영화 소재가 되고 싶은 것이 아니었다.

나는 점프했다.

그러기로 맹세했다. 뉴욕 소방국에 들어갈 기회가 주어진다면 법조계를 떠나겠노라고. 이것이 정말로 우리나라가 아주 조금이라도 더 발전하도록 바꿀 기회라고 생각했기 때문에 점프했다. 무언가를 위해 개인적인 열망이 있다는 것, 그리고 그런 열망이 있어서 점프하고 싶은 것은 하나다. 그리고 이건 굉장한 일이다. 인생은 한 번뿐이기에 자신이 정말로 즐기는 것과 정말로 옳다고 생각하는 것을 해야만 한다. 게다가 점프함으로써 도울 수 있는 이들이 있다면, 이유는 충분하고도 남는다.

점프에는 수많은 굴곡과 반전이 있고 이것이 바로 삶의 아름다움이다

이번 점프에 나밖에 참여하지 않는다는 것을 스스로 인지하는 것이 가장 힘들었다. 최소한 당분간은 그럴 것이다. 어쩌면 영원히 그럴지도 모른다. 다른 여자는 오지 않았다. 그 외로움이 가장 힘겨운 장애물이었다. 그다음은 가족들이 문제였다. 변호사이던 시아버지는 수년간 소방관들을 대변해왔는데, 며느리가 변호사에서 소방관으로 전직하는 것이 황당한 일이라고 여겼다. 심지어 어머니마저 내가 바보 같다고 생각했다. 학사에, 석사에, 법학 학위까지 가지고 있으면서, 위험하고 연봉도 절반이고 고작 고교 졸업장만 있으면 할 수 있는 직업으로 바꾸고 싶어 하다니. 하지만 그래야 했다.

나는 소송에서 승리했고, 갑자기 다른 여자들이 몇 명 나타났고, 1982년 재시험을 쳐서 우리는 뉴욕 소방국 최초의 여성 소방관으로 인정받았다. 하지만 나를 포함하여 우리 중 대부분이 그 직후 해고되었다. 우리는 직업을 되찾기 위해 소송을 더 진행해야 했다.

승소는 끝이 아니라 고문의 시작에 불과했다. 괴롭힘, 차별, 살해 협박, 산소 탱크 고갈, 신체 학대가 이어졌다. 여자가 이 직업을 갖는 것에 이토록 심하게 반대하는 것을 겪으려니 회의와 내적 의문이 늘어갈 뿐이었다. 거기다 우리 가족마저도 내가 승소하는 바람에 소방관 노조와 시아버지 사이에 문제가 생겼다고 믿었다. 소방관 노조는 30여 년간 시아버지의 주요 고객이었고, 시아버지는 내 소송을 돕지 않았는데도 그랬다. 점프의 충격은 내 가장 가깝고 소중한 곳에까지 큰 파문을 일으켰다. 그리고 늘 긍정적인 영향만 미친 것은 절대 아니었다.

인생에서는 그 어떤 것도 보장되지 않는다. 그저 지금 당장 자신 앞에 있는 것만을 가지고 있을 뿐이다. 그리고 이 좁고 작은 길 하나가 일생 내내 걸어갈 곳이라고 누가 장담하겠는가? 그러지 못할 것이다. 점프할 기회가 있는 수많은 굴곡과 반전이 있을 것이고, 이것이 바로 삶의 아름다움이다. 모든 것이 자신의 선택에 달려 있을 뿐이다. 다른 누군가, 다른 사람들이 대신 선택해주리라고 생각해선 안 된다. 조언을 얻을 수는 있다. 찾아보고 조사해서 목표와 열망을 향해 살짝 내딛어볼 수 있겠지만, 결국 무엇을 할지는 자신의 선택에 달려 있다. 그리고 이것은 두려워하기보다는 흥분해야 할 일이다. 그렇지 않다면 삶에 무슨 의미가 있겠는가?

첫 소송 뒤로 달콤한 결말이 이어지지는 않았다. 두 번째 소송이 종료되고 내 직업을 되찾은 뒤로도 끝나지 않았다. 일을 하는 내내 장애물들이 끊이지 않았고, 25년간이나 지속되었다. 내가 여자이기 때문에, 그들의 소방국을 더럽힌 여자이기 때문에 괴롭히고 차별해도 된다고 생각하는 사람은 언제나 있었다. 나는 점프 때문에 개인적으로 상당한 대가를 치러야 했다.

그러나 나는 바꿀 생각이 없다. 이는 맞서 싸울 가치가 있는 점프니까.

브렌다 버크먼 Brenda Berkman

여성에 대한 직업 차별을 뉴욕 소방국에서 없애기 위해 소송했다. 1982년 승소한 뒤 법조계 일을 그만두고 뉴욕 소방국 최초의 여성 소방관 중 한 명이 되었다. 25년간 소방관으로 일하며 중대장이 된 그녀는 2006년 은퇴하여 예술가로 살고 있다.

WHEN TO JUMP

내 삶을 재설계하는 이기적인 결정

증권 거래인에서 사진작가로

사진을 찍는 것은 마치 보물찾기 같은 일

나는 사진 찍는 것을 사랑하고, 사랑하고, 또 사랑한다. 하지만 딱히 사진이 내 삶에서 열정의 대상이라거나 피할 수 없는 천직은 아니었다. 그리고 내 점프는 깔끔하지도 멋지지도 않았고, 향후 20년간의 선명한 미래를 내다보고 진행한 것도 아니었다. 그보다는 나를 믿고 열심히 하기로, 그리고 계획된 삶에서 벗어나 무언가 비현실적인 것으로 떠나기로 한 결심에 가까웠다.

나는 약 6년 반 전에 사진을 시작했다. 어린 시절이나 고교 시절이나, 심지어 대학 시절에도 취미로 삼은 적이 없다. 나는 시카고에서 일하던 시절 증권 거래 업무로 생긴 스트레스를 해소

하기 위해 사진을 택했다. 당시 나는 스물여섯 살이었고 주말마다 무언가 창조적이고 예술적인 도피활동을 하고 싶어 했다. 그 외에는 깨어 있는 시간 내내 금융 시장에 대해 생각해야만 했기 때문이다. 일이 내 삶을 완전히 잠식했고, 그 때문에 내 자아 정체성은 내가 시장에서 얼마나 잘 해내는가에 사로잡혀버렸다. 금요일이라고 치자. 금요일에 잘 해내면 주말 내내 기분이 좋았다. 금요일에 완전히 망쳐버리면 주말 내내 절망에 빠져 보냈다.

삶 속에서 무언가 숨통을 틀 구멍이 필요했다. 증권 거래 외에 무언가 가치를 둘 것이 필요했다. 그 숨 쉴 공간을 만들기 위해 카메라를 샀고, 시카고 시내로 내려가 온갖 것들을 찍어대기 시작했다. 처음에는 사람을 찍지 않았다.

증권 거래 일은 즐거웠다. 내게 무척 매력적인 일이었다. 활기를 불어넣어주는 일이었다. 지적으로 흥미롭기도 했다. 나는 함께 일하는 사람들도 좋아했다. 아주 흥미진진한 일이었고, 가끔은 묘한 흥분을 불러일으켰다. 약물이나 도박에서 얻을 수 있는 흥분을 느끼기도 했다. 증권 거래 일을 좋아하긴 했지만, 최종 목표는 언제나 돈이었다. 돈을 위해 내 시간과 사고와 에너지를 투입했다. 그리고 내가 이 게임을 얼마나 즐기든 간에, 결과는 항상 돈이었다. 매우 특정한 형태의 거래를 했기 때문에, 친구들과도 일 이야기를 할 수가 없었다. 내 업무인 상대가치투자 relative-value trading와 고정수익증권투자 fixed-income securities trading는 무척이나 특정한 분야였다.

이러한 직업과 삶의 방식 때문에 사회에서 점점 동떨어졌다. 이 직업 때문에 다른 누구도 이해하지 못하는 일을 하며 돈 이외에 어떤 것도 창출해내지 못하는 평행 세계에 놓이게 되었다. 이러한 이유로 내가 하는 일을 즐기고 늘 사무실에 돌아가길 고대했음에도 무언가 일에서 충족되지 못하는 느낌이 들었다. 사진을 시작한 지 4~5개월 지났을 무렵, 나는 실직했다. 일하던 투자회사가 파산했기 때문이다. 바로 그 순간, 결정을 내려야 했다. 이 게임 속에 머물러 또 다른 투자회사에 기어 올라갈 것인가, 아니면 사진을 찍을 것인가.

만약 그 분야에서 점프하지 않았다면, 증권 거래의 현실적인 세계에 조금이라도 더 머물렀다면 떠나기가 무척 힘들었을 것이다. 그 일은 굉장한 가치가 있었다. 고작 수년 전만 해도 추수감사절이나 크리스마스 때면 나는 가족들과 친구들에게 내가 학교에서 낙제해 애플비Applebee(미니애폴리스의 레스토랑 체인-역자 주)에서 일한다고 인정해야 했다. 정말 창피한 일이었다. 3년 간 열심히 일한 끝에, 고향으로 돌아가 내가 시카고 상품 거래소에서 증권 거래 일을 한다고 말할 수 있게 되었다. 정말 끝내주는 일이었다. 굉장한 기분이었다. 브레인 피킹스Brain Pickings 창설자인 마리아 포포바Maria Popova는 위신과 위신에서 비롯되는 감정의 위험성에 대해 이야기했다. 스스로 중요한 사람이라고 느끼도록 해주는 일을 한다는 것은 얼마나 기분이 좋은가. 이로 인해 그곳에 갇히게 된다. 내가 그곳에 머무르고 싶어 한 가장 유혹적인 이유는 돈이 아니었다. 극소수의 사람만이 할 기회를 얻는 일을 한다는 감정, 이런 일은 절대 놓아서는 안 된다는 감정 때문이었다. 그래서 그토록 떠나기가 힘들었다. 추수감사절이나 크리스마스 때 고향에 돌아가서 가족들을 만나고 그들이 자랑스러워할 만한 일을 하고 있음을 느끼는 그 기분을 포기하고 싶지 않았다.

그러나 당시 나는 단순히 사진을 좋아할 뿐이었다. 그저 사진 찍는 것을 즐겼다. 그러니까 어디로 보나 사진 실력이 별로였다는 뜻이다. 가끔은 운이 따라주어서 좋은 사진을 찍을 때도 있었지만, 그건 그냥 운이 좋았을 뿐이었다. 어찌 되었건 나는 사진을 좋아했다. 마치 보물찾기 같았다. 정말로 사진 찍는 것이 즐거웠다. 나는 오로지 사진만 찍고 싶었다.

그러한 욕망 때문에 점프하게 되었다. 내가 좋아하는 일을 하기 위해 내 삶을 완전히 재설계하는, 정말로 이기적인 결정을 내린 것이다. 그때까지만 해도 나는 온 시간을 최대한 돈을 많이 버는 것에 쏟아부었다. 점프를 하면서 가까운 미래에 내 시간을 스스로 관리할 수 있을 정도의 돈을 벌기만을 바랐다.

실패할 수도 있지만
실패에서 돌아올 수도 있다

나는 오로지 미래의 나날을 어떻게 보낼 것인가에만 집중했다. 먼저 순위를 바꾸어서 돈보다도 시간을 무엇보다 소중한 자원으로 선정했다. 가능한 한 많은 돈을 벌기 위해 인생을 설계하는 대신, 최대한 많은 시간을 갖기 위해 인생을 계획했다. 그랬다면 간단하고도 중요한 질문에 답할 수 있으리라 생각했다. 내가 해야 하는 일이 무엇일까?

점프를 흑백 논리로 정의하는 것은 간단하다. "난 돈을 추구하면서 돈 때문에 삶의 진정한 즐거움을 희생하고 있었어. 그래서 떠났고, 내가 진짜 원하던 일을 하기 시작했어." 내 경우는 이렇지 않았다. 그리고 내 점프는 금융계에서 떠났다기보다는, 정확히는 현실적인 결정의 세계에서 떠난 것이었다. 나는 돈을 벌려는 사람은 그 누구도 해본 전례가 없는 것을 좇으려 한 것이었다. 무작위로 고른 사람을 매일 굉장히 진지하게 기록하는 일이었다. 학위를 사용하지도 않고, 다른 투자직에 지원하지도 않고, 영업을 하러 가지도 않을 생각이었다. 현실적인 것에서 명백히 비현실적인 것으로의 점프였다.

나는 적당한 목표를 세웠다. 시간을 내서 사진을 찍기. 저축해둔 돈이 그리 많지 않았고, 내 야망은 단순했다. 유일한 목표는 내 시간을 관리할 수 있을 만큼만 돈을 버는 것이었다. 나는 괜찮은 길거리 사진을 찍어서 프린트해 팔아 월세를 충당하고 하루 종일 사진 찍기에 몰두할 수 있을 정도로 괜찮은 감식안을 가지고 있다고 믿었다.

점프를 준비하면서 나는 실패를 두려워하지 않았다. 이미 대학에서 끔찍하게 절망해본 적이 있기 때문이었다. 대학 시절 나는 학교에 머무르기에는 너무 똑똑하고 잘난 사람이라고 생각했다. 학교에 가라고, 그래야 성공할 수 있다고 말하는 사람들에게 화를 냈다. 한 학기에 수업을 다섯 개 신청해놓고 어느 것도 들으러 가지 않아 조지아 대학교에서 다섯 개 모두 0점을 받았다. 그리고 퇴학당했다. 이내 친구들이 졸업해서 취직하기 시작했다. 끔찍한 기분이었다. 모두가 내 이야기를 하고, 나를 깔보고, 내게 무슨 일이 있었는지 궁금해하고, 나에게 "너는 끝났다."라고 말하는 것만 같았다. 당시 나는 조부모님 댁 지하실에 살면서 애플비에서 일했다.

그때 가능한 최악의 실패를 겪는다는 것이 어떤 기분인지 배웠다. 그리고 거기서 면역을 얻었다. 나는 천천히 회생했다. 학교로 돌아가고, 수업을 통과하고, 시카고 증권 거래 직업을 얻기까지 밀고 나갔다. 하루에 100페이지씩 읽었고, 향후 10년을 위해 매일 반복했다. 규율을 만들었다. 삶의 밑바닥까지 내려갔다가 다시 치고 올라왔고, 바닥까지 갔다 돌아왔다는 것은 내게 무언가를 증명해주었다. 내가 사회적 기준으로 실패할 수도 있고, 실패에서 돌아올 수도 있다고.

나는 모든 지인에게 사진가가 되겠다고 말하고 다녔다. 길거리에 다니는 사람들을 무작위로 사진 찍어 페이스북에 공짜로 올리는 것을 목표로 삼았다. 어떻게든 스스로를 지탱해낼 방법을 찾아냈다. '찾아낼 거야.' 나는 생각하고 또 생각했다. 당연히 삐딱하게 보는 사람들도 있었다. 내가 비현실적이고 말도 안 되는 일을 한다며, 험담을 하고 뒤에서 비웃었다. 게으르다고, 절대 돈을 벌지 못할 것이라고, 일하기 싫은 거라고. "하루 종일 사진만 찍고 싶은 건 나도 마찬가지야. 취직이나 해." 이런 말들이었다.

하지만 이전에 실패해봤기에 나는 이런 상황에 익숙했다. 이미 알고 있는 압박감이었다. 내가 정말로 하고 싶은 것을 하기 위해, 실패할 거라고 생각하는 사람들도 견딜 수 있었다. 그래서 나는 점프했다. 시카고를 떠나 뉴욕으로 이사해 사진 프로젝트를 시작하기로 결심했다. 모두가 미쳤다고 생각했다. 왜냐하면 난 경험이 없었으니까.

꿈을 좇는다는 것은 노력하지 않는 것에 대한 변명이 될 수 없다

점프하려는 생각은 원래 단기적인 것이었고, 그래서 더 쉬웠다. 모두 상승세였다. "가까운 미래에 내가 하고 싶은 것만 하게 될 거야. 하루 종일 그것만 할 거야."라는 생각에서 시작했다. 그건 단순하게 들리지만, 아주 중요한 부분이다. 자기 꿈을 이루기 위해 모든 것을 걸고 노력하는 사람은 많지 않다. 뉴욕을 둘러보라. 자기가 음악가라고, 사진가라고, 예술가라고, 화가라고 말하는 사람들 이야기를 들어보라. 그리고 그들에게 이렇게 물어보라. "정말요? 보통 하루를 어떻게 보내는지 말해주세요. 매주 그 일을 어떤 식으로 해나가고 있나요?"

그러면 십중팔구, 딱 자기 정체성을 유지할 정도로만, 스스로 그런 직업을 가지고 있다고 말할 수 있을 정도로만 일하고 있음을 알게 될 것이다. '꿈을 좇는다'는 것을 일하지 않기 위한 변명거리로 사용하는 사람들이 많다. "난 지금 이런 꿈을 좇느라 직장이 없어." 실제로는 그냥 술집이나 들락거리면서, 자기 꿈을 좇는 중이라고 말하면서 친구들과 놀러 다니고, 비디오게임이나 하고, 꿈을 좇는다고 말할 수 있게 일주일에 한두 번 정도만 연습하는 게 전부다. 하지만 꿈을 좇는다는 것은 노력하지 않는 것에 대한 변명이 될 수 없다.

실제로 이렇게 행하는 사람이 거의 없긴 하지만, 제대로 된 점프는 굉장히 힘겨운 작업이 필요하다. 내가 한 것은 그게 전부였다. 나는 놀러 다니지 않았다. 콘서트를 보러 가지도 않았다. 뉴욕에 아는 사람이라곤 아무도 없었다. 친구들을 만나러 다니지도 않았다. 오로지 사진만 찍었다. 사진을 일처럼 대했다. 아무 일처럼 대한 것은 아니다. 내가 하루 종일, 매일 하는 일처럼 대했다. 초창기에는 밖에 나가서 하루에 40장 정도 찍었다. 그때는 누군가와 이야기조차 나누지 않았다. 그냥 사진만 찍었다. 이후 성공을 거둔 '뉴욕 사람들 The Humans of New York' 시리즈는 내가 처음 캐리어 두 개를 끌고 아는 사람이라곤 하나 없는 뉴욕에 도착했을 때 시작한 '뉴욕 사람들'과는 전혀 다르다. 나는 뉴욕으로 이사 오기 고작 2개월 전에 처음으로 뉴욕에 와 보았다. 이사하기 고작 8개월 전에 처음으로 사진을 찍어보았다. 그리고 지금 나는 뉴욕에서 사진 프로젝트에 풀타임으로 몰두하고 있다.

나는 사진만 찍었다. 그것밖에 하지 않았다. 바로 그거였다. 사람들에게 '도전해보라'고 말할 수는 있다. 그건 상관없다. 규율과 직업의식을 가지고 하루 종일 원하는 일을 할 수 있는 사람이 아니라면 아무 소용이 없다. 그리고 이 점이 점프하려는 많은 사람들 사이에서 완전히 잊히곤 한다. 우리는 자기 직업에서 벗어나고 싶어 하는 사람들로 가득 찬 경쟁 사회에 살고 있다. 다들 무언가 창의적이고 자신이 좋아하는 일을 하고 싶어 한다. 자신이 원하는 일을 하는 것이야말로 세상에서 가장 경쟁이 거센 시장이다. 그리고 다른 모든 시장에서와 마찬가지로, 가장 열심히 작업하는 사람이 성공을 거둘 수 있다. 좋아하는 일에서 삶을 쌓아 올리려면 엄청난, 어마어마한 노력이 필요하다.

아이러니하게도 이게 바로 열정을 따른 점프에 열정보다도 규율이 더 중요한 이유다. 열정은 고작 몇 달이면 수그러든다. 하루 종일 즐겁기만 할 수는 없다. 물론 즐거운 순간들도 있을 것이다. 하지만 내 경우에는 일어나서 억지로 밖으로 나가 사진을 찍는 순간이 있었다. 늘 나가서 사진을 찍었고, 정말 좋아하고 재미있는 일이었지만, 어느 순간부턴가 규율 덕에 이 일을 지속하고 있었다. 대학에서 퇴학당한 뒤, 무슨 일이 있어도 하루에 100페이지씩 읽기로, 무슨 일이 있어도 매일 한 시간씩 피아노를 치기로, 무슨 일이 있어도 매일 운동을 하기로 한 그 규율. 나는 이 세 가지를 수년간 하루도 빠뜨리지 않고 매일 했다. 이렇게 규율을 쌓아 올렸고, 이 덕분에 점프를 해내고 어떻게 해야 기분에 상관없이 매일 무언가를 빠뜨리지 않고 반복할 수 있는지 배웠다. 이것이 점프에서 중요한 점이다. 열정이 아니다. 규율이다.

그래서 난 단순하게 유지했다. 얼마나 절망적이든, 얼마나 슬프든, 얼마나 외롭든, 뉴욕에 처음 도착해서 격하게 느낀 이런 감정과 아무 상관없이 매일 사진을 찍기로 결심했다. 이곳에 휴일 내내 홀로 있었다. 뉴욕의 단 둘뿐인 지인은 고향으로 돌아갔고, 나는 2주간 이곳에 머물렀다. 지옥처럼 우울하고 인생에서 가장 힘겨운 2주였다. 매일 밖으로 나가서 사진을 찍었다. 크리스마스이브에도 하루 종일, 크리스마스에도 하루 종일.

나는 그렇게 했다. 이외에 다른 것은 아무것도 없다. 점프에서 가장 큰 노력을 차지하는 부분은 모두가 관심을 갖기 전에 온다. 그래서 그토록 어려운 것이다. 요새는 모두가 관심 받기를 원하니까. 관심이야말로 오늘날의 화폐다. 사람들은 이렇게 생각하는 경향이 있다. "이런 아이디어가 떠올랐어. 이걸로 관심을 받을 수 있을 거야." 그리고 그 아이디어를 2주간 실행하지만, 아무도 관심을 보이지 않는다. 고작 2주간의 아이디어로는 누구에게도 관심받을 수 없다. 어쩌면 운이 좋을 수도 있지만, 그런 것은 지속되지 않는다. 사람들은 작업물에 관심을 갖지만, 그렇게 되려면 사람들이 관심이라는 선물을 주기 전에 오랫동안 작업해야 한다.

나는 내 독자들을 굉장히 존중했고, 지금도 그러려고 노력한다. 그래서 광고나 프로모션은 우리 페이지에서 전혀 찾아볼 수 없다. 나는 그들에게 빚을 졌다고 느꼈기 때문에 하루 종일 작업해서 오로지 사진만을, 이야기만을 포스팅했다.

뉴욕에 사는 사람
1만 명의 사진을 찍겠어

나는 내 점프의 성공에 대해서 결코 의심한 적이 없다. 점프를 시작할 때 스스로 결심했다. "뉴욕에 사는 사람 1만 명의 사진을 찍겠어." 뉴욕은 세상에서 가장 다양한 곳이고, 내가 알기로는 어느 누구도 이런 규모의 작업을 시도한 적이 없었다. 이게 좋은 생각임을 알았다. 성공할 가능성이 있는 아이디어라는 걸 알았다. 성공하지 못한다면, 아직 내 실력이 부족해서일 것이다. 집세를 지불할 수 있게 되기까지, 1년 내내 일해야 했다. 하지만 단 한 번도 '좋은 아이디어가 아니라서 효과가 없어.'라고는 생각하지 않았다. 대신 '내 실력이 아직 부족해서 효과가 없어. 좀 더 실력을 쌓아야 해. 발전해야 해.' 하고 되뇌었다.

말콤 글래드웰의 저서 《티핑 포인트Tipping Point》가 내게 새로운 주문이 되어주었다. 나는 항상 조금씩 나아지고 있으니, 실패할 수가 없다고. 계속해서 조금씩, 조금씩, 조금씩 더 나아진다면, 내 작품은 더 흥미로워질 것이다. 불현듯 사람들이 관심을 보이는 지점에 도달할 것이다. 내가 관심을 가져달라고 요청해서가 아니라, 그 작품이 그만큼 훌륭하고 흥미롭기 때문에 관심을 보이기 시작할 것이다.

시간이 좀 걸리긴 했지만, 그 지점에 도달했다. 내가 작업을 끝냈을 때 그 지점에 도달했다. 나는 수백, 수천 명의 사람들에게 다가갔다. 내 사진 실력도 더 발전했다. 체계적으로 사람들을 인터뷰하고 대화하기 시작했고, 어느 순간 그곳에 다다랐다. 충분한 경험이 쌓였고 충분한 수의 사진을 모아 사람들의 관심을 끌어 모을 수 있었다. 수개월, 수개월, 수개월에 또 수개월에 걸쳐, 다른 것에는 일절 관심을 두지 않은 점프 끝에서야 얻을 수 있었다. 마침내 다른 사람들의 관심을 얻은 것이다.

일단 친구나 사촌이나 부모라서가 아니라, 우리가 남의 관심의 끌 정도로 충분히 기술을 연마한 덕분에 우리의 점프를 믿어주는 어떤 사람의 진정한 관심을 얻으면, 그것이 점프가 성공한 시점이라 할 수 있다. 세계는 너무나 넓어서, 어떤 낯선 사람의 관심을 끌 정도로 열심히 작업했다면 앞으로 그런 사람이 더 늘어나는 것은 그저 시간문제다.

점프는 작은 규모로, 분명한 목적을 마음에 두고 시작해야 한다. 열아홉 살 무렵 나는 수많은 거창한 방법으로 세상을 바꾸고 싶어 했다. 그래서 대학에서 퇴학당한 것이다. 작은 것들을 고려하기에는 내가 너무 중요한 사람이고 너무나 큰 사명이 있다고 생각했다. 이러한 마음가짐 때문에 굴욕적인 지점까지 끌려 내려갔다.

사진으로 점프했을 때, 사람들에게 영향을 미친다거나 세상을 바꿀 만한 사회 변화 같은 큰 것이 아니라, 내가 매일 할 수 있는 작은 것들에 온 생각을 집중했다. 역설적이게도 내가 통제할 수 있는 작은 것에 집중할수록, 열아홉 살 시절엔 전혀 상상도 하지 못한 방법으로 더욱 큰 영향력을 미치게 되었다.

작년에 뉴욕 사람들은 1,000만 달러 이상의 자선 기부금을 모금했다. 뉴욕 사람들은 전 세계에 2,000만 명 이상의 팔로워를 거느리고 있다. 나는 지금 고맙게도 무척 편안한 삶을 살고 있을까? 그렇다. 내가 매일 하는 일에 이토록 많은 사람이 관심을 가져준다는 것이 무척 만족스러울까? 그렇다. 이토록 많은 사람에게 영향을 줄 수 있다는 것은 정말 굉장한 기분이다. 근사하고, 근사하고, 근사한 기분이다.

그렇기 때문에 사진가가 되려고 점프를 했나? 아니다.

나는 사진 찍는 것을 사랑하고, 사랑하고, 또 사랑하기 때문에 점프했다.

브랜던 스탠턴 Brandon Stanton

전직 증권 거래인으로, 현재 사진작가이자 저술가이며 '뉴욕 사람들The Humans of New York' 프로젝트 창설자다.

"점프로 잃는 것은 아무것도 없다. 기술을 얻고, 매력적인 사람들을 만나고, 이력서에 더할 수많은 것을 얻을 수 있다. 점프를 했다는 사실이 그 사람 성격의 많은 부분을 알려준다. 위험을 무릅쓸 줄 아는 사람이며, 무엇보다도 자신이 믿는 것, 자신의 열정을 대변하는 것에 두려움이 없는 사람임을."
_ 아누프릿 렌시

"어떤 일을 하고 싶은지, 무엇을 하며 시간을 보내고 싶은지 알아가는 것이 점프할 이유로 충분했다. 당장의 결과는 그다지 중요하지 않았다." _ 제이콥 릭트

"점프가 두려울 수도 있겠지만, 그래서 점프를 하지 않는 선택은 더 나쁘다." _ 세라 드보르작

"일단 나가서 직접 손에 흙을 묻혀봐야 한다. 그것이야말로 정말 내가 그 일을 좋아하는지 알 수 있는 유일한 방법이다. 그렇게 해야만 매일매일 해야 하는 일이 머릿속에서 그림만 그려본 환상이 아니라 정말 내가 좋아하는 일인지 알 수 있다." _ 세라 드보르작

"점프는 행복을 향한 움직임이고, 행복에 도달하지 못한다고 해도 최소 한 발짝이라도 뗐으니 의미가 있다." _ 엘리자베스 헤이그

나는 지금 점프한다
좋아하는 일, 꿈꾸던 일, 돈 되는 일로 JUMPING!

1판 1쇄 발행 2018년 2월 27일

지은이 마이크 루이스
옮긴이 김보미 · 송민교
발행인 이상규

메이킹 스태프
브랜드 총괄 | 한상만
기획 및 프로듀싱 | 안소연
편집 | 이효선
서포트 및 제작 진행 | 이윤희
디자인 | 고희선

출판 브랜드 움직이는서재
주소 06168 서울시 강남구 삼성로 512, 10층
주문 및 문의 전화 (031)977-5364 | 팩스 (031)977-5365
독자 의견 및 투고 원고 이메일 goldapple01@naver.com
블로그 http://blog.naver.com/movinglibrary
포스트 http://post.naver.com/movinglibrary

발행처 (주)인터파크
임프린트 움직이는서재 **출판등록** 제2015-000081호

ISBN 979-11-86592-42-7 03190
책값은 뒤표지에 있습니다. 파본은 바꾸어 드립니다.
움직이는서재는 (주)인터파크의 출판 브랜드입니다.